国家社科基金重大项目『中国图书馆学史』（13&ZD153）结项成果

第一卷　绪　论　　　　　　　　　　　　　　　　王余光　陆滢竹◎著

第二卷　先秦秦汉魏晋南北朝图书馆学史　　何官峰◎著

第三卷　隋唐五代图书馆学史　　　　　　　赵　晓◎著

第四卷　宋辽夏金元图书馆学史　　　　　　钱　昆◎著

第五卷　明代图书馆学史　　　　　　　　　熊　静◎著

第六卷　清代图书馆学史　　　　　　　　　熊　静◎著

第七卷　民国图书馆学理论　　　　　　　　王莞菁◎著

第八卷　民国图书馆学教育　　　　　　　　郑丽芬◎著

第九卷　民国图书馆学学术团体　　　　　　王　玮◎著

第十卷　民国图书馆学学者　　　　　　　　李诗苗◎著

第十卷　民国文献学学者　　　　　　　　　李诗苗◎编著

中国图书馆学史

第十卷

主　编　王余光
副主编　熊　静　吴永贵

李诗苗　编著

时代出版传媒股份有限公司
安徽教育出版社

图书在版编目（CIP）数据

中国图书馆学史. 第十卷 / 王余光主编；熊静，吴永贵副主编；李诗苗编著. -- 合肥：安徽教育出版社，2024.5
ISBN 978-7-5748-0250-6

Ⅰ.①中… Ⅱ.①王… ②熊… ③吴… ④李… Ⅲ.①图书馆学史—研究—中国 Ⅳ.①G250.92

中国国家版本馆 CIP 数据核字（2024）第 100771 号

中国图书馆学史·第十卷
ZHONGGUO TUSHUGUANXUE SHI·DI-SHI JUAN

出 版 人：费世平
策划编辑：江　舟
统筹编辑：江　舟　陶忠娣
责任编辑：徐宝妹　任玉琳　江　舟
装帧设计：张鑫坤
技术编辑：陈善军

出版发行：安徽教育出版社
地　　址：合肥市经开区繁华大道西路 398 号　邮编：230601
网　　址：http://www.ahep.com.cn
营销电话：(0551)63683012，63683013
排　　版：安徽时代华印出版服务有限责任公司
印　　刷：安徽新华印刷股份有限公司

开　本：710 mm×1010 mm　1/16
印　张：22.5
字　数：283 千字
版　次：2024 年 5 月第 1 版
印　次：2024 年 5 月第 1 次印刷
定　价：146.00 元

（如发现印装质量问题，影响阅读，请与本社营销部联系调换）

叶德辉

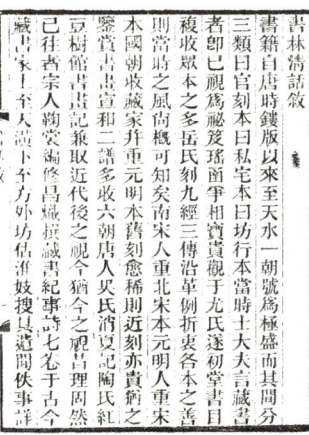

《书林清话》书影 叶德辉著
1920年观古堂刻本

王国维

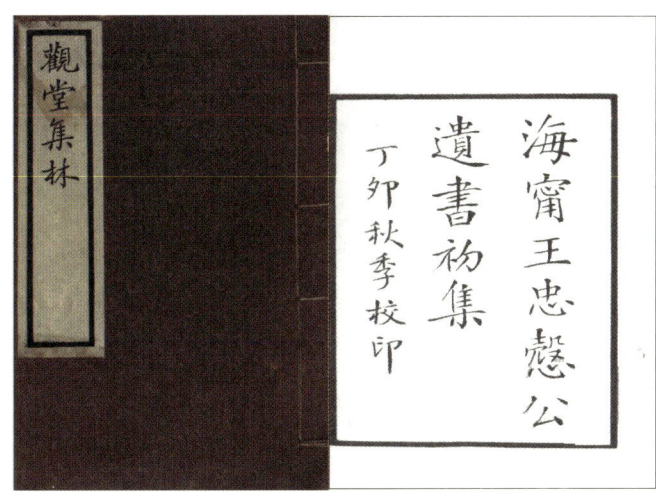

《观堂集林》王国维著 1927年罗振玉刊《海宁王忠悫公遗书》本

伦明

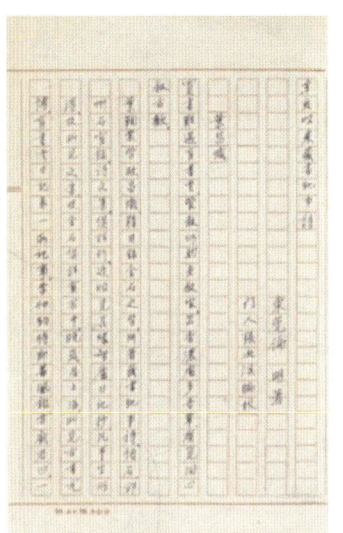
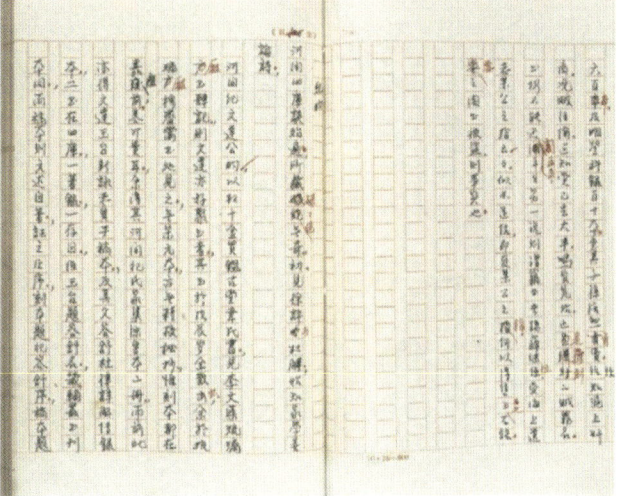

伦明《辛亥以来藏书纪事诗》手稿

胡朴安

陈垣

陈垣在阅读古籍

余嘉锡

钱基博

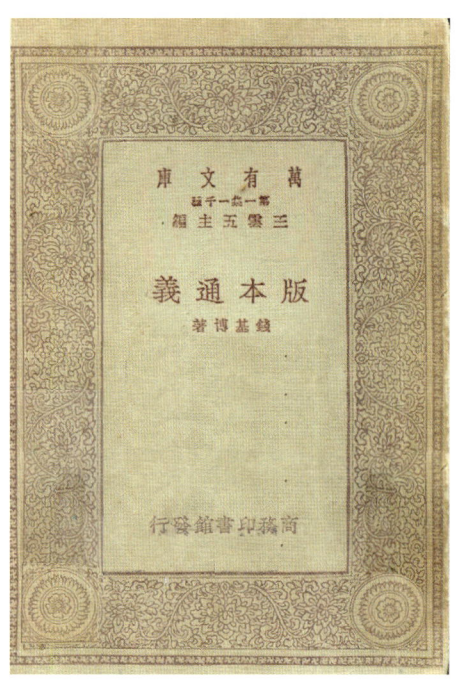

《版本通义》钱基博著　商务印书馆 1931 年版

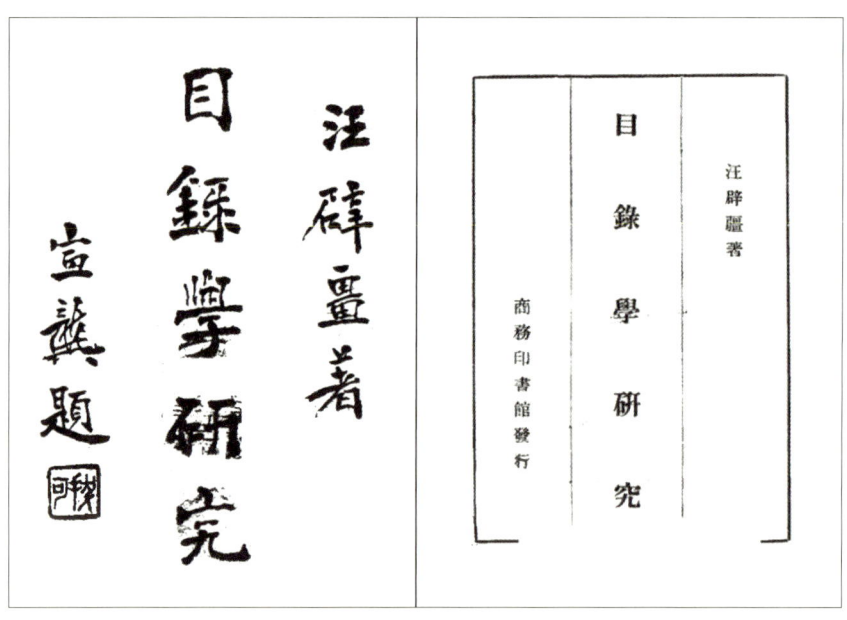

《目录学研究》书影 汪辟疆著 商务印书馆 1934 年版

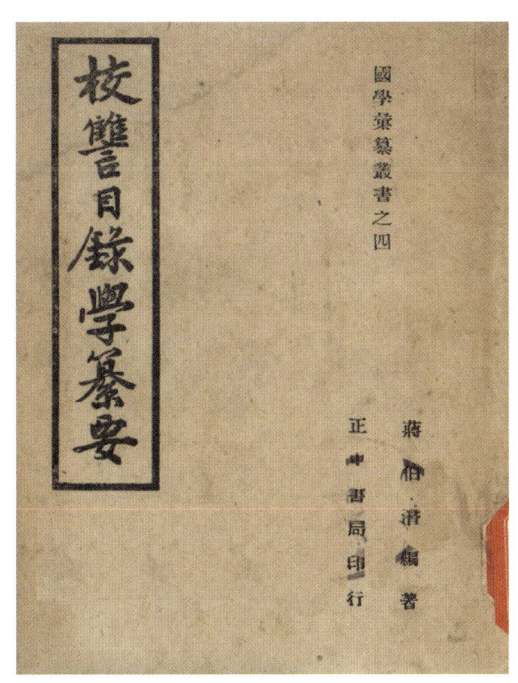

《校雠目录学纂要》蒋伯潜著　正中书局 1946 年版

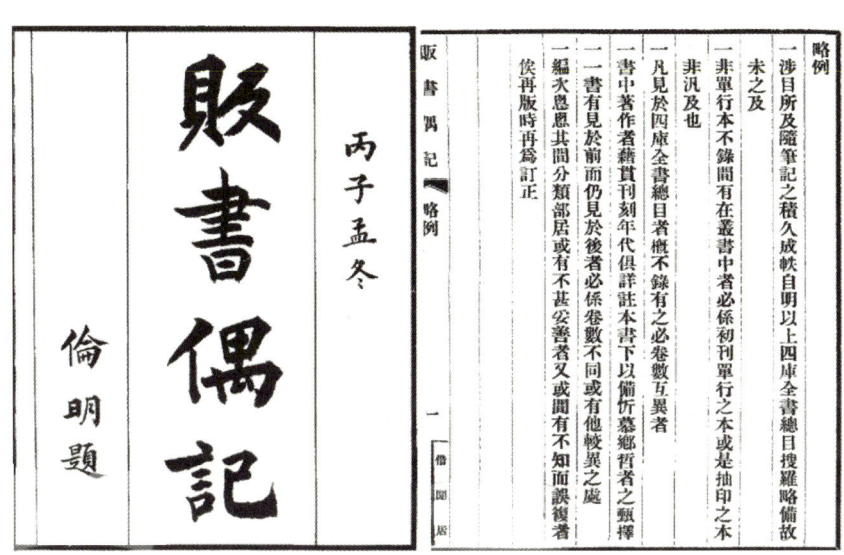

《贩书偶记》书影　孙殿起著　1936 年借闲居排印本

王献唐　　　　　　　陈乃乾　　　　　　　陈登原

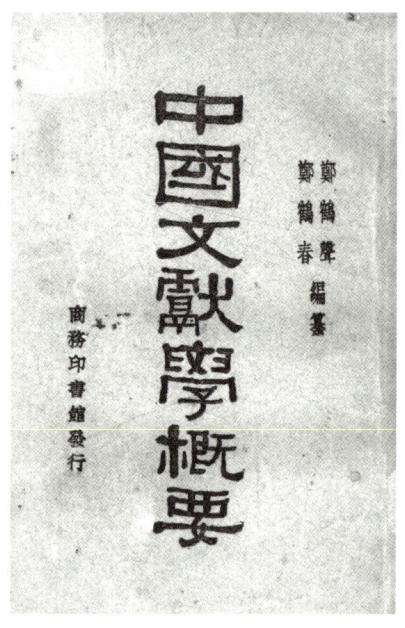 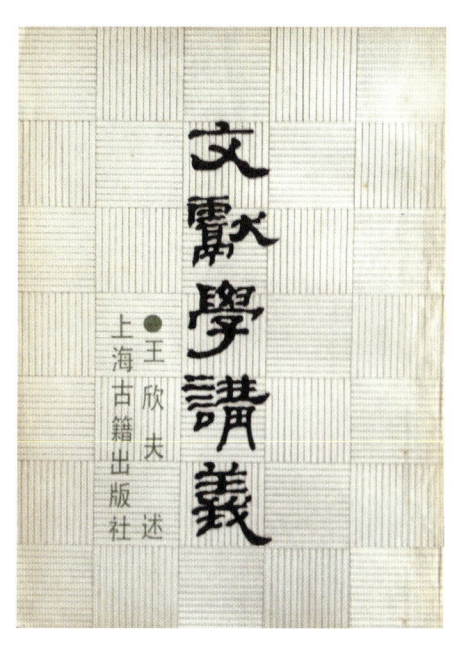

《中国文献学概要》郑鹤声、郑鹤春著　　《文献学讲义》王欣夫著
商务印书馆1930年版　　　　　　　　　上海古籍出版社1986年版

谢国桢

1936年王重民先生在巴黎法国国家图书馆书库内取阅敦煌卷子

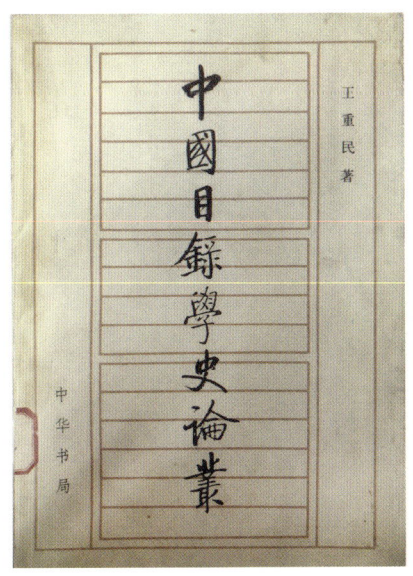

《中国目录学史论丛》王重民著
中华书局1984年版

《<校雠通义>通解》 王重民 通解
上海古籍出版社1987年版

《中国善本书提要》王重民著
上海古籍出版社1983年版

姚名达

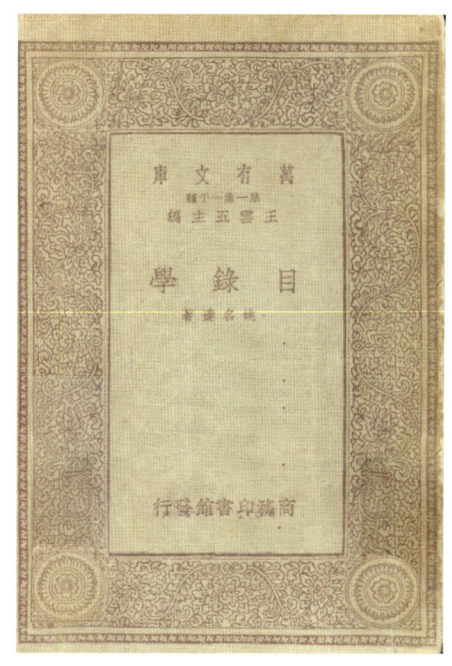

《目录学》姚名达著
商务印书馆1933年版

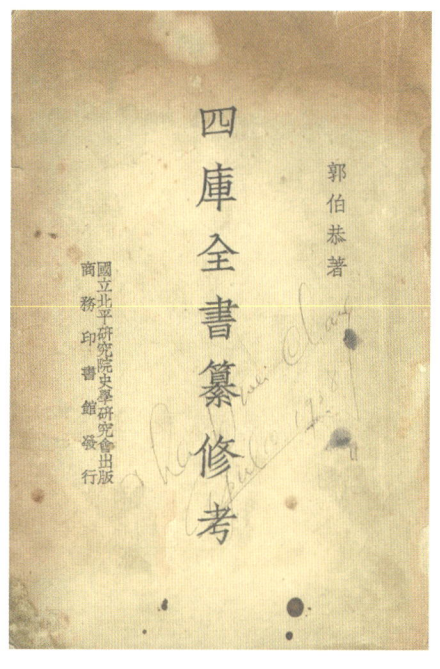

《四库全书纂修考》郭伯恭著
商务印书馆1937年版

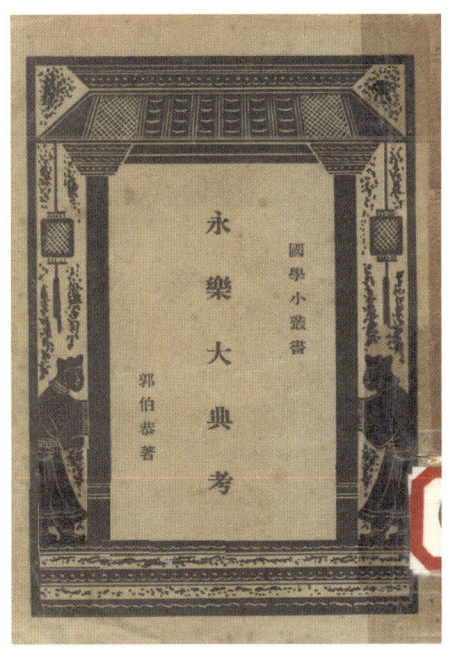

《永乐大典考》郭伯恭著
商务印书馆 1938 年版

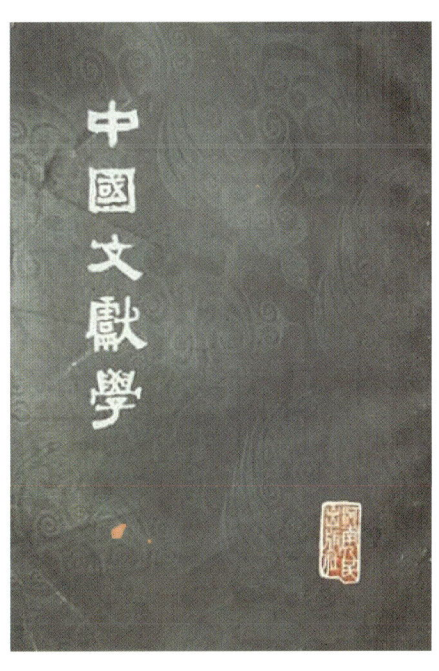

《中国文献学》张舜徽著
中州书画社 1982 年版

张舜徽

张舜徽先生在写作

杨家骆

程千帆

总　序

1925年，梁启超先生在中华图书馆协会成立会上呼吁，建设"中国的图书馆学"，明确指出"对于中国的目录学（广义的）和现代的图书馆学都有充分智识"之人，才能将中国的图书馆学建设成一门独立的学科，成为"中国的图书馆学"（《中华图书馆协会成立会演说辞》）。自此之后，经过几代图书馆学学人的共同努力，中国现代图书馆学走完了从孕育到成熟的发展历程。

中国古代藏书文化源远流长，自刘向、刘歆父子校理群书起，积累了丰富的藏书经验与整理理论；以清末西学东渐、西方图书馆学思想传入为起点，现代意义上的图书馆在中国生根发芽，一代图书馆学家完成了中国图书馆学学科体系构建的历史使命。数千年来，一代代爱书人聚书万卷、丹黄不辍，谱写了世界文化史上关于书的学问最为绚丽的篇章。

近百年来，数代图书馆学家筚路蓝缕，将中国传统藏书管理、整理的方法和理念，与西方图书馆学思想相结合，完成了中国图书馆学的本土化进程。在这个过程中形成的思想、理论、著作、学术流派，为学科发展作出贡献的人物，以及学科教育、学术组织、刊物等，都属于中国图书馆学学科史的重要内容。今天，我们重视学科史、学术史，既为表彰前辈学人开山辟路之功，同时也是在回顾成就的基础上，为中国图书馆学的发展厘清思路。

按照学界惯例，学术史是体现学科成熟度的重要标志。然而，中国图书馆学虽历史悠久，但学科史的研究一直比较薄弱，成果较少且叙述都较为简略，未能建立起纵贯古今的图书馆学史研究框架。2017年，四卷本《中国图书馆史》出版，填补了我国图书馆史系统性研究的空白，我担纲其中《古代藏书卷》的主编。图书馆事业与图书馆学，为一体之两面，也是我长期以来重点关注的研究领域。在爬梳史料的过程中，我深感古代藏书与近现代图书馆事业之间的紧密联系，以及建立中国图书馆学史研究体系的必要性。

随着学界同道对"中国图书馆学史"研究意义认识的不断深入，我们愈发感到推进"中国图书馆学史"研究的紧迫。因此，2013年初，笔者向国家社科基金委提交了"中国图书馆学史"重大项目选题。选题通过后，我们组建了一支由国内知名高校图情领域中青年研究者组成的团队，共同完成课题申报，并于2013年11月获得立项，项目名称就是"中国图书馆学史"，项目号为"13&ZD153"，该项目的预定目标就是推出一套多卷本的《中国图书馆学史》。

2014年，我们于北京大学信息管理系召开开题报告会，徐雁教授、王子舟教授、姚伯岳教授、吴永贵教授等参会，就研究计划与实施方案提出了大量切实可行的建议。课题组根据专家意见，重新修改完善了研究大纲并确定分工，正式展开中国图书馆学史的资料收集与研究工作。

经过一年多的准备，2015年11月28日至29日，课题组在北大信息管理系召开第二次全体工作会议。经过两天的讨论，会议确定了各卷的主要内容、写作大纲，讨论开列了各时期重要图书馆学学人名录，进一步明确了研究思路，课题研究转入攻坚阶段。2016

年初至2019年底，是各分卷按照分工独立展开研究的阶段。其间，我们多次召开小型研讨会，就各卷研究遇到的问题展开讨论，同时协调进度，统一写作思路。为保证书稿质量，2020年元月2日至3日，课题组在北京召开第三次全体工作会议，从体例统一的角度，对各分卷初稿逐一审读并提出修改意见。2020年4月底，各分卷按计划完成了初稿。经过近半年的修改，2020年10月14日至18日，课题组在苏州召开结题审稿会，邀请苏州图书馆邱冠华、金德政、费巍和苏州大学李雅等专家学者与会，就审稿过程中发现的问题进行研讨。充分吸纳专家意见并对书稿进行修改后，2020年11月底，"中国图书馆学史"重大课题结项报告最终定稿，并于2021年3月通过鉴定，获批结项。

我与安徽教育出版社渊源颇深，2017年底，由我主编的十卷本《中国阅读通史》由安教社出版。在十余年"漫长"的合作中，安教社始终支持我们的工作，对作者的"拖延"保持了足够的宽容，并为出版做了大量认真细致的工作。因此，在与作者团队商议后，我们决定"再续前缘"，延续我们因《中国阅读通史》而结下的良好合作关系，共同做好《中国图书馆学史》的出版工作。2021年，安徽教育出版社将该项目的结项成果按照出版规范加以调整后，申报了国家出版基金，并于2022年3月正式获批。此后，按照国家出版基金时间要求，根据专家审读意见再次修改书稿，完善内容，打磨细节。

2023年10月14日至15日，在安徽教育出版社、河南大学新闻传播学院的支持下，我们在河南开封召开"《中国图书馆学史》出版推进会"，讨论了出版规范、书稿体例等问题。2024年3月14日至17日，为了解决出版过程中遇到的问题，安徽教育出版社在合肥召开了一次由作者和全体责编参加的终审会,对书稿进行最后的修改。至此,基本完成全书定稿工作,最终的成果就是这套即将与读者见面的十卷本《中国图书馆学史》,目次为:

第一卷　绪论　先秦秦汉魏晋南北朝图书馆学史
第二卷　隋唐五代图书馆学史
第三卷　宋辽夏金元图书馆学史
第四卷　明代图书馆学史
第五卷　清代图书馆学史
第六卷　民国图书馆学理论
第七卷　民国图书馆学教育
第八卷　民国图书馆学学术团体
第九卷　民国图书馆学学者
第十卷　民国文献学学者

第一卷分为《绪论》和《先秦秦汉魏晋南北朝图书馆学史》两部分。《绪论》重点解决中国图书馆学史研究中的重要理论问题,阐释我们对中国图书馆学、图书馆学史等基本概念的理解,梳理前人研究成果,确立研究的疆域与边界,构建全书总体框架,为后续研究奠定基础。按照我们的理解,中国图书馆学既应包括西学东渐、近代学术转型以来,西方图书馆学思想本土化后的成果,更应继承古代藏书整理的经验、方法、理论。近代学科体系的突出特征,就是分科越来越细,交叉越来越多。在近代学科体系建立的过程中,许多原本有密切联系的知识门类独立为专门的学科,图书馆学与文献学就是其中的代表,但从学术史的角度看,相关学科之间的客观联系是无论如何不应被忽视的。因此,在对前人研究成果进行梳理时,我们将之分为图书馆学与文献整理学两部分,以求更为全面地展现本领域的既有进展,帮助我们厘清思路,提炼重点研究问题。

从《先秦秦汉魏晋南北朝图书馆学史》至《清代图书馆学史》,属于中国图书馆学史的古代部分。我们认为,中国古代关于藏书的文化传统,是滋养中国图书馆学发生、发展的土壤,而系统的西方学科理论,奠定了中国图书馆学学科化、体系化的基石。中国古代藏书文化中关于藏书建设、整理、管理的思想与方法,是中国图书馆学的重要内容,也是"中国的图书馆学"的文化土壤与特色所在。因此,我们按照时间顺序将古代图书馆学划分为五个时段,分论每个时段图书馆学的历史发展、主要成就、代表人物,重点梳理各时段藏书管理与藏书整理思想、理论。具体内容有:古代藏书管理的思想与方法,即古代藏书收集、保存、利用等相关经验的总结;古代藏书整理的思想与方法,重点放在分类、编目、版本等藏书整理实践中总结的方法和理论。

民国是中国图书馆学学科体系建立的关键时期,有对传统藏书经验和理论的总结与继承,更有随近代学科体系建构而形成的新领域、新思想;也是中国图书馆学发展的关键阶段,在形塑学科体系结构、引领学科发展方向等方面产生了深远影响。此外,这一时期学人、著作不断涌现,学术团体、学科教育等学术建制的萌芽与成熟对于学科发展意义重大,同样应当进入学术史的范畴。而学人、著作是学术史的"主角",以人为纲,学案体的写法更利于展现学派、学术发展之内在关联。故中国图书馆学发展至民国以后,有必要对其进行进一步的细分,以契合民国图书馆学在中国图书馆学史上的重要地位。在写作思路上，采用总分式结构。以一卷的篇幅总论民国图书馆学的发展背景、理论进展、学科建制；再以四卷的规模，择取民国图书馆学教育、学术团体、图书馆学与文献学学者等不同侧面，多维度展现民国图书馆学的发展面貌与主要成就，力求揭示近代中国图书馆学学科建构与转型的路径及其发展的内在机理。

"中国图书馆学史"的研究过程中，我的研究生、博士后也参与了课题讨论，从中选取相关论题撰写论文，为课题积累了丰富的前期成果和研究资料。由于工作变动，其中部分成员没有参与书稿的撰写，在此对他们的付出表示感谢。他们是北京大学范凡、许欢、张慧丽、李世娟、衡明明、张婵娟，清华大学王媛，中国人民大学王丽丽，河北大学赵元斌，青岛大学刘悦。

需要说明的是，在中国图书馆学史研究领域，许多基本概念尚存争议，学科史的研究框架与内容亦无成例可循，本书的观点仅代表一家之言。限于学力、时间，疏漏之处在所难免，诚盼学界同人不吝批评，就书中涉及的问题与我们展开讨论。

对学科史研究的重视，是学科发展到一定程度之后的学术自觉。对几千年来中国图书馆学成就的系统梳理，能够帮助我们找寻图书馆学史闪耀的思想光芒，确认值得今天借鉴的精神成果。当前图书馆学的发展也需要我们时常回望来路，通过反思历史，审视今天的问题，厘清前进的方向。当前，随着国民经济的快速发展，中国图书馆事业突飞猛进，取得了令世界瞩目的成就，图书馆是重要文化设施的理念深入人心。然而，与事业发展相伴的是图书馆学科及其教育发展面临的困境。一方面，信息技术的革新赋予了以图书馆学为代表的信息学科无限的想象空间；另一方面，与现实脱节，对事业发展重大现实问题回应力不足，以及由此而生的关于学科必要性、独立性的悲观情绪，正在学科内部蔓延。历史总是相似的，如今，中国的图书馆学又走到了一个需要选择何去何从的关口。我们梳理图书馆学学术史时，不仅要铭记前辈先贤为构建学科作出的努力与贡献，更重要的是从历史经验中汲取养分，对今天的图书馆事业、图书馆学发展进行深入思考，厘清思路、拓展视野，透过纷繁的现象，为中国图书馆学未来的发展作出正确的道路选择。这也是时代赋予当代图书馆学学人的重大使命与责任！

十卷本《中国图书馆学史》的出版，仅是我们为上述目标所作的初步努力，而学术史的完善，仍需更多关心图书馆学的发展、深入理解"中国的图书馆学"内涵的学者共襄其事。我相信，图书馆是人类文明生活的"第二起居室"；中国的图书馆学，将有一个光明的未来！

是为总序。

王余光

2024年4月于北京

目录

引　言 / 1

第一章 / 1
民国文献学学者（一）

第一节　叶德辉 / 1

第二节　王国维 / 16

第三节　伦明 / 26

第四节　胡朴安 / 43

第五节　陈垣 / 54

第六节　余嘉锡 / 66

第七节　张心澂 / 80

第八节　钱基博 / 93

第二章 / 104
民国文献学学者（二）

第一节　汪辟疆 / 104

第二节　蒋伯潜 / 121

第三节　孙殿起 / 130

第四节　王献唐 / 144

第五节　陈乃乾 / 155

第六节　陈登原 / 166

第七节　郑鹤声 / 180

第八节　王欣夫 / 199

第三章 / 208
民国文献学学者（三）

第一节　谢国桢 / 208
第二节　王重民 / 221
第三节　姚名达 / 245
第四节　赵万里 / 261
第五节　郭伯恭 / 277
第六节　张舜徽 / 289
第七节　杨家骆 / 307
第八节　程千帆 / 317

主要参考文献 / 329

索　引 / 338

后　记 / 344

引 言

传统图书馆学和古典文献学存在并列交叉的关系，古典文献学中的图书整理和图书管理其实也属于图书馆学的内容。民国时期文献学学者在古代校雠学的基础上，沿着传统藏书家的道路，继承中国古代文献学与目录学的成果，关注藏书之法、访书之法、目录编纂、治学传统、版本源流等，偏向于传统目录学、版本学、校勘学等藏书管理与藏书整理相关领域。随着西方科学知识体系的引进与文本形态的变迁，文献学学者不仅研究目录与版本的基本含义、源流、种类、体制、类例、演变过程，而且关注文献的历史发展经过，总结藏书活动规律，汲取现代图书馆管理理念，寻求文献学的现代化转型之路。

民国时期的文献学学者既有藏书、访书、编目等学术实践，也产出了一系列高水平的理论著述，而这些理论著述尤能体现这一时期文献学学者的学术思想。故本书对民国文献学学者的研究以其文献学著述为重点，兼顾其学术实践，深入挖掘其文献学思想。本卷人物的选择主要依据是学者的学术著述、理论贡献和学术实践。其中，学术著述是指学者在文献学领域的专著、论文等代表性成果，理论贡献是指学者提出的学术主张对当时或后世学术界产生的重要影响,学术实践是指学者的文献整理、文献管理等活动。本书依据人物的生年顺序,对各章节加以排列,梳理学人的生平经历、学术撰述、学术思想,系统总结学人的文献学思想,概述其在文献整理、文献管理等方面的学术实践理念,关注文献学学者在近现代社会学科体系下的坚守与创新,以及其对传统图书馆学现代化转型的历史贡献。

第一章

民国文献学学者（一）

第一节　叶德辉

一、生平

叶德辉（1864—1927），字奂彬，号直山，别号郋园，清同治三年（1864）正月十四日生于长沙坡子街公和染坊。宋时，叶氏祖上南渡，迁居吴中洞庭山。至其祖父，因避战乱，于道光末年始南迁入湘，居省会长沙。叶德辉十九岁时因参加科举考试没有湖南的县籍，经其业师徐峤云介绍，捐二百金入学官，归入湘潭县籍。故他有时自称长沙叶德辉、湘潭叶德辉。

光绪六年（1880），叶德辉就读于长沙岳麓书院；光绪十一年（1885），乡试中举人；光绪十八年（1892），会试中第九名贡士，殿试二甲，朝考二等，以进士身份授吏部主事，是年二十八岁。但他对做官并无多大兴趣，两年后便返乡居家。叶德辉在政治上以"顽固守旧"著称。他竭力维护封建帝制，反对维新变法，仇视辛亥革命；曾编撰《觉迷要录》，并为袁世凯复辟帝制效劳，是近代史上保守派的代表人物之一。1927年，因破坏北伐和农民运动，叶德辉被枪决于长沙浏城桥外识字岭，葬于南乡烂泥冲金庭公山。

二、学术论著

叶德辉涉猎广泛，在经学、史学、文字学、版本学、目录学、校勘学等多方面都具有深厚的造诣，其中又以版本学、目录学为重。叶德辉不仅关注史料的搜集与目录治学传统，也注重图书版本的流传，参与《四部丛刊》的出版工作，撰写学术著述如《四库全书总目提要版本考》《隋书经籍志考》《观古堂藏书目》《书林清话》《藏书十约》《郋园读书志》等，尤以《书林清话》影响最大，为当时及后世学者所重视和推崇，《藏书十约》则是叶德辉藏书思想的集中体现。

《书林清话》。该书是在清代版本目录学已经取得长足进步发展的大背景下，叶德辉以自己数十年藏书校书经验，兼引历代各家目录题跋，写成的一部版本目录学专著。《书林清话》成书于1911年，早期版本有1920年长沙观古堂刻本。《书林余话》二卷原是未完成的稿本，叶德辉死后由其侄叶启鉴在1928年刊印。1957年，上海古籍出版社将《书林清话》与《书林余话》合印，是为目前所流行的版本。《书林清话》共计10卷，卷下细分为126小节，每节字数在几百字至数千字不等。作者依据丰富史料，在书中叙述了有关古代雕版书籍的各项知识，书籍和版片的各种名称，"官刻""坊刻""私刻"三大刻书系统的特点，以及各个朝代的刻书情况，研究并探讨了古代书籍的版本特征、版本鉴别、版权保护等问题，同时还收录了如名人刻书藏书、历代书价、一些刻工抄工等书林掌故。《书林清话》是一部集版本、目录、书史三学于一体的佳作，也是第一部对中国古代书史进行系统研究的著作。该书一改历来目录学只重指导治学的传统，更看重书籍的形式与流传，对中国自古以来的图书发展史进行了系统梳理，旨在昌明国学、发扬传统，同时也为学者提供了一种新的"书话"体裁的写作范本，呈现"凡自来藏书家所未措意者，靡不博考周稽，条分缕晰"①的风格。这被评价为"在东汉刘、班，南宋晁、陈以外，别自开一蹊径"②。《书林清话》对后世学者的研究产生了重要影响。戴南海先生特别推荐此书给诸位学子，认为其为必读之书，因为"以后编写的一些版本书籍，由它脱胎而来的不少"③。余嘉锡《目录学发微》、刘国钧《中国书史简编》、来新夏《古典目录学浅说》等，都征引了《书林清话》及《书林余话》中的资料或论断。在版本学领域，《书林清话》至今仍是重要读本，尤其对于入门者而言，"当先览《书林清话》

---

① 叶德辉：《书林清话》，上海古籍出版社，2012年，第242页。
② 叶德辉：《书林清话》，上海古籍出版社，2012年，第242页。
③ 戴南海：《版本学概论》，巴蜀书社，1989年，第34页。

以了解其梗概"①。可以说《书林清话》是版本学入门必读书籍。

《藏书十约》。又称《观古堂藏书十约》，早期版本有观古堂1911年版。该书与祁承㸁《澹生堂藏书训略》、孙从添《上善堂藏书纪要》并称为中国藏书史上的三部著名的藏书技术专著。②叶德辉重视清刻本与经学、小学类图书的收藏，并自成理论。"半生心力，累万巨赀，所得如此，则其甘苦，不可以不示人"③，由此著成《藏书十约》，涵盖购置、鉴别、装潢、陈列、抄补、传录、校勘、题跋、收藏、印记十个专题，旨在总结自己的藏书经验，揭示藏书思想。从图书的收集、鉴别到整理、保管，《藏书十约》既涉及理论知识，也包含实践技巧，全面体现了叶德辉的藏书思想与藏书特色。

三、藏书思想

叶德辉的观古堂藏书室闻名遐迩。经过长期的搜集，观古堂藏书一度达到30万卷。叶德辉重视清刻本与经学、小学类图书的收藏，并自成理论。

在藏书购置方面，叶德辉深受我国经学传统的影响，注重经部图书的搜集，主张以经部图书为主，同时也注重史部与丛书类图书的收藏。"置书先经部，次史部，次丛书。经先《十三经》，史先

---

① 戴南海：《版本学概论》，巴蜀书社，1989年，第37页。
② 参见王建《收藏之指南，汲古之修绠——试说叶德辉的〈观古堂藏书十约〉》，《山东图书馆季刊》1994年第1期。
③ 叶德辉撰，紫石点校：《书林清话（外二种）》，北京燕山出版社，2008年，第331页。

《二十四史》，丛书先其种类多校刻精者"①，"吾尝欲遍购前、续两《经解》中之单行书，远如新安江永之经学各种，近如遵义郑珍所著遗书"②。观古堂藏书的经部图书多达1460余种，包括《易》《书》《诗》《礼》《乐》《春秋》《论语》《孝经》《尔雅》《石经》《经解》类，其中不乏张惠言《仪礼图》、王鸣盛《周礼田赋说》等珍贵古籍。作为经学会的组织者，叶德辉编写《经学通诰》，规定"经学以发明义训、通知世用为本，不分汉宋门户，亦不拘守乡里私学小派，惟遵纲要，按经分科"③，体现了经学为先的传统观念。他建议收藏史学图书要从《二十四史》开始，"史亦以明南监《二十一史》为善，其板亦杂凑宋监、元路诸本而成"，"南监本外，则以武英殿刻本为完全"。④这些是叶德辉藏书的主导理念。明万历南监刻本、清武英殿刻本的《二十四史》等都为观古堂所收藏。

在叶德辉的藏书理论中，鉴别图书必不可少。"四部备矣，当知鉴别之道，必先自通知目录始。目录以《钦定四库全书总目提要》、阮元《揅经室外集》为途径，不通目录，不知古书之存亡；不知古书之存亡，一切伪撰抄撮、张冠李戴之书，杂然滥收，淆乱耳目。"⑤通晓目录才能知古书，这是叶德辉的藏书经验之谈。

宋本书因其刻印精良，受到清代藏书家的追捧。清代著名藏书

---

① 叶德辉撰，紫石点校：《书林清话（外二种）》，北京燕山出版社，2008年，第333页。
② 叶德辉撰，紫石点校：《书林清话（外二种）》，北京燕山出版社，2008年，第244页。
③ 王逸明主编：《叶德辉集》（第二册），学苑出版社，2007年，第29页。
④ 叶德辉撰，紫石点校：《书林清话（外二种）》，北京燕山出版社，2008年，第333—334页。
⑤ 叶德辉撰，紫石点校：《书林清话（外二种）》，北京燕山出版社，2008年，第334页。

家黄丕烈曾说自己"嗜宋、元、明人旧钞焉"①,"余佞宋,虽残鳞片甲,亦在珍藏,勿以不全忽之"②。黄丕烈对宋本书的喜爱体现在其图书收藏的实践中,他毕生收藏宋本书200多部,是"佞宋"的典型代表人物。受清代藏书环境的影响,叶德辉也追求精良的宋刻本,例如他收藏的宋本有"非止北宋本第一,亦海内藏书第一"的《韦苏州集》、宋孝宗隆兴元年刊本《南岳总胜集》、宋宁宗嘉定刊本《玉台新咏》、金刻本《埤雅》等。叶德辉推崇宋本,但并非一味"佞宋"。对于清代的精良刻本,叶德辉同样看重,他指出,"康、雍、乾、嘉累叶承平,民物丰阜,士大夫优游岁月,其著书甚勇,其刻书至精,不独奴视朱明,直可上追天水。当时精刻精印,一时流播士林,迄今百余年,承洪、杨兵劫之摧残,又为鸡林贾人之转售,海内图籍,势将荡然靡存。如此佳刻,安得不什袭藏之?书此以告后人,幸勿薄今爱古"③。

　　叶德辉实事求是,建议藏书家从校雠之用出发,认识所购置图书的价值,而不是盲目收藏,使藏书沦为赏玩之物。对于明代刻本,叶德辉进行了详细的考证。例如藏书家向来珍赏的"丰城游明大昇,翻雕元中统本《史记集解索隐》"④,叶德辉就极为推崇。至于清代版本精美的原因,叶德辉认为是"初刻初印",并举倪灿为薛熙写的《明文在》、林佶为王士禛书《渔洋精华录》、李文仲《字

---

① 黄丕烈著,潘祖荫辑,周少川点校:《士礼居藏书题跋记》,书目文献出版社,1989年,第34页。
② 黄丕烈著,屠友祥校注:《荛圃藏书题识》,上海远东出版社,1999年,第583页。
③ 叶德辉撰,杨洪升点校,杜泽逊审定:《郋园读书志》,上海古籍出版社,2010年,第53页。
④ 叶德辉:《书林清话》,上海古籍出版社,2012年,第100页。

鉴》、吴玉搢《金石存》等为例，称其均为"直欲方驾宋元"① 的精刻本。

"凡书经校过，及新得异本，必系以题跋，方为不负此书。"② "最要者：无论经、史、子、集，但系仿宋元旧刻，必为古雅之书；或其书有国朝考据诸儒序跋题词，其书亦必精善。"③ 依据内容的不同，叶德辉将题跋分为两类：一是"论著述之指要者，记叙撰人时代仕履，及其成书之年月，著书中之大略"，例如宋晁公武《郡斋读书志》、陈振孙《直斋书录解题》；二是"辨论一书之是非与作者之得失"，例如宋石林公《过庭录》、明王世贞《读书后》。④ 撰写题跋是叶德辉藏书活动不可或缺的部分，他指出，题跋"使览者不待卷终，可得其要领"，"俾前贤抱残守缺之苦心，不至书存而人泯灭"。⑤ 在藏书的实践活动中，叶德辉撰写了大量题跋，据统计，仅《郋园读书志》所记题跋就有700余篇。据叶德辉自述，他"于所读之书，必于余幅笔记数语，或论本书之得失，或辨两刻之异同"⑥，因此观古堂藏书前后多有题跋。

作为藏书的方式之一，藏书印记也颇为叶德辉看重。"藏书必有印记。宋本《孔子家语》，以有'东坡折角'玉印，其书遂价重连城"，叶德辉将印记之法归纳为两种：去闲文和寻隙处。所谓"去闲文"，即"姓名表字，楼阁堂斋，于是二三印，一印四五字足矣"，"寻隙处"即"凡书流传愈久者，其藏书印愈多。朱紫纵横，

---

① 叶德辉：《书林清话》，上海古籍出版社，2012年，第202—203页。
② 叶德辉撰，紫石点校：《书林清话（外二种）》，北京燕山出版社，2008年，第340页。
③ 叶德辉撰，紫石点校：《书林清话（外二种）》，北京燕山出版社，2008年，第335页。
④ 叶德辉撰，紫石点校：《书林清话（外二种）》，北京燕山出版社，2008年，第340页。
⑤ 叶德辉撰，紫石点校：《书林清话（外二种）》，北京燕山出版社，2008年，第341页。
⑥ 叶德辉：《郋园读书志》，上海古籍出版社，2010年，"序"第2页。

几无隙纸。是宜移于书眉卷尾,以免龃龉"。① 藏书印记意在表明图书所有人的身份,实质上也是藏书私有化的方法。

叶德辉爱惜图书,无论是对藏书的场所、日常管理,还是借阅事宜,他都有着细致的论述,"藏书之所,宜高楼,宜宽敞之净室,宜高墙别院,与居宅相远","南北地气不同,是不可不辨者也"。②对于所藏之书,他提出了严格的借阅条件:"非有书可以互抄之友,不轻借抄;非真同志著书之人,不轻借阅;舟车行笥,其书无副本者,不得轻携。远客来观,一主一宾,一书童相随,仆从不得丛入藏书之室。"③

"吾家累代楹书,足资取证。"④ 叶氏家世业儒,有藏书的爱好,至叶德辉更甚。他在长沙建观古堂、丽楼,四处搜罗古籍,藏于其中;无论家居还是出游,他都以搜集古籍为要务。据其子叶启倬、叶启慕在《〈观古堂藏书目〉跋》中描述,叶德辉"每岁归来,必有新刻旧本书多橱,充斥廊庑间,检之弥月不能罄"⑤。叶德辉还广交朋友,不仅与当时国内藏书家互通有无,还结识一些日本学者与藏书家,和他们赠换书籍,得到了许多日本影刻的书籍。宣统三年(1911),观古堂藏书已有 4000 余部,约 20 万卷,民国时期仍继续增加。叶氏的藏书中,宋元旧本固已有之,但他尤重对明清以来的精刻、精校、初印及钞校之本的收藏,特别是清人别集,收藏较

---

① 叶德辉撰,紫石点校:《书林清话(外二种)》,北京燕山出版社,2008 年,第 342—343 页。
② 叶德辉撰,紫石点校:《书林清话(外二种)》,北京燕山出版社,2008 年,第 341 页。
③ 叶德辉:《书林清话 外二种》,北京燕山出版社,2008 年,第 342 页。
④ 叶德辉:《书林清话》,上海古籍出版社,2012 年,"叙"第 1 页。
⑤ 叶德辉:《观古堂藏书目》,长沙叶氏观古堂,1916 年。

全，独步一时。叶德辉利用这些丰富的藏书与平时所见所闻撰写《藏书十约》。但显然这不足以完全记录和表达其理念，于是他以《藏书十约》为基础，"挈其大纲，其有未详者，随笔书之。积久成帙"①，并将这逾 12 万言的笔记整理成《书林清话》。

洪亮吉在《北江诗话》中将藏书家分为考订家、校雠家、收藏家、赏鉴家和掠贩家。参考洪亮吉的观点，叶德辉提出"考订、校雠，是一是二，而可统名之著述家。若专以刻书为事，则当云校勘家"②，将藏书家分为五类：著述家、校勘家、收藏家、赏鉴家与掠贩家。从这一角度来看，叶德辉既属于收藏家，也是著述家。

四、图书流通思想

在图书出版领域，叶德辉也极为活跃。无论是观古堂刻书还是商务印书馆所出《四部丛刊》，叶德辉都作出了极大贡献。

对于藏书与读书相分离的现象，叶德辉提出"今日藏书之人，即昔日焚书之人"③之论。叶德辉热衷于收藏珍贵书籍，以便其研究，而出版图书是为了更好地进行学术交流。叶德辉认为，"藏书而不知刻书，何异骨董行客；刻书而不知藏书，亦棚铺坊肆所优为"④，他在藏书之余，也进行着刻书活动。叶德辉曾以"长沙叶氏"的名义刊刻图书，所刊刻的图书有《双梅景暗丛书》十七种，《石林遗书》十三种，《观古堂汇刻书》初、二集，《观古堂所著书》

---

① 叶德辉：《书林清话》，上海古籍出版社，2012 年，"叙"第 1 页。
② 叶德辉：《书林清话》，上海古籍出版社，2012 年，第 206 页。
③ 叶德辉：《书林清话》，上海古籍出版社，2012 年，第 216 页。
④ 叶德辉撰，张晶萍校点：《叶德辉诗文集》（一），岳麓书社，2010 年，第 382 页。

十三种,《百川书志》《征刻唐宋秘本书目》,《观古堂书目丛刻》十五种等。此外,叶德辉还曾参与湖南思贤书局的出版活动,力图通过出版保存典籍。

1918年起,叶德辉与瞿启甲、夏敬观等人通过书信往来,表达自己提倡出版《四部丛刊》之意。经过与缪荃孙、瞿启甲等藏书家沟通,考虑到图书租借、印刷等因素,叶德辉与商务印书馆的编辑们确定了《四部丛刊》最终的书目。从选题、目录确定到出版发售,叶德辉为这项浩大的出版项目作出了重要贡献。本着保存古籍、兼顾实用的原则,叶德辉调查国内外的私人藏书和图书馆馆藏情况,制定了《四部丛刊》的销售计划,这也使得《四部丛刊》在短时间内就销售了1500多部,有效地促进了古籍保护工作的开展。《四部丛刊·例言》说道:"昔曹石仓学佺有言:释道二家,汇刻经典累数万卷,名为藏经。至于儒家,独付阙如,诚为恨事。张文襄之洞,劝人随举《书目答问》中一类,刊成丛书,以便学者。二公锐意及此,迄未成事。敝馆窃以昌明国故,端赖流布古书。筑涵芬楼,广收善本,海内贤达,勉以流通,不吝借瓻之助,期成集腋之功。故不辞力小任大之讥,毅然图始。区区用意,学者谅之!"① 可知,叶德辉出版图书的最终目的在于"昌明国故"。

叶德辉建议:"既刻一书,务使学人同趋于正轨而不误于歧途,此平生刻书之宗旨也。"② 他主张采用宋、元、明时期的善本影印,对《四部丛刊》所采用各书的版本提出了自己的意见。在写给张元

---

① 张静庐辑注:《中国近现代出版史料》(现代甲编),上海书店出版社,2003年,第352页。
② 王逸明主编,孙有东等副主编:《叶德辉集》(第4册),学苑出版社,2007年,第395页。

济的信中,叶德辉说:"今日海内藏书家,固以江南之瞿、山左之杨为南北两大国,然其他藏书之人所藏,亦有出于二家之外者。此次汇印,板本则取异不取同,征求则就近不就远。一则利在保留古本,一则利在易借荆州。盖必如此,始足达吾辈流通古书之素心,而其途亦较有归宿也。"① 叶德辉在致瞿启甲的信中曾有言:"弟数年前与张菊生同年倡为《四部丛刊》之议,欲合部最要最善之本,聚于一编。合二人之藏不敌尊处一鳞片羽,屡思援朱竹垞、钱湘灵、黄俞邰、周雪客征刻唐宋人秘本书之例,藉重大名,列于公启。以时局扰攘,执事又以议员在京,江海阻修,无缘通耗。道旁筑室,三年于兹",并说此事"本发端于鄙人"。② 看到商务印书馆初拟的《四部丛刊书目》后,叶德辉指出:"以浩如烟海之簿籍,择尤提要,成此鸿编,《百川学海》无此规模,《永乐大典》逊其精要。其中各书采集善本,一在存古,一在信今,以校勘兼赏鉴之长,以表章寓嘉惠之意。季札闻乐而叹观止,娄护传食而得侯鲭。此书一成,信为空前绝后之作。"③ 叶德辉对于《四部丛刊》出版竭尽心力,其意在坚守中国传统文化,促成珍本古籍的流传。从收录书目到版本辨别,叶德辉与时任商务印书馆编辑的夏敬观数次通信,建言献策。正如张元济所说:"吾辈生当斯世,他事无可为,惟保存吾国数千年之文明,不至因时势而失坠,此为应尽之责。能使古书多流传一部,即于保存上多一份效力。吾辈炳烛余光能有几

---

① 叶德辉撰,张晶萍校点:《叶德辉诗文集》(一),岳麓书社,2010年,第434页。
② 王逸明主编,孙有东等副主编:《叶德辉集》(第4册),学苑出版社,2007年,第415—416页。
③ 王逸明主编,孙有东等副主编:《叶德辉集》(第4册),学苑出版社,2007年,第394页。

时？不能不努力为之也。"① 在民国时期新学书籍盛行的情况下，影印古籍是为了保存中国文明，而绝非抱残守缺。

从 1919 年至 1920 年，《四部丛刊》共收录古籍 323 种 2100 册。1934 年和 1936 年又分别印成《续编》和《三编》，补充收录图书 145 种。《四部丛刊》的出版是中国近代出版史上的重要事件，是我国学者试图挽救古籍的一次行动。《四部丛刊》的出版寄托了叶德辉昌明国故、保护古籍的愿望。如《印行〈四部丛刊〉启》中所言："睹乔木而思故家，考文献而爱旧邦。知新温故，二者并重。自咸同以来，神州几经多故，旧籍日就沦亡。盖求书之难，国学之微，未有甚于此时者也。上海涵芬楼留意收藏，多蓄善本，同人怂恿影印，以资津逮。间有未备，复各出公私所储，恣其搜揽，得于风流阒寂之会，成此《四部丛刊》之刻。"② 《四部丛刊》的出版得到了海外学者的高度关注。日本学者神田喜一郎说："《四部丛刊》之刊行，实为有裨学界之壮举。"武内义雄评价道："《四部丛刊》实为中国空前之一大丛书。"③

五、校勘学思想

"书不校勘，不如不读。"④ 叶德辉极其看重图书校勘，他曾列举校勘的八种好处："习静养心，除烦断恣，独居无俚，万虑俱消，

---

① 张树年主编，柳和城等编著：《张元济年谱》，商务印书馆，1991 年，第 283 页。
② 张静庐辑注：《中国近现代出版史料》（现代甲编），上海书店出版社，2003 年，第 351 页。
③ 叶德辉：《书林清话》，上海古籍出版社，2012 年，第 279、280 页。
④ 叶德辉：《书林清话（外二种）》，北京燕山出版社，2008 年，第 339 页。

一善也；有功古人，津逮后学，奇文独赏，疑窦忽开，二善也；日日翻检，不生潮霉，蠹鱼蛀虫，应手拂去，三善也；校成一书，传之后世，我之名字，附骥以行，四善也；中年善忘，恒苦搜索，一经手校，可阅数年，五善也；典制名物，记问日增，类事撰文，俯拾即是，六善也；长夏破睡，严冬御寒，废寝忘餐，难境易过，七善也；校书日多，源流益习，出门采访，如马识途，八善也。"①叶德辉将校勘方法总结为"死校"与"活校"两种方式。死校是"据此本以校彼本，一行几字，钩乙如其书，一点一画，照录而不改，虽有误字，必存原本，顾千里广圻、黄荛圃丕烈所刻之书是也"。活校是"以群书所引改其误字，补其阙文，又或错举他刻，择善而从，别为丛书，板归一式，卢抱经文弨、孙渊如星衍所刻之书是也"。②叶德辉将这两种方法的产生追溯至两汉时期，认为郑康成注《周礼》为死校，刘向校录《中书》、许慎撰《五经异义》为活校。他认为，应视情况决定具体的校勘方法，也可采用两种方法进行综合校勘，由此"不仅获校书之奇功，抑亦得著书之捷径也"。

六、目录学思想

叶德辉的藏书没有严格遵循四部分类法，而是按照经、史、子、集、丛的方式排列，其中，宋元旧刻、精校名抄类书籍单独陈列。为"志一生精力之所注"，"缕述先世家学及生平所历之境"③，叶德辉编印《观古堂藏书目》，将观古堂藏书进行编目分类。全书

---

① 叶德辉：《书林清话（外二种）》，北京燕山出版社，2008年，第339页。
② 叶德辉：《书林清话（外二种）》，北京燕山出版社，2008年，第339页。
③ 叶德辉：《观古堂藏书目》，长沙叶氏观古堂，1916年，"自序"。

共分为经、史、子、集四部，著录图书5184种。"每得一书，必缀一跋……或校其文字异同，或述其版刻原委，无不纤细毕详"①。叶德辉将平日藏书题跋抄出，汇成《郋园读书志》，并于1928年刊印。《郋园读书志》共16卷，著录图书708种。"体近述古《敏求记》，较多考证之资；例本甘泉《杂记》，兼寓抉择之意。远追晁、陈二家《志》《录》之流别，近补纪、阮二公《提要》之阙书。是固合考订、校雠、收藏、鉴赏为一家言。"②《郋园读书志》为题跋之作，是叶德辉于"目录版本之学寝馈数十寒暑。储藏既富，闻见尤多"，"随笔所书，动中窾窍"，"沾溉无穷，其津逮来学之功巨矣，岂仅于藏书家分据一席已哉！"③

不过叶德辉在《书林清话》中并没有参考自己所藏之书，而是参考诸家藏书目录。"盖一人独赏之物，不如千人共见之物之足征信。"④ 在撰写过程中，凡是引用前人的目录题跋，叶德辉"必皆注明原书"。他私下收藏的书籍，若不是"诸家所阙"，一概不掺杂在书中。因为他考虑到一个人鉴赏的东西，不如多数人共同见证的让人信服。叶德辉强调，书中所引用的资料，"非秘藏，亦非稗贩"。他不想在做学问方面因为疏忽给别人留下话柄。从有引必注和对材料的严格筛选上可以看出，叶德辉的治学态度是非常严谨认真的。从"耳目之所接""随笔书之""积久成帙""诸家目录题跋"等细节，可看出叶德辉对古籍版本处处留意，颇为用心。这些细节亦能

---

① 叶德辉撰，杨洪升点校：《郋园读书志》，上海古籍出版社，2010年，第757—759页。
② 叶德辉撰，杨洪升点校：《郋园读书志》，上海古籍出版社，2010年，"序"第2页。
③ 叶德辉撰，杨洪升点校：《郋园读书志》，上海古籍出版社，2010年，"序"第3页。
④ 叶德辉：《书林清话》，上海古籍出版社，2012年，"序"第1页。

反映出叶德辉古籍知识储备之多，为撰写《书林清话》所下功夫之深、花费时日之长。

在动荡不安的时局下，叶德辉担心古籍会遭"秦火胡灰之厄"，因此寄希望于《书林清话》能起到保存古籍文献的作用，为"书种文种"萌芽作准备。也有学者认为，叶氏在辛亥革命前后，企图以"书种文种"来对付时局的"天翻地覆"。①

七、学术贡献

叶德辉一生致力于古书的收藏与校勘，"不乐仕进，日以搜访旧、刻书为事"②，"藏书三十余万卷"，是清末民初著名的藏书家、版本目录学家、刻书家。他"专力于考据之学"，并对此持严谨认真的态度，"每得一书，必缀一跋，或校其文字异同，或述其版刻原委，无不纤细毕详"③，其版本学之精由此积累而成。

作为近代湖湘汉学代表人物，叶德辉深受传统"卫道"思想的影响，因而他成为中国近代文化保守派的代表人物之一。叶德辉终其一生都在为保存旧学而努力，收藏图书、研究版本、出版图书以更好地达到这一目的。他主张藏书要为读书而藏，这一观点突破了为藏而藏的思想桎梏，将藏书与读书结合起来，是其学术理论的创新之处。缪荃孙对叶氏的评价是："焕彬于书籍镂刻源流，尤能贯串，上溯李唐，下迄今兹，旁求海外。旧刻精钞，藏家名印，何本

---

① 蔡芳定：《叶德辉〈书林清话〉研究》，（台湾）花木兰文化出版社，2011年，第44页。
② 叶德辉撰，杨洪升点校：《郋园读书志》，上海古籍出版社，2010年，第758页。
③ 叶德辉撰，杨洪升点校：《郋园读书志》，上海古籍出版社，2010年，第757—759页。

最先，何本最备，如探诸喉，如指诸掌。此《书林清话》一编，仿君家鞠裳之《语石》编，比俞理初之《米盐簿》，所以绍往哲之书，开后学之派别，均在此矣。"[①]

第二节　王国维

一、生平

王国维（1877—1927），字静庵（安），又字伯隅，初号礼堂、人间、永观，晚号观堂，浙江海宁盐官镇人。王国维少时喜欢泛览书籍，由此接触文史之学并积累才学，是"海宁四才子"之一。光绪二十四年（1898），王国维赴上海，任《时务报》书记。是年九月受罗振玉照顾到东文学社任庶务，并为罗氏所办《农学报》编译文章、撰写社论。光绪二十九年（1903），王国维在罗振玉推荐下去往江苏南通通州师范学校任教，次年追随罗振玉任教于江苏师范学堂。光绪三十二年（1906）王国维携家人入京，于次年任学部总务司行走，并担任学部图书局编译。

1911年10月，王国维举家随罗振玉家人东渡至日本京都，在京都四年多时间，王国维潜心研究，学术兴趣由文学转为经史小

---

① 叶德辉：《书林清话》，上海古籍出版社，2012年，"序"第1页。

学，王国维自述"此四年中生活，在一生中最为简单"[①]，"成书之多为一生冠"[②]。1916年2月，王国维回到上海，入仓圣明智大学主编《学术丛编》，兼任经学教授。在上海期间，为贴补家用，王国维为乌程蒋汝藻编撰了《传书堂藏善本书志》。1922年王国维受蔡元培和马衡的多次邀请充任北京大学研究所国学门通讯导师。1925年，王国维任清华大学国学研究院导师，与梁启超、陈寅恪、赵元任合称"清华国学院四大导师"。在清华国学院期间，王国维治学方向转为西北地理及辽金元史。1927年6月2日王国维自沉于颐和园昆明湖。

二、学术论著

王国维在史学、美学、哲学、版本学等方面均有很深造诣，并在甲骨学、简牍学、敦煌学领域具有开拓性贡献。他的著述甚为丰富，生前所著图书共有60余种，批校古籍200余种，并自编《静安文集》《观堂集林》。王国维逝世以后，有《海宁王静安先生遗书》《王国维全集》《王国维未刊来往书信集》等著作刊行于世，后人整理出版的遗著更是不胜枚举。在文献学领域，尤以《古史新证》《两浙古刊本考》最具代表性。

《古史新证》。该书原为王国维在清华国学院任职期间开设的同名课程的讲义，后被收入《清华文丛》，由清华大学出版社于1994

---

① 谢维扬、房鑫亮主编：《王国维全集》（第十五卷），浙江教育出版社，2010年，第911页。
② 谢维扬、房鑫亮主编：《王国维全集》（第十五卷），浙江教育出版社，2010年，第911页。

年出版。书中所提出的二重证据法为古代考据学与现代实证学的创新结合，体现了我国学者从传统研究向近代学术转型的倾向，是中国近代史学研究的里程碑式著作。

《两浙古刊本考》。共2卷，有《海宁王忠悫公遗书》本。该书按照郡府的顺序排列，通过文献记载，考证浙江地区宋元两代所刻图书的刊刻地、刊刻者、行款、流传和版片亡佚情况，上卷考证杭州府刊版，下卷考证两浙其他地区的刊版，如兴文署本《资治通鉴》的考证。该书史料翔实，考证严谨，是版本学研究的经典学术著作。

三、版本目录学思想

王国维曾遍校历史上重要的目录学著作，同时自己也编制了大量目录。王国维对中国目录学经典著作《汉书·艺文志》进行研究，提出其存在遗漏、与别录不一致等不足之处，意见中肯，论述有力。所校之书如《直斋书录解题》《文澜阁书目》《千顷堂书目》《经籍跋文》《铁琴铜剑楼藏书目录》《藏书纪事诗》《金石录》《宋元释藏刊本考》《纪元编》等，多有题跋，有的还相当详尽。同时王国维自己也编纂了《汉魏博士题名考》《元朝秘史地名索引》等书目，至今仍然是重要的参考工具书。[①]

王国维强调编目的重要性，他曾有言：欲治金文，当从编目起。对于刘方伯所编《金石苑》，他指出："余合原目及胡目观之，知方伯此书，兼用以地分类及以物分类二法"[②]；在《宋代金文著录

---

① 参见周启付《王国维对图书馆学、目录学的贡献》，《图书馆学刊》1983年第3期。
② 王国维：《观堂集林（外二种）》（下），河北教育出版社，2001年，第653页。

表》序中,他说:"器以类聚,名从主人。其有异同,分条于下。诸书所录古器之有文字者,胥具丁是。"① 按照以时、地、器物分类的原则,王国维编制《宋代金文著录表》《国朝金文著录表》等金石目录,使读者可以"按图索骥",了解宋清两代金石藏器的大致情况。

在《明内阁藏书目录》跋文中,王国维说:"以此目与《文渊阁书目》比校,所亡之书,以笔记、诗集为最多。而'地志'一门所储者,皆嘉靖以后新修之本。旧目中之旧志、新志,两目乃无一存者。吁!可异已。笔记、诗集之亡,可由窃书者所嗜解之。古地志之亡,盖以当时既收为新志,以旧志为无用,别置他处,遂不见于此目,真可惜也。"② 以笔记、诗集、地志类藏书的亡佚为例,王国维指出,古代官方藏书的散失既有窃书者的原因,也受到官方藏书举措的影响,对古代书厄的原因进行了深度分析。在《传书堂记》中,王国维以北宋以来西吴地区私人藏书为叙述对象,列举齐斋倪氏、月河莫氏、竹斋沈氏、直斋陈氏、随斋程氏、草窗周氏等藏书家所藏图书的历史演变,以传书堂藏书的世代传承,肯定古代藏书家在保存传统文明方面的重要作用,"书有存亡,唯此传书之精神,则历千载而不亡"③,充分肯定了传书精神的价值与意义。

王国维推崇宋本的价值,却又不唯以宋本为据,对于明清刻本,他通过考察实际版本,指出其可取之处,肯定前人校勘成果。

---

① 清华大学国学研究院主编、方麟选编:《王国维文存》,江苏人民出版社,2014年,第395页。
② 王国维:《观堂集林(外二种)》(下),河北教育出版社,2001年,第842页。
③ 清华大学国学研究院主编、方麟选编:《王国维文存》,江苏人民出版社,2014年,第720页。

例如，在校勘《水经注》时，王国维综合考察各家版本得失，撰写《宋刊〈水经注〉残本跋》《〈永乐大典〉本〈水经注〉跋》《明抄本〈水经注〉跋》《朱谋㙔〈水经注笺〉跋》《聚珍本戴校〈水经注〉跋》等文，对诸家校本进行评价："三百年来，治郦氏书者殆近十家，然朱王孙虽见宋本，而所校不尽可据。全氏好以己所订正之处托于其先人所见宋本。戴氏则托于《大典》本。而宋本与《大典》本胜处，朱、戴二本亦未能尽之。虽于郦书不为无功，而于事实则去之弥远。若以此本为主，尽列诸本异同及诸家订正之字于下，亦今日不可已之事业欤！"① 在实际校勘工作中，他对宋刊本《水经注》残本的价值进行判定，指出其有"宋本独胜诸本而诸家未及校正者"，同时也肯定了明抄本的价值，"然宋刊价值尚不在字句之末，明以来抄刻诸本之源流，得此始可了然"。② 他将明抄本与朱、王、孙本以及宋刊本、《大典》本相互参证，集各版本之善本，对《水经注》进行全面的校勘考证。

王国维版本学研究的代表作主要有《覆五代刊本〈尔雅〉跋》《宋刊本〈尔雅疏〉跋》《宋越州本〈礼记正义〉跋》《旧刊本〈毛诗注疏〉残叶跋》《残宋本〈三国志〉跋》《元刊本〈资治通鉴音注〉跋》《〈两浙古刊本考〉序》《五代两宋监本考》等，对经传旧刻、官版史书进行行款版式、牒文衔名、刊刻题跋研究，运用实物和文献记载互相参证的方法，积极探求我国版本发展的规律和发展沿革，因此可以说王国维是我国版本学的主要奠基人。③ 他在

---

① 王国维：《观堂集林（外二种）》（上），河北教育出版社，2001年，第361页。
② 王国维：《观堂集林（外二种）》（上），河北教育出版社，2001年，第357、358页。
③ 参见吴泽主编《王国维学术研究论集》（二），华东师范大学出版社，1987年，第283—307页。

《两浙古刊本考》序言中说:"今最录世有传本及见于纪载者,为《两浙古刊本考》,分郡罗列,厘为二卷,虽可考见者十不得四、五,然大略可睹矣。"① 《两浙古刊本考》以刊刻本为考据对象,对两浙地区的宋元古刊本进行考证研究,按照郡府的顺序排列,考辨了前人所未能发现的版本,如兴文署本《资治通鉴音注》等;《五代两宋监本考》对监本作了考本、发端、行款等方面的考辨研究,为古代刊刻本的考证提供了参考范例。以上两篇是宋代版刻史研究的经典著作,也是目录学、版本学等领域的重要学术著述。

四、校勘学思想

王国维认为,图书校勘要遵循博采异本、审慎校勘的原则,"书贵多见异本""合诸本以校之,并略定其得失",考证图书既要保证所选版本的数量,又要兼顾底本的质量。在实际的校勘工作中,王国维遵循该原则,广征别本,互相参照,以谨慎的态度校勘古籍,参互对校,考证史书记载内容,在简牍考证、甲骨文考证、金文考证等方面均有建树。

1914年,王国维与罗振玉分工合作,对一批发掘自中国西北边疆却流落国外的简牍重加整理和考释,著成《流沙坠简》三卷,王国维负责第二卷。王国维负责的部分与西汉屯垦戍边驻兵文件紧密相关,有些内容甚至是史书上尚未记载的,具有十分重要的史料价值。经过王国维的严密考证和研究,汉晋简牍"纪史籍不纪之事",许多内容得以勘定。王国维还先后撰写《〈流沙坠简〉序》

---

① 王国维:《观堂集林(外二种)》(下),河北教育出版社,2001年,第648—649页。

《〈流沙坠简〉考释并序》《斯坦因访古图表》等论文，将简牍考释所得史实用来考证两汉魏晋历史，《流沙坠简》也成为中国简牍史研究的代表之作。

王国维对金文学的研究源于帮助罗振玉整理彝器及拓本。1914年起王国维先后写下《宋代金文著录表》《国朝金文著录表》等，成为之后金文研究必备的索引工具书。《〈毛公鼎考释〉序》一文详细说明了古器物上的文字之所以无法认识是因为古代假借之字甚多，"苟考之史事与制度、文物，以知其时代之情状；本之《诗》《书》求其文之义例；考之古音，以通其义之假借；参之彝器，以验其文字之变化：由此而之彼，即甲以推乙，则于字之不释、义之不可通者，必间有获焉。然后阙其不可知者，以俟后之君子，则庶乎其近之矣"。① 按照这样的方法，王国维在金文考释方面取得了重大突破。除此之外，王国维还将金文考释用于古史考证，用考释成果来研究古史。1915年王国维撰写了《鬼方昆夷猃狁考》，通过广泛参考各种青铜器铭文以及先秦两汉的文献，考证《史记》中的"鬼方"实为族名，是汉代匈奴的族祖，这对探明匈奴族源的研究起到了开创性的作用。《毛公鼎跋》《商三句兵跋》《散氏盘跋》等文是近代金文研究的重要代表，《西胡考》《西胡续考》等则是以金文考释中国古代少数民族史的重要成果，具有重大意义。

甲骨文考释和研究成为一门专学源于罗振玉《殷墟书契考释》的问世，王国维为该书撰写两篇序言，比较完整地定义了甲骨文，同时也为甲骨文未来的研究指明了方向。王国维对甲骨文的考证并

---

① 清华大学国学研究院主编，方麟选编：《王国维文存》，江苏人民出版社，2014年，第403—404页。

不局限于文字考释，他将甲骨文与古史研究结合起来，利用考释出来的甲骨文字来进一步研究商周历史和先秦典章制度。他于1917年春撰写的《殷卜辞中所见先公先王考》及《续考》就是其研究思路的典型成果，也是中国甲骨学成为一门成熟学科的重要标志。1917年9月，王国维撰写完《殷周制度论》，用甲骨文考论殷周时期的政治变革及周人立制之原，对殷周两代社会历史制度作了清晰的梳理。这种用甲骨文与古文献资料相印证来考证古史的方式对中国古代社会历史政治文化制度的演变研究具有十分重要的意义。王国维还首创甲骨缀合研究，开了甲骨断代研究先河，极大启发了后来的甲骨学研究者。王国维在甲骨文研究上注重用新材料、新方法来解决新问题，重视将甲骨资料与其他史料相互考证，其考证的目的在于考史。"王国维在甲骨学上的突出贡献象征着西方实证主义与中国传统考据学的完美结合，标志着科学可信的中国上古史开始建立"[1]。

此外，王国维还撰成了考证中国书册制度演化的《简牍检署考》，完整地说明了中国在纸发明之前的文字书写方式，这"标志着他开始进入了国学研究的新领域"[2]。之后王国维又撰写完成了《明堂庙寝通考》《释币》《说觥》《说觚》《说盉》《说彝》等考证性文章，对中国古代宫殿建筑，古代服装及历代布帛市价，古代兵符、货币、陶器、兵器等进行考证。他还通过整理编排齐鲁封泥，撰成《秦郡考》《汉郡考》等文，厘清秦汉地理学众多问题。

---

[1] 左玉河：《王国维》，云南教育出版社，2008年，第79页。
[2] 左玉河：《王国维》，云南教育出版社，2008年，第54页。

五、二重证据法

文献学研究方法历来受到学者的重视,文献的引用、考证、校雠、注疏等是学者进行文献整理的基本方法。刘勰在《文心雕龙》中提出"原始以表末,释名以章义,选文以定篇,敷理以举统",将文献学研究方法概括为考证、注释、校勘、阐释四种方法,对文献学的研究传统进行了基本的方法论归纳。

1925年,王国维在清华国学研究院担任导师时,在他的"古史新证"课上正式提出了"二重证据法"的理念,他谈道:"吾辈生于今日,幸于纸上之材料外,更得地下之新材料。由此种材料,我辈固得据以补正纸上之材料,亦得证明古书之某部分全为实录,即百家不雅驯之言,亦不无表示一面之事实。此二重证据法,惟在今日始得为之。虽古书之未得证明者,不能加以否定;而其已得证明者,不能不加以肯定,可断言也。"①"纸上之材料"即文献资料,"地下之新资料"即考古资料,"二重证据法"就是运用发掘出来的资料来研究古史、古籍。秉承着证实古书记载的方法,王国维对顾颉刚等古史辨派所否定的书籍加以考证,利用二重证据法,发现甲骨文记载与《史记》记载的重合之处,从而为商代的历史提供了确切的证据(这些研究主要见于他在1917年撰成的《殷卜辞中所见先公先王考》和《殷卜辞中所见先公先王续考》两篇文章中),打破了传统经学从文献到文献的研究模式,是对清代考据学的继承与

---

① 王国维:《古史新证——王国维最后的讲义》,清华大学出版社,1994年,第2—3页。

发展，也是学术研究方法的一大创新。① 王国维采用文献与出土文物相结合的互证方法，对甲骨文、金文、《史记》、《竹书纪年》、《山海经》、《楚辞·天问》、《吕氏春秋》中的相关记载进行考辨，补充了《史记·殷本纪》中的殷王世系与传位制度，为文献考证开拓了新的研究方法与研究领域。

陈寅恪将王国维的学术内容与治学方法概括如下："一曰取地下之实物与纸上之遗文互相释证。凡属于考古学及上古史之作，如《殷卜辞中所见先公先王考》及《鬼方昆吾猃狁考》等是也。二曰取异族之故书与吾国之旧籍互相补正。凡属于辽金元史事及边疆地理之作，如《萌古考》及《〈元朝秘史〉之主因亦儿坚考》等是也。三曰取外来之观念，与固有之材料互相参证。凡属于文艺批评及小说戏曲之作，如《红楼梦评论》及《宋元戏曲考》等是也。此三类之著作，其学术性质固有异同，所用方法亦不尽符会要，皆足以转移一时之风气，而示来者以轨则。吾国他日文史考据之学，范围纵广，途径纵多，恐亦无以远出三类之外。"② 这三个方面的阐述无疑是对王国维文献学研究方法的准确归纳。

六、学术贡献

王国维研究广泛，成果丰富，在古籍校勘注疏、版本考证、金石目录等多个领域均有着深厚造诣，其研究填补了中国古代史研究

---

① 参见孟勐《王国维学术研究方法类型初探》，《中州大学学报》2018年第5期。
② 王国维：《海宁王静安先生遗书》，台湾商务印书馆长沙石印本，1940年。

的空白。① 郭沫若评价说："我们要说殷墟的发现是新史学的开端，王国维的业绩是新史学的开山，那是丝毫也不算过分的。"② 从宏观层面来说，王国维主张吸纳西学，力求为我所用，从细微处着手专深研究，同时重视发现新材料来研究新问题，注重研究方法的创新，将乾嘉学派的考据传统与西方实证主义研究相结合，提出著名的二重证据法，开创了学术研究的新范式。从微观层面出发，王国维校勘历代重要文献学著作，将甲骨文考证与古文献资料考证相结合，编制《宋代金文著录表》《国朝金文著录表》等专科目录，撰写完成《五代两宋监本考》《两浙古刊本考》等版本学经典著作，总结我国版本发展的历史规律，在版本学、目录学、校勘学等方面都有突出贡献。

第三节　伦明

一、生平

伦明（1875—1943），字哲如，一作哲儒、喆儒、节予，广东东莞人，出生于重视文化教育的伦氏家族。伦明少年时期即有

---

① 参见左玉河《王国维》，云南教育出版社，2008年，第68页。
② 郭沫若：《十批判书》，科学出版社，1965年，第111页。

志于藏书，并谨记父亲庭训，不仅藏书，还识书、懂书，因书究学。光绪十五年（1889），其父卒于任所，伦明回到故乡东莞。光绪二十年（1894），入县庠，旋补廪生。光绪二十二年（1896）前后，拜康有为为师并执弟子礼。光绪二十八年（1902），京师大学堂速成科仕学和师范两馆举行首次招生考试，伦明以举人身份参加考试，以第一名的成绩被师范馆录取，由此开始了近五年的京师大学堂学习生涯。光绪三十三年（1907），伦明自京师大学堂优级师范科师范旧班毕业，成绩为"优等"，毕业后，伦明先后担任广东模范高小、广西浔州中学堂校长。1913年12月，伦明受时任袁世凯总统府秘书长梁士诒的指派，回到广东设立公民党广东支部，复刊《时敏报》，宣传改良思想。1914年至1916年间，伦明任广东视学官。1917年11月，北京大学文科研究所成立，分设了国文学、英文学、哲学三个研究所，伦明被聘为文科研究所国文门诗词科教员，同时也被聘为法科预科教授。1921年9月，伦明辞去北京大学教席。1924年12月，伦明致信时任教育部次长的陈垣，提出校雠《四库全书》及撰写《续修四库全书总目提要》的请求，信末说："弟自九月即脱离大学教席，绝无别事，日惟闭户读书，自分见弃于世矣。"[①] 可惜五个月后陈垣辞去教育部次长之职，该建议终成泡影。1927年下半年，伦明再次返回北京，经梁启超推荐，重返北京大学任教，主要讲授目录学、版本学等课程。1933年，伦明进入北平民国学院任教，主讲

[①] 陈智超编注：《陈垣来往书信集》（增订本），生活·读书·新知三联书店，2010年，第75页。

目录学,直至1937年南归。1943年10月①,伦明病故于东莞故里。

二、学术论著

伦明以藏书家、"通学斋东主"、"续书楼主人"、大学教授、版本目录学家等身份逐渐被后人所知,他的学术成就主要集中在文献学领域,还有部分是诗歌创作。其著作以《辛亥以来藏书纪事诗》《续修四库全书总目提要》最具代表性。

《辛亥以来藏书纪事诗》。最早连载于天津《正风》(半月刊)1935年第1卷20至24期,1936年第2卷1至3期、5期,计143首诗传,尚有若干首未刊登,部分诗传草稿现藏于中国国家图书馆,另有当时多家抄录、转录者。1990年,上海古籍出版社出版了雷梦水校补的《辛亥以来藏书纪事诗》,该版本是最早的单行本,也是此后整理本再版的依据,此后的刊本皆以雷版为基准。据笔者对整理本(杨琥点校,北京燕山出版社1999年出版,2008年重印)和国家图书馆所藏未刊稿本的统计,《辛亥以来藏书纪事诗》共收录藏书家167篇191人,藏书机构11篇14家(藏书事件11篇和有诗无传者10篇暂不计算在内)。

伦明在叶昌炽《藏书纪事诗》基础上作《辛亥以来藏书纪事

---

① 对于伦明的卒年,多有异说,以1944年居多。但是经过笔者考证,并参考孙殿起(耀卿)《记伦哲如先生》一文,该文由雷梦水整理,在文中,孙殿起回忆说"一九四四年(甲申)春先生哲嗣绳叔、润荣忽接噩耗,惊悉先生已于客岁十月某日疾终里第……"古语中的"客岁"即指"去年",所以根据孙殿起的回忆,伦明应于1943年10月去世。对伦明藏书颇有研究的冀淑英先生,在其《冀淑英古籍善本十五讲》中亦说伦明"1943年去世",故笔者将伦明的卒年定为1943年。

诗》，该书内容以辛亥以来藏家的藏书史实为主，与叶昌炽《藏书纪事诗》少有重复，可以说是对叶昌炽《藏书纪事诗》的补充和延续。伦明《辛亥以来藏书纪事诗》继承叶昌炽《藏书纪事诗》"纪事诗体藏书家传"的著述体例，先诗后传，但在传的写作手法上采用了"笔记体"而非叶氏"辑录体"的形式，在一定程度上规避了叶氏广引资料时偶有错误的问题。又因伦明与所记载之人大部分是同时代之人，且多有交游，因此在各藏家小传的部分，其写作笔法显得简明扼要、生动有趣，可读性较强。《辛亥以来藏书纪事诗》在一系列续补之作中起着承前启后的作用，具有极高的地位与影响。"倘以叶昌炽《藏书纪事诗》为书林《史记》，伦明《辛亥以来藏书纪事诗》则为书林之《汉书》。叶著为书林通史，而伦著则为断代之史。"①

《续修四库全书总目提要》。1931年伦明参与日本东方文化事业总委员会组织的《续修四库全书总目提要》编撰工作，遵循按月定期交稿制度。伦明的交稿时间始于民国二十一年（1932）五月二十一日，止于民国二十六年（1937）七月一日。② 据东莞图书馆整理，伦明所撰提要稿共1899篇，其中经部1127篇，史部755篇，子部10篇，集部7篇。1996年，经中国科学院图书馆整理，齐鲁书社据原稿出版影印本《续修四库全书总目提要》（稿本），计34000余篇，分索引1册、提要稿正文37册，共38册。

伦明所撰续修提要稿数量众多，遍及经、史、子、集诸部，尤以经、史两部居多。这些提要稿的内容，既反映了伦明于文献学诸

---

① 周生杰：《孟晋超群：叶昌炽藏书研究成就与影响》，《中国矿业大学学报》（社会科学版）2014年第4期。
② 参见张本义主编《白云论坛》（第四卷），北京图书馆出版社，2007年，第519页。

领域所取得的研究成就，也在一定程度上保存了文化，为后人了解晚清民国时期的图籍发展情况提供了参考依据。伦明曾自评其《续修四库全书总目提要》之工作，言："今日情异势殊，图书馆又乏伟力，不得已勿问原书，先成提要，其究也必至全如《四库》存目部分，使后人徒见食单，仍感枵腹。"① 将《续修四库全书总目提要》比作"食单"，或为谦虚之词，也夹杂着很多无奈在里边。但从文化传承的角度看，即使是"食单"，也是有一定的参考价值和研究意义的，《四库全书总目提要》对于继承和保存中国传统文化，是有一定的帮助作用的。伦明于此用力最多，可谓厥功至伟。

三、藏书思想

伦明在不断积累和完善自身藏书的实践活动中，总结出宝贵的求书经验，即"以俭、以勤、以恒"，并进一步阐释说，"俭以储购书之资，勤以赴遇书之会"②，而"恒"则体现了伦明以续修《四库》为目标的求书毅力与决心。同时伦明在藏书实践的过程中，重视近代公私藏书的发展情况，反对贵远贱今，重视清人著述，强调每书版本齐备、藏书意欲为公，逐渐形成了自己独特的藏书观念。

伦明认为，自古以来藏书家皆贵远贱近，书贾亦受此种观念影响。凡是宋本、元本、明嘉靖本，或者影宋抄本、明抄本、名家手校本，又或是白棉纸、开花纸，不问书之内容是否精良，而只以版

---

① 宋远：《辛亥以来藏书纪事诗未刊稿笺注》，载钱伯城编《中华文史论丛》（第四十九辑），上海古籍出版社，1992年，第88页。
② 伦明著，东莞图书馆整理：《伦明全集》（第二册），广东人民出版社，2017年，第58页。

本、纸质为贵。伦明反其道而行之,喜购近人之书。孙殿起(通学斋的经营者,伦明为东主)见到伦明如此做法颇感讶异,于是伦明每得一书,都向其说明该本佳处何在,略及清代学术、诗文派别,孙殿起逐渐领会,以至于后来伦明所藏,大半出自其手。伦明的藏书重心为何异于此前的藏书家呢?其根本原因在于伦明抓住了晚清民国的风会之变,"迩来风会一变,清儒撰著,价大贵,海内外指名以索,肆贾又移其视线于此。然披沙拣金,不知何者是金?"① 伦明在此种风向以前即有重视近人著述的藏书意识,在当时可谓独具慧眼。

伦明喜购近人书,重视清人著述,尤以集部收藏较为完备,这与伦明认为清乾隆年间编纂的《四库全书》集部质量不精、多有缺略有关。清代在将近三百年的历史发展中,学者辈出,著述颇多。王国维、梁启超等对清代学术有过很高的评价,故清人著述自20世纪20年代开始,逐渐引起学者注意。在北京有两位藏书家尤其注重清人集部的收藏,即伦明与邓之诚。雷梦水在《邓之诚先生买书》一文中提及"先生(邓之诚)用几年的时间收藏了七百多种清初人集部……以藏有大量清初人集部自豪,他以他收藏的集部书与北京另一收藏家伦哲如先生所收藏书相比,按种数讲,伦比他多二百余种,但以名头单本书论,他有而伦无者就有百十余种,对私人收藏家来说,可谓富矣"②。这也从侧面反映了伦明清人著述收藏之富。徐信符《广东藏书家记略》言:"续书楼书目,以集部最为丰

---

① 伦明著,东莞图书馆整理:《伦明全集》(第二册),广东人民出版社,2017年,第57页。
② 雷梦水:《书林琐记》,人民日报出版社,1988年,第37页。

富,其余各部悉备,秘本极多,此亦粤中所不可得也。"① 梁启超深知伦明收藏清人集部的分量,1927 至 1928 年间,他在主持编纂《中国图书大辞典》(又名《群籍考》)时,即"以集部相委"②。

关于伦明集部藏书数量的记载,见于多种文献,如王钟翰《北京访书记》载"伦明藏清人文集,几及万种"③,邓之诚《清诗纪事初编》言"东莞伦明以书为性命,专收清人集部几备"④,台静农《北平辅仁旧事》记载"国内专力收藏清人著作的,不过三数家,要以他(伦明)所收的为最多了。他在北平数十年,日常出入于大小书坊。他想编续《四库全书》,故斋名续书楼,这一宏愿,当然不能达到,后来他的书归了北京图书馆"⑤。《四库全书》中所收清人别集只有约 40 部,伦明因抱有续修《四库》之志而广收清人著述,尤以集部为最,有抢救、保护传统文化遗产之功。⑥

伦明认为,"书之聚散,公私无别,且今后藏书之事,将属于公而不属于私,今已萌兆之矣"⑦。伦明一直有意将自己经年所藏变私为公,尤其在南归之后这种想法愈发强烈,1941 年,时任北平图书馆(今中国国家图书馆)馆长袁同礼滞留香港,正在联系转移北平图书馆 300 箱善本入美国国会图书馆保管之事,伦明嘱托当时

---

① 广东省文史研究馆编:《广东文物》(卷九),上海书店,1990 年,第 857 页。
② 伦明等著,雷梦水校补:《辛亥以来藏书纪事诗》,上海古籍出版社,1990 年,第 63 页。
③ 《周叔弢先生六十生日纪念论文集》,香港龙门书店影印本,1967 年,第 101 页。
④ 邓之诚:《清诗纪事初编》,中华书局,1965 年,"序"第 2 页。
⑤ 台静农:《龙坡杂文》(增补本),生活·读书·新知三联书店,2002 年,第 104—105 页。
⑥ 参见罗志欢《伦明评传》,广东人民出版社,2014 年,第 97 页。
⑦ 伦明等著,杨琥点校:《辛亥以来藏书纪事诗(外二种)》,北京燕山出版社,2008 年,"伦明自序"第 3 页。

在香港的冼玉清从中斡旋,希望将自己的藏书归于北平图书馆,但因战乱无暇顾及,或因"条件不符而罢"[①],未能如愿。伦明病危之时更是寄信给张伯桢嘱托藏书归公一事,但未等到消息即溘然长逝。所幸经过袁、冼、张等人不断奔走斡旋,1947年又经陈垣努力推动,伦明藏书终归公于北平图书馆。

伦明对于私藏归公的态度在当时是有一定的先进性的,因为古代私人藏书,即使到了晚清时期,很多都是秘不示人的,或有少数藏家对外开放,也只是允许朋友借抄,大范围的公开借阅现象在古代是极少见的。20世纪以后,在西学的影响下,伴随新式教育的建立与发展,藏书私有、子孙递守的观念日渐淡薄,尤其随着近代公共图书馆的设立与发展,以及"学术乃天下之公器"的观念的树立,加上晚清民国时期战事频仍的复杂时代背景,私人藏书家的藏书很多都发生了散佚,私藏变为公藏成为很多藏书家的首选归宿,这样既能保护藏书,又能泽被后世,自己也能据以闻名。因此伦明当时明确提出"藏书意欲为公"的观点,具有一定的先进性,同时也是十分合情合理的,得到了很多藏书家的支持,如康有为、梁启超、梁鼎芬等岭南藏书家皆持此论。伦明的这种藏书态度,实际是对岭南地区藏书开放传统的继承与发扬。[②]

伦明的藏书价值较高,具有"重视清人著述""每书版本齐备"等特点,在撰写《续修四库全书总目提要》的过程中,其藏书思想亦有所体现。

在《续修四库全书总目提要》中,伦明撰有《经解入门八卷》

---

① 冼玉清:《记大藏书家伦哲如》,载《艺林丛录》(第五编),商务印书馆香港分馆,1964年,第328页。
② 参见罗志欢《伦明评传》,广东人民出版社,2014年,第98—99页。

（光绪戊子石印本）的提要，先是介绍作者，表明该书由清江藩编纂，其后紧跟辨伪理由："首有阮元序，作于道光十二年壬辰，衔题协办大学士两广总督。按元于道光十二年九月以云贵总督，授协办大学士。此题两广总督，误也。而《揅经室文集》中，亦无此序。又据近人所撰《江子屏年谱》，藩实卒于道光十一年辛卯，年七十一。而序作于其后一年，若不知其已死者。就序断之，书为赝作，殆无疑也。"① 伦明通过《经解入门八卷》序言中记载的官职以及作序时间，同时考证年谱等著述，得出该书为伪的结论，逻辑严密，比较有说服力。其后伦明又阐述了该书的主要内容："括其大旨，不外三端：一群经之源流，与经学之师传；二读经之法，与解经之体；三说经之弊，与末学之失。"② 短短数语即指明要旨，足见其学术功力之深。最难能可贵的是，伦明在提要末尾指出，即使是伪书，也是有一定学术价值的："综而观之，似于治经一途，尚略知门径者，未可以其伪托而抹煞之也。"③ 这种对伪书价值的客观评价，对现在的辨伪工作也有一定的指导意义。

清人辑佚成果颇丰，这在伦明所撰《续修四库全书总目提要》稿中有所体现，因伦明精通版本，因此更为熟悉各个辑本的得失。如东汉郑玄《六艺论》，伦明先后写有六个版本的提要，分别为《六艺论》一卷的孔广林辑本、马国翰辑本、袁钧辑本、臧琳辑本、陈鳣辑本、黄奭辑本。伦明对各本所辑之文多有记述，兼有评论，

---

① 伦明著，东莞图书馆整理：《伦明全集》（第三册），广东人民出版社，2017年，第610页。
② 伦明著，东莞图书馆整理：《伦明全集》（第三册），广东人民出版社，2017年，第610—611页。
③ 伦明著，东莞图书馆整理：《伦明全集》（第三册），广东人民出版社，2017年，第611页。

如对于马国翰辑本,言"诸辑本总论、《易论》书中所有者,此亦多阙之。殆未尝参证他本耶"①;对丁袁钧辑本,言"各条下校订疑义,标曰'考证',亦为他辑本所无"②;对于孔广林辑本,言"《春秋》、《孝经》应皆有'玄又为之注'一语,此又缺之。余同他辑本"③;对于臧琳辑本,言"又自叙三条……为他辑本所无……余条都见他辑本,其中间有漏略,经玄孙镛堂为之补次。见嘉庆丁巳镛堂所为后跋"④;对于陈鳣辑本,言"辑得四十六条……亦足珍也"⑤;对于黄奭辑本,伦明将其与陈鳣辑本作对比,指出二者采书不尽相同,言"陈本分数条者,此往往并为一条,故数若少于陈本而文实繁于陈本也"⑥。由伦明对《六艺论》辑本撰写提要的内容及评价,足见伦明版本目录学问之精,对各辑本所引文献来源颇为熟悉,在评判辑本优劣得失上有比较中肯的见地。

四、目录学思想

伦明在《目录学讲义》开篇即阐述目录学的重要性,他认为目

---

① 伦明著,东莞图书馆整理:《伦明全集》(第三册),广东人民出版社,2017年,第583页。
② 伦明著,东莞图书馆整理:《伦明全集》(第三册),广东人民出版社,2017年,第583页。
③ 伦明著,东莞图书馆整理:《伦明全集》(第三册),广东人民出版社,2017年,第582—583页。
④ 伦明著,东莞图书馆整理:《伦明全集》(第三册),广东人民出版社,2017年,第583—584页。
⑤ 伦明著,东莞图书馆整理:《伦明全集》(第三册),广东人民出版社,2017年,第584页。
⑥ 伦明著,东莞图书馆整理:《伦明全集》(第三册),广东人民出版社,2017年,第584页。

录学之于国学,是读书治学的门径。因为我国图籍浩繁,"凡属于四部者,或属于四部中之一部者,又或属于一部中之一类者,如某书应读,某书应参考,某书内涵之醇驳,某书版本之佳劣完缺,舍求之目录学,则不能知也"①。中国目录学自产生以来,就被看作是读书治学的入门之学。清代学者王鸣盛曾评论说:"目录之学,学中第一紧要事,必从此问途,方能得其门而入。"②清代史学家、目录学家章学诚更是将我国古典目录学的精髓总结为"辨章学术,考镜源流"八个字。伦明对这八个字领悟之深,因此在讲义中首先明确目录学的重要性。

伦明认为,今人往往将目录学与版本学混为一谈,其实这二者之间既有联系也有区别,"版本学者,辨别古今版刻之行格款式、字体、纸质、墨色种种之异同",而"目录学亦与版本相涉,例如某书刻本佳,某书刻本不佳,某书完,某书不完之类"③。及此,伦明论述了版本学的研究内容,并分析了目录学与版本学的联系,接着,伦明进一步阐述目录学与版本学的区别,"然而所涉甚广(指目录学所涉甚广),例如某书醇,某书疵,某书醇疵参半,某书大醇小疵,某书小醇大疵。又同一书也,注之者多家,校之者多家,某注本某校本精而详,某注本某校本疏而略。凡醇者、精者、详者,悉阐发之,不厌其多,应有尽有。凡疵者、疏者、略者,悉指摘之,亦不厌其多,应有尽有。令阅目录者知所取舍。又如历代传本之存或佚、完或缺,又或已佚、已缺而经重辑重补,一一著之,

---

① 伦明:《目录学讲义》,《讲坛月刊》1937年第5期。
② 彭斐章主编:《目录学教程》,高等教育出版社,2004年,"前言"第1页。
③ 伦明:《目录学讲义》,《讲坛月刊》1937年第5期。

令阅目录者一览了然。"① 伦明认为，目录学的研究内容要比版本学广泛，而且能够使阅目录者"知所取舍""一览了然"。因此伦明总结说，版本学是小部分藏书家应做的事，而目录学则是一般学者都应熟悉并掌握的事。

在区别版本学与目录学的基础上，伦明进一步明确了目录与目录学的区别。伦明认为时人将目录看作目录学，完全是错误的。因为"古今来公私藏书目录，皆簿记耳，何足言学？然目录学基于目录而成，故研究目录学者，关于目录之各事项不可不知也"②。此处伦明言古往今来公私藏书目录皆是簿记，或稍显武断，笔者推测伦明之意在言时人所作目录多为簿记之作，不能体现"辨考学术源流"的学术史功能。但是伦明也承认目录学是基于目录而成的，但凡研究目录学，必定脱离不开目录，因此他进一步总结了目录之相关各事项，包括书之起源、书之分类和书之聚散三个方面。

对于近代新式分类法的冲击，伦明指出："以点画繁简分类，于检寻、自校便，可兼用之，若因是而废除四部之别，则大不可也。"③ 可见伦明虽然强调目录之例应因时而变，体现出一定的历史发展观，但是他的这个"变"还是斟酌于四部之内的，想必这也是与其续修《四库全书》的理念、实践有关。

伦明认为，自来目录之书等同于簿记，可称为学者，始于刘向《别录》。然陈振孙《直斋书录解题》、晁公武《郡斋读书志》、乾隆间《四库全书总目提要》、阮元《四库未收书目提要》、张之洞《书目答问》等书目皆示学者以途径，使其知所取舍，此即狭义上的目

---

① 伦明：《目录学讲义》，《讲坛月刊》1937年第5期。
② 伦明：《目录学讲义》，《讲坛月刊》1937年第5期。
③ 伦明：《目录学讲义》，《讲坛月刊》1937年第5期。

录学。超出导读目录之外，是否为广义的目录学，伦明并未细说，只是强调"今日所讲者"（或许即指广义的目录学，也可能泛指存世书籍），正值新旧嬗变之时代，若不及时收拾整理，则"后来将不可问，宜考其完缺存佚，别其优劣瑕瑜，或保其书或存其目，兹事体大，我辈所宜留意也"①。由此可知，伦明对近代导读目录的功能并不看重，超出导读目录之外，用于保存文化的整理文献之事业，才是其所说的广义的目录学范畴。

五、版本学思想

《版本源流》是伦明在北京大学任教期间开设的一门课程的讲义，1928年日本著名汉学家吉川幸次郎在北京求学期间，就曾旁听过伦明的这一课程。②《版本源流》没有单行本，仅以讲义形式行世，首页卷端题"版本源流"，从上往下依次钤盖"张庆隆""张子兴""青藜阁"朱印。版心上有单鱼尾题写书名，下有细黑口，并印有"北京大学"字样，为北京大学图书馆所藏。③ 该书正文由前后两大部分组成，前有版本学基本理论（标为绪言，约占全书的五分之一），后有楚辞、别集类集部目录（约占全书的五分之四）。伦明在《目录学讲义》中区别目录学与版本学，认为二者虽然有紧密的联系，但是各自的研究重点不同，且目录学的外延要更大一些。因此在《版本源流》的基本理论问题中，有些内容已在《目录学讲

---

① 伦明：《目录学讲义》，《讲坛月刊》1937年第5期。
② 参见熊静《伦明先生文献学著述考》，《大学图书馆学报》2014年第1期。
③ 本节主要阐述伦明该书所体现的版本学思想，所引皆源于此书，又因没有正式出版发行，故涉及参考引用之处不一一著录。

义》中提及，如关于书之起源、书之分类等，这些问题是目录学和版本学都规避不了的问题，因此伦明在《版本源流》中再次强调。

伦明据宋叶梦得《石林燕语》载唐以前藏书故事，分析唐以前善本颇多，在于唐以前皆写本，时人以藏书为贵，且藏家精于校雠与诵读。五代以后雕版盛行，学者得书易而不复以藏书为意，诵读亦灭。此后版本不正且讹谬相传，甚为可惜。伦明结合自己藏书、校书的经验，认为宋版书虽也有讹谬，但是也算"善本"的范畴，故人皆以宋椠本为贵。"余校此书，一遵宋本，再勘一过，复多改正。"可见伦明也颇多推崇宋刻本。

次于宋刻者，即为元刻。元代刻书兴盛，伦明认为元佳本往往胜于宋本，主要在于元本源出于宋本，所以才有宋刻善本已亡而元本犹存之幸。之后伦明又列举数则元本胜于宋本之例，如元元贞丙申平阳梁宅本《论语注疏》胜于宋十行本，元大德九年重刊宋景祐本《后汉书》胜于宋建安刘元起本，等等。

明代刻书，官刻当推南北京监本，南监多存宋元旧板，所刻不亚于宋元，而北监多据南监本重刻。其次为藩府刻书，流传佳本不少，伦明明代各藩王所得赐书中多为宋元善本，且藩邸王孙又有颇好学者。再后有最可怪者，即明都察院或司礼监等政府机构刻书，所据竟是经厂书目，世人多诋其校勘不精。另明人刻书还有一恶习，即除仿宋刻外，还间杂己注或窃改原文，甚至改头换面、删节易名，故后人不以明刻本为贵。

清代刻书，乾隆以前多精写本，乾隆以后多精校本。这种精写精校的本子，既有益于古书，也有益于学者。伦明此处先总论清代版刻系统，包括殿本、局本、坊刻和家刻，然后分述各自发展情况，如殿本以康熙时为最精，乾隆次之，嘉庆、道光又次之，至光绪之时则弥不逮矣,"刻书关乎国运,斯亦奇矣"。设局刻书,盛于近代,所刻多经史通行本。如湖北书局所刻《百子全书》《湖北丛书》等较为粗略,张之洞所设广雅书局刻书虽多为乙部名著,但板纸皆劣,张去任后则乏书可刻。其他重刊重印之局本,则一次即"透支"矣。关于坊刻,伦明认为乾嘉间有扫叶山房者,所刻尚不恶,其他则为射利也。家刻本多自著,善本居多,但不易通行且不易购求。如近日吴兴刘氏校刻多秘籍,但写印却不够精审,又不出售,使读者无从购得(此处伦明也是在说近日家刻的问题)。又举武进董氏、上虞罗氏(此二氏为坊刻性质),刻版与影印之书虽多善本,但价格昂贵。

伦明对宋元明清及近世各种刻本质量优劣的分析,体现了伦明较为深厚的版本学功底,他的版本学思想源于多年以来收书、藏书、校书的实践经验,有些观点颇为奇绝,如伦明对五代以后雕版盛行致版本不正且讹谬相传的现象感到可惜,认为元佳本往往胜于宋本,清刻殿本关乎国运,诸如此类说法,往往察世人所未觉。

伦明认为,《四库全书总目提要》各部之首冠以总序,四十三类之首各冠以小序,此种做法是祖刘向"辑略"之意。其分并门目,亦择善而从,并试举几例进行说明,如《文献通考》入集部,诏令从《唐志》例入史部,奏议从《汉志》例亦入史部;香谱、鹰谱之属此前入农家,改为立谱录一门;名家、墨家、纵横家并入杂家为一门;等等。可见伦明对《四库全书总目提要》的类序及门目的分并还是比较肯定的。让伦明感到不满的地方:一是遗书搜求未尽,《四库全书》修书时,主要依靠内府及各省进呈之书,未尝遍考各藏书家目录并指明求索,尤为疏漏,且又以忌讳之故行全毁或抽毁之举,亦未尽也;二是论学执偏见,排斥异己,因修书诸人多为汉学家，故对宋儒多有不满；三是著录少而存目多，优劣之别，未必得当，存目各书，佚者八九，不可得见，又著录之书需进呈御览，为免受斥责，故舍弃而入存目者多。可见伦明对《四库全书总目提要》，"不满"的地方更多，同时，由于是"钦定"，伦明才多次倡议续修《四库全书》并为之奔走努力，以此作为毕生之志业。

伦明藏书以集部为最，同时他认为《四库全书总目提要》中，经、史两部的提要质量要高于子、集两部。在《续修四库全书总目提要》稿中，伦明所撰稿虽涉经、史、子、集四部，但从撰稿数量上来看，仍是以经、史两部为主，集部只撰有 7 篇。而在《版本源流》中则著录楚辞类 45 种，别集类 273 种，每种皆著录书名、卷数、版本、作者，多则几句提要简述其内容，少则一句注释之语解释说明其要旨或评价版本之优劣，甚或少数连注释也无。可见伦明在《版本源流》中所撰集部目录，虽有注释或提要之语，但与其参与的《续修四库全书总目提要》稿相比，在"辨考学术源流"的功能上，体现的优势并不明显。或许伦明对于集部最为熟悉，在讲义中皆是举要大纲而已，其内容则"成竹在胸"也未可知。

六、学术贡献

对于伦明的文献学成就，笔者认为可以用"承前启后"四个字来概括。

在藏书方面，伦明的藏书观念在晚清民国时期具有一定的先进性，他的藏书可以保证其读书治学以自用，同时还能惠及友人并泽被后世。他的《辛亥以来藏书纪事诗》，继承了叶昌炽《藏书纪事诗》的著述体例，对后续几家续补之作亦有启示作用。

在续修方面，伦明不仅有续修《四库全书总目提要》的理论，而且还多方奔走努力，甚至有以一己之力完成续修《四库全书总目提要》的宏愿，是当时于续修事业用力最多的学者。通过与今版《续修四库全书总目提要》的对比研究，笔者认为，民国时期伦明参与的《续修四库全书总目提要》工作，虽然是未竟之事业，但是从整体来看，其质量还是比较高的，其贡献不容忽视。对于参与其中的学者，如伦明等人，他们的思想与贡献理应值得后人研究与尊重。

在版本目录学方面，伦明不仅有实践经验，而且还升华到理论高度，主要体现在其自编的讲义《版本源流》和《目录学讲义》两部著作中。他的版本目录学思想主要包括：别目录学与版本学、别目录与目录学、近代目录之流派、目录学广狭义之别、版刻之优劣论等方面，其中有些理念对后世目录学与版本学的发展起到了深远影响。宏观方面，伦明对目录学与版本学之间的联系与区别的分析，对其各自研究对象与研究范围的界定，对中华人民共和国成立后图书馆学界关于目录学研究对象的研究，起到一定的启示作用。微观方面，伦明在论述版刻之优劣时，为后世提供了很多宝贵的资料与可供参考的结论，如伦明言及《大隋永陀罗尼本经》中所载"左有施主李和顺一行，右有王文沼雕版一行"，这就为后人研究雕版印刷的起源提供了参考依据。另关于活字印刷术的起源，伦明认为或可追溯到五代，并援引《金台纪闻》和《梦溪笔谈》等珍贵资料的记载，对后世了解活字印刷术的起源与发展起到一定的帮助作用。在这些微观层面，伦明多有自己独到的见解，能够给予后人指引与启迪，实属不易。

文献学家吴则虞曾评价伦明说："嘉锡（余嘉锡，1884—1955，藏书家、文献学家）收藏不如哲如，才气亦在哲如下。"[①] 余嘉锡与伦明几乎同时，吴则虞晚出一些，作为《续藏书纪事诗》的著者，他对伦、余二人藏书治学的评价，应该是比较中肯与客观的，这也从一个侧面反映了伦明的文献学成就不可小觑。

第四节　胡朴安

一、生平

胡朴安（1878—1947），原名有忭，字仲明，号朴安、半边翁，出生于安徽泾县。1906 年，加入国学保存会。曾在《国粹学报》《太平洋报》《民权报》《民国日报》《民国新闻》《天铎报》等报刊任职。1910 年加入民国革命文学团体南社，为南社早期骨干成员。后曾任教于中国公学、复旦公学、上海大学、国民大学、持志大学等学校。1937 年，胡朴安受命任上海《正论社》社长之职。后因突犯脑溢血，半身偏废，遂居家写作，撰有《病废闭门记》。抗战胜利后，任上海通志馆馆长、上海文献委员会主任。1947 年，胡朴安逝世。

---

① 吴则虞撰，吴受琚增补，俞震、曾献整理：《续藏书纪事诗》（下册），国家图书馆出版社，2016 年，第 361 页。

二、学术论著

胡朴安一生著述丰富,精于文字、训诂之学,并写有大量诗作,有《歇浦集》《志学集》《文字学 ABC》《中国文字学史》《中国训诂学史》《俗语典》《中华全国风俗志》等,在文献学领域以《古书校读法》和《校雠学》为其代表作。

《古书校读法》。1925 年初版为铅活字线装本,后有西南书局 1979 年版、江苏古籍出版社 1985 年版。全书分三部分,涵盖了古典文献学的基本内容。第一部分《绪论》讲述古书的基本知识,包含释书名、古书之范围、清儒校读古书之概要、校读古书根基之知识;第二部分《论校书法》讲述校书之法,包含概论、真伪辨别、版本源流、目录论次、佚书搜辑、统系编纂、底本互勘、群籍钩稽、刻书、藏书;第三部分《论读书法》讲述读书之法,包括概论、文字通假、训诂异同、声音流变、语词辨别、章句离析、名物考证、义理推求、笃行所知、善于择师。胡朴安的文献学思想在该书中体现得最为全面。

《校雠学》。胡朴安、胡道静合著,1934 年由商务印书馆收入《百科小丛书》。该书分为叙论、校雠学史、校雠学方法三部分,讲述校雠学的定义、类别、自周代至清代的校雠学发展史、校雠方法,全面概述了校雠学的基本范围、方法和发展历史,可作为校雠学的入门书籍。

三、目录学思想

明代曹溶在《流通古书约》中提出,古书经常被藏书家当作珍宝收藏起来，藏书家应将图书流通起来。"释、道二家，汇刻经典累数万卷，名为藏经。至于儒家，独付阙如，诚为恨事"①，因此，他提出"修儒藏与鼎立"，出版书籍、增加副本数量，建立互通有无、抄录相易的流通方法，促进古书流通。这一说法仅限于私人交换的形式。孙从添从借阅传抄的角度，对图书流通方式进行了具体阐述。清代周永年将曹溶的儒藏思想进一步拓展，他著有《儒藏说》一书，提倡"与天下万世共读之"的图书流通主张。他认为，古来图书散佚的原因是"藏之一地，不能藏于天下；藏之一时，不能藏于万世"，佛道两家典籍保存完好的原因在于建立了专门的藏书，因此可仿照二家建立儒藏。② 周永年提倡的儒藏说重点不在于藏书，而是藏书的公开与流通。他提出将天下图书分藏在天下学宫学院、名山古刹，让"负超群之姿，抱好古之心，欲购书而无从"的贫寒读书人前往借阅；同时，他拟定儒藏条约三则，明确儒藏应该设立公共藏书点，对读书人开放。儒藏说的核心主张在于藏之天下图书，用于天下世人。

"惟分藏于天下学宫、书院、名山、古刹，又设为经久之法，即偶有残缺，而彼此可以互备，斯为上策。"③ 在儒藏说的基础上，胡朴安认为儒藏说提倡的藏书主张可称为"上策"，藏书应分别藏之，以便读者使用，肯定了藏书为公的思想。

以历史上的书厄为例，胡朴安指出："《尚书》《周官》，残于秦火，淹中古礼，竟亡于隋、唐之际。此皆古圣人传心经世之要典，

---

① 叶德辉著，漆永祥点校：《书林清话（外二种）》，北京联合出版公司，2018年，第396页。
② 李梅军编著：《图书馆印记》，北京燕山出版社，2017年，第117页。
③ 胡朴安、胡道静：《校雠学》，商务印书馆，1931年，第41页。

岂其不足以传哉！则以藏之者无法耳。"① 古代典籍未能传之于世的原因不在于"不足传"，而是因为无法将图书收藏于数处，以供贫寒人士阅读。胡朴安在此处描绘的"儒藏数处"与周永年所述的公共藏书点有相似之意，倡导藏书为公、藏书共享，体现了民国时期文献学学者对古代传统文献学思想的继承和发扬。

藏书建立以后需要归类处理才能为读者所用，胡朴安指出：

编为一集，列于群书之前，经义治事，各示以不可紊之序，不可缺之功。凡欲读藏者，既以此编为师，斯涉海有航，无远弗届。而书籍灿陈，且如淮阴之用兵，多多益善矣。又何患其泛滥而无归哉？②

胡朴安"编为一集"的说法类似于藏书目录，将所藏书目分类编制，汇为一册，使读者以此为检索依据，查阅所需图书。此种目录是对所藏图书的记录，与民国时期所提倡的书本式目录较为接近。

胡朴安十分重视文献的编纂，在《古书校读法》中专门有"统系编纂"一节。他特别强调文献编纂的重要作用："古人谓著书不如钞书，予则谓钞书不如编书。著书者发挥自己之思想，思想未纯熟，非敷浅，即谬误。故创作未易言也。钞书所以代读书之用，其有益视读书为倍，然无益于人也。惟编书之善，既有益于己，又有益于人。纵有漏略，而无敷浅；纵有乱杂，而无谬误。其漏略也，后人可以补苴之；其乱杂也，后人可以整理之。故编书为善也。"③由此可知，胡朴安肯定编书的作用，认为编纂书籍不仅利己而且利

---

① 胡朴安、胡道静：《校雠学》，商务印书馆，1931年，第41页。
② 胡朴安、胡道静：《校雠学》，商务印书馆，1931年，第43页。
③ 胡朴安：《古书校读法》，江苏古籍出版社，1985年，第49页。

人。统系的整理编纂,不仅为当时的学者节省了大量的精力,而且利于后人参考借鉴。即使编纂有错漏之处,后学亦可补充修正。

统系编纂是胡朴安的重要文献观,他提出:"所谓统系者,谓能搜辑多种之书,以为一种学术之汇归,使人阅之不必他求,而能明其原委也。如政治史、法制史、农业史、工商史、风俗史、哲学史、文字学史、文章学史等,搜集群书,广征而博采之;汇萃众说,精审而详择之;参互钩稽,排比成书。使深沉之学术皆有条理之可循,使散漫之书籍皆有伦类之可指。初学之士可由此而获旧识,博雅之儒亦可藉此而启新知。用此种方法以编纂书籍,无论其成就之事业大小若何,于人于己皆为有益也。"① 由以上叙述可知,胡朴安重视文献的系统分类与整理,即大量、广泛、长期地收集材料,去粗取精、去伪存真,把范围广博的材料合理编排,编纂形成学术史性质的著作。胡朴安所提倡的统系编纂不仅仅是资料的汇集编纂,更是对不同资料的校勘与辨伪。在文献编纂理论的指导下,胡朴安本着对国家的热爱和传承古典文化的信念,致力于中国传统文化文献的编纂。他编纂的《中华全国风俗志》《俗语典》《古今笔记精华录》《南社丛选》是统系编纂理论的有益实践,对梳理古典文献、发扬我国传统文化具有积极作用。

四、校雠学思想

校雠二字始于刘向《别录》,一人读书校书为"校",两人校书为"雠",由此"校雠"二字为学者所关注。范希曾认为:"合众本以校

---

① 胡朴安:《古书校读法》,江苏古籍出版社,1985年,第49—50页。

一书，撮指意而为叙录，寻流派而别部居，乃校雠不易之步次。自刘向迄纪昀，莫之或违。故必尽此三事，而后校雠之业始成。"① 即将校雠归纳为三个方面：校书、叙录、分类。在校雠的定义上，胡朴安参考范希曾的观点，对"校雠"二字作了更详细的解释：

> 刘向释雠校，虽仅就比勘文字言之，然其校书事业，固自校正一书，撰述叙录，迄于分别部居，靡不治之。范氏希曾曰：故细辨夫一字之微，广极夫古今外内载籍之浩瀚，其事以校勘始，以分类终。明其体用，得其鳃理，斯称校雠学。若是故校雠学全材殊为难得。②

相比于校雠，校雠学尚未形成统一的概念，尤其以郑樵和章学诚二人所论广义校雠学的说法在学界历来有着较大的争议。余嘉锡指出，郑、章二人所研究的校雠学是目录学。姚名达认为，狭义校雠学为校勘学。究其原因，蒋元卿在《校雠学史》中指出："校雠之学，本来就是治书之学。自狭义言之，则比勘篇籍文字同异而求其正。自广义言之，则搜集图书，辨别真伪，考订误谬，厘次部居，以及于装潢保藏等，举凡治书事业，均在校雠范围之内"③。

在《校雠学》中，胡朴安将校雠学的范围概括为："校雠学者，治书之学也。自其狭义言之，则比勘篇籍文字同异而求其正，谓之雠校。此刘向《别录》之义也。自其广义言之，则搜集图书，辨别真伪，考订误谬，厘次部类，暨于装潢保存，举凡一切治书事业，

---

① 范希曾：《校雠学杂述》，《史学杂志》1929年第1期。
② 胡朴安、胡道静：《校雠学》，商务印书馆，1931年，第1—2页。
③ 蒋元卿：《校雠学史》，商务印书馆，1935年，第3页。

均在校雠学范围之内。"① 胡朴安关于校雠学的表述参考了传统校雠学的内容，与蒋元卿《校雠学史》、刘咸炘《校雠述林》《续校雠通义》等所述属于广义范围的校雠学，是民国时期较有代表性的观点。基于这个范围，校雠家的任务包含收藏图书、辨别图书、考订内容正误以及装潢保存等，即把校雠家定位于治书治学的重要位置，进而论及校雠家的职责在于"自从搜集图书，经过辨真伪，校异同，定是非，审篇第，至编刊簿录"②。

胡朴安对于校雠学含义与范围的界定，有着强烈的"宗刘"倾向。他所指的狭义校雠学是"刘向《别录》之义"，广义校雠学是对刘向校雠实践的概括。胡朴安称赞刘向、刘歆的校雠学成果，并认为刘向《别录》是"后世目录解题之祖"，刘歆《七略》"剖析条流，各有其部。学术源委，于斯可寻"。③ 胡朴安借鉴了章学诚的观点。在《校雠通义》中，章学诚单列《宗刘》篇，指出《七略》"以部次治书籍，自符体系"，可见其对于刘氏的推崇。

从校雠学家的职责角度，胡朴安对治书和治学进行了区分："治书与治学有别。治书之对象为书本，其目的将校理讹乱书籍，使各还其真也；治学之对象为学科，其目的将发挥某科学术，使之光大也。然治学必以书本为根据，若书本不真，所治之学必敷浅误缪。故治书乃治学之基本工夫，此不可不判也。"④ 由此，胡朴安引申了校雠学的含义，指出治书是治学的根本，进一步强调了校雠学在学科建设中的关键性作用。

---

① 胡朴安、胡道静：《校雠学》，商务印书馆，1931年，第1页
② 胡朴安、胡道静：《校雠学》，商务印书馆，1931年，第84页。
③ 胡朴安、胡道静：《校雠学》，商务印书馆，1931年，第9页
④ 胡朴安、胡道静：《校雠学》，商务印书馆，1931年，第2页。

在《校雠学之类别》一节中，胡朴安列举了清儒言校读古书十事（通训诂、定句读、征故实、校异同、订羡夺、辨声假、正错误、援旁证、辑逸文、稽篇目），指出此十事仅限于校勘学，可"分理群籍"但不能"合理群籍"。因此，在胡朴安看来，校勘学只是校雠学的一部分，校雠学应该涵盖更广的范围。在《校雠学》一书中，胡朴安将校雠方法概括为六个方面，分别是逸书搜辑、真伪鉴别、底本互勘、群籍钩稽、篇第审定、目录论次。"逸书搜辑，第一步工夫也。真伪辨别，底本互勘，群籍钩稽，篇第审定，第二步工夫也。目录论次，第三步工夫也。略为论述，并辑校雠学简史列前，以备稽览云。"①

胡朴安关于校雠方法的研究参考了孙德谦《刘向校雠学纂微》对刘向校理古书所用方法的归纳（备众本、订脱误、删复重、条篇目、定书名、谨篇次、析内外、待刊改、分部类、辨异同、通学术、叙源流、究得失、撮指意、撰序录、述疑似、准经义、征史传、辟旧说、增佚文、考师承、纪图卷、存别义），并进行了相应的升华。从表述上来说，胡朴安所述六点分别对应于辑佚、辨伪、版本、校勘、目录的内容。虽然名曰校雠方法，但实质上是对校雠学学科内容的描述。

五、文献史料研究

在《文史通义》内篇卷一部分，章学诚便明确说道："六经皆史也。古人不著书，古人未尝离事而言理，六经皆先王之政典

---

① 胡朴安、胡道静：《校雠学》，商务印书馆，1931年，第3页。

也。"① 在乾嘉时代考据之风盛行的背景下，这一观点是对埋头故纸堆的学术的有力反击。"六经皆史"对背景下后世学者的文献研究产生了较大影响。章学诚此处所指的"史"意为史料，扩大了史学研究的视野和文献研究的资料范围。余英时指出："'六经皆史'是整个清代学术上，继'经学即理学'以后一项最大的突破。"② 胡适、钱玄同、吕思勉、周予同等都认可"六经皆史"的主张。

在此背景下，胡朴安在"六经皆史"的思想基础上进一步提出：一切古书，皆是材料。在《病废闭门记》中，胡朴安说道：

士居今日，读中国古书，以前汉、宋人之方法，皆不适用，人之思想，不能离开空间与时间。今之新者，知有时间不知有空间，可谓现代中国之外国人；今之旧者，知有空间不知有时间，可谓中国现代之古代人。读古书者，仍用汉、宋方法，是亦汉、宋人而已矣。清代学者，矫正宋人空疏之弊。而治汉学，至章太炎已臻绝诣。王静安虽稍变，仍不能脱其窠臼，不过取证之资料不同，而方法未新辟。我谓一切古书，皆是材料，当立足于现代学术之点，取古书之材料，辨其真伪而组织之，以成一有统系之学术。我立脚于中国古代社会，以古书为参考之材料。③

胡朴安从现代学术观点出发，将六经扩展至一切古书的范围，

---

① 章实诚：《文史通义》，商务印书馆，1948年，第1页。
② 乔衍琯编著：《中国历代经典宝库50 史笔与文心——文史通义》，中国友谊出版公司，2013年，第66页。
③ 雪克编校：《胡朴安学术论著》，浙江人民出版社，1998年，第92—93页。

将古书作为参考材料，拓宽了文献研究的视野。胡朴安指出，作为材料的古书要辨别真伪后才能加以组织利用，形成系统的学术研究。以古书为参考材料，胡朴安对《诗经》《周易》进行论证研究，撰有《诗经学》《易经学》《周易古史观》等学术著作，以现代学术观点阐释经典古籍。

除了古书，胡朴安对文字学也颇有研究。他认为，"以文字学为读古书之用，清代学者，此等工作，成绩极优"①，"以前研究文字学者，只求书本之证据；现在研究文字学者，则求实物之证据。以前研究文字学者，只有文字之观念；现在研究文字学者，当有历史之观念"②。

胡朴安将中国文字的价值概括为如下两点："中国文字之价值有二：（一）读书工具，（二）历史材料。读书工具的工作，清汉学家已臻绝诣。历史材料的工作，我初开其始，其不周密之处，当然无可讳言，但愿后起者终有成之也。其所搜集的材料，尚未作成文者，有古代之衣食住行，古代之农商业，古代之思想与制造，他日或能写成也。"③对于研究文字史料，他认为具体的做法是："取材于甲骨文、金文，以及《尔雅》《说文解字》以下之辞书字书，至近时之《中华大字典》《辞海》等。每个时代之字书辞书，分类记出某字发见于某时代之字书中，某辞发见于某时代之辞书中，即定为某时代之事物与言语。如最近之字典中，化学新字，当然为最近之文化，又如'电'字、'车'字、'灯'字，并未造一新字……而二字相联为一名词，故最近辞典中，有电车、电灯一名词，亦当然

---

① 雪克编校：《胡朴安学术论著》，浙江人民出版社，1998年，第74页。
② 胡朴安：《中国文字学史》（上），上海书店，1984年，第19页。
③ 雪克编校：《胡朴安学术论著》，浙江人民出版社，1998年，第87页。

为最近之文化。其他诸字诸词，各个时代，皆分类记出。先于字书、辞书中，立一历代文化骨干，然后遍搜各书之记载，相辅而编成一部比较可信之中国文化史。"① 张舜徽先生在《中国古代史籍校读法》中说道："文字是劳动人民创造出来的。在创造的过程中，很自然地把他们生活活动的痕迹，留下图影，保存在文字中。我们今天从古文字中可以发现不少有关我们祖先的历史"，"其次，谈到远古时代的生活，也可从古文字中考见我们祖先食、衣、住的情况"。② 即文字记载的内容可以用来考证历史，这一观点继承了胡朴安关于文字价值的主张。

以历史观念为基本出发点，胡朴安指出了文字学研究的新路径：既要注重书本证据，也要求得实物证据。由此看出，胡朴安对于文献史料的认识已经不局限于书本形式，实物证据、文字训诂都是学术研究的有效途径，从宏观角度为历史研究重塑文献研究观，开辟了广阔的研究道路。

六、学术贡献

胡朴安的文献学理论来源于丰富的史料整理实践和深厚的史学造诣。胡朴安关于校雠学含义、范围和方法的阐述具有民国时期文献学学者的思想特点。胡朴安强调治书的重要意义，肯定"抄书""编书"之于文献的重要作用，他的统系编纂理论丰富了文献学的内涵，对文献学的发展具有促进意义，他所提倡的"儒藏数处"，"一切古书，皆是材料"等观点，进一步扩展了文献学研究的深度

---

① 雪克编校：《胡朴安学术论著》，浙江人民出版社，1998年，第72页。
② 张舜徽：《中国古代史籍校读法》，云南人民出版社，2004年，第229、231页。

与广度，体现出民国学者在近代知识体系兴起的背景下对传统文献学的反思。

第五节　陈垣

一、生平

陈垣（1880—1971），字援庵，广东新会人。年少时的陈垣受儒家思想影响，在私塾学习，曾参加清末的科举考试。光绪三十一年（1905），受清末民主革命思潮的影响，陈垣与几位有志青年在广州创办《时事画报》，宣传民主革命思想，进行反帝斗争。光绪三十三年（1907），入广州博济医学院，开始学习西方医学。后因不满学校歧视中国师生，与友人创办广州光华医学专门学校，并留校任教。辛亥革命爆发后，陈垣参与创办《震旦日报》，宣传反清反帝革命思想。1912年，当选中华民国众议院议员，迁居北京。1921年，任教育部次长。次年，辞去教育部职务，开始专心于学术研究与教学工作，先后在燕京大学、辅仁大学、北京大学、北平师范大学等校任教，曾任辅仁大学校长、京师图书馆馆长、故宫博物院图书馆馆长等职。中华人民共和国成立以后，任北京师范大学校长，兼任中国科学院历史研究二所所长。

二、学术论著

陈垣一直致力于文献学、宗教学研究，一生著述颇丰，著有《校勘学释例》《中国佛教史籍概论》《史讳举例》《明季滇黔佛教考》《元也里可温考》《中国史料的整理》等，其在文献学领域的论著以《校勘学释例》和《中国史料的整理》为代表。毛主席曾称赞"陈垣同志，读书很多，是我们国家的'国宝'"[①]。

《校勘学释例》，原名《元典章校勘释例》，1931年由北京大学国学研究所印制，后由中华书局于1959年重印。该书是陈垣在校勘《元典章》一书时撰写的校勘学专著，成书于陈垣任职清室善后委员会时期。陈垣对斋宫中发现的元刻本《元典章》与沈刻本《元典章》、其他四种抄本的《元典章》进行详细校勘，校对出沈刻本中讹误问题12000余条，后仿《乐书正误》体例对沈刻本中讹误之处进行整理编排，著正文六卷，又将书中脱文漏字之条目单列"阙文"三卷，合附表一卷，共十卷，定名《沈刻〈元典章〉校补》。此后，陈垣对其进行分类提炼，撰成《元典章校勘释例》一书，其中注释原书中讹误之处50条，后定名为《校勘学释例》。该书总结了校勘学中具有普遍性的现象与校勘方法，是我国校勘学研究史上的第一部总结性著作，系统体现了陈垣的校勘学理论。

《中国史料的整理》。该文为1929年陈垣受邀为燕京大学所作的题为《中国史料急待整理》的演讲稿，后经修改校订后发表于1929年的《史学年报》上，名为《中国史料的整理》。全文包含以

---

① 孙邦华著，章元沅、余子侠主编：《身等国宝 志存辅仁：辅仁大学校长陈垣》，山东教育出版社，2004年，第399页。

下内容：整理史料的原因、整理史籍的八种方法、整理档案的八个方法。该篇文章详细阐述了古代史料整理的具体方法，为学者使用和整理古籍文献提供了参考标准。

三、目录学思想

陈垣作为我国四库研究第一人，在四库全书总目学研究方面成绩斐然。陈垣的目录学成就不仅表现在其丰富的研究著述之中，也体现在其目录学治学过程中。陈垣在目录学治学过程中提出了大量目录学治学论断。在治学态度方面，陈垣认为"只博不专，难于有成；只专不博，学则不通"[①]；在治学方法方面，陈垣认为应"经常翻翻目录书，一来在历史书籍的领域中，可以扩大视野，二来因为书目熟，用起来得心应手，非常方便，并可以充分地掌握前人研究成果"[②]，"目录学就好像一个账本，打开账本，前人留给我们的历史著作概况，可以了然，古人都有什么研究成果，要先摸摸底，到深入钻研时才能有门径"[③]。

陈垣在其著述中反复强调目录学的实用性，他认为资料占全是学问研究的前提，掌握目录之学可使人少走弯路。同时，他强调索引、类书等工具书的价值。在《中国史料的整理》一文中，他指出，整理史籍的方法有改良书籍翻印的章句标点、类书工具书的编

---

① 白寿彝等：《励耘书屋问学记　史学家陈垣的治学》，生活·读书·新知三联书店，1982年，第113页。
② 吴泽主编，陈乐素、陈智超编校：《陈垣史学论著选》，上海人民出版社，1981年，第643页。
③ 吴泽主编，陈乐素、陈智超编校：《陈垣史学论著选》，上海人民出版社，1981年，第643页。

制排列、书籍装订形式、笔记目录整理、文集目录或索引、群书篇目汇纂、重要书籍索引、分类专题编集。要对中国旧式工具书进行改良,"中国的工具书无论在编制方面,排列方面都是应加改良的,要做到小学生都能利用才行";笔记作为记录社会史、风俗史的资料,其特点在于数量多、内容复杂、编制不经济,因此"要把所有的笔记,无目录的加上目录,有目录的加上总目,有总目的编为索引,使后来要从笔记里找寻任何材料的都可以一目了然";文集在所有书籍中所占的数量最多,虽然每篇都有目录但未编制总目,"倘若我们有了一部完整的所有文集的总目录或索引,对于我们研究学问一定大有帮助";参考西方索引方法,陈垣主张编制以书为单位的索引,著录每部书籍的内容,"这样看起来,索引的功用是何等的大啊!倘若我们能够把我们的重要史籍,如《左传》,如《史》《汉》,如《资治通鉴》等都编出索引来,那么除了专门研究历史的以外,什么人都可以不读《左传》《史》《汉》《通鉴》而能利用它们了"。对于未成书册的档案史料,陈垣从目录学研究的角度,提出整理档案的八种方法:分类、分年、分部、分省、分人、分事、摘由、编目。[①]陈垣将史料区分为史籍和档案两个类别,条分缕析,详细叙述史料整理的具体步骤,为学者整理和读者查找文献提供了基本的实践准则。

正是秉承目录学以实用为主的目的,陈垣将目录学作为掌握研究材料之手段,日常研究以目录学为基础,挖掘其中尚未提及的文献史料,既弥补了相关目录著作之不足,又丰富了自身论述。陈垣这种以实用为主的目录学治学思想贯穿其目录学研究的始终,其目

---

① 参见吴泽主编,陈乐素、陈智超编校《陈垣史学论著选》,上海人民出版社,1981年,第244—251页。

录学代表作《中国佛教史籍概论》《元六十家文集目录》《四库书目考异》《四库书名录》《四库人名录》《文津阁书册数页数表》等著述均以实用为目的，为后世学者的研究提供了极大便利。在《中国佛教史籍概论》中，陈垣说道："其（《四库全书总目提要》）弊盖由于撰释家类提要时，非按目求书，而惟因书著目，故疏漏至此。今特为之补正，冀初学者于此略得读佛教书之门径云尔。"①《中国佛教史籍概论》对《四库全书总目提要》等目录学著作中所著录的佛教史籍进行了考辨补正，为佛教史研究提供了重要的参考书目资料。《敦煌劫余录》则对原北平图书馆馆藏敦煌汉文遗书进行整理，参考赵明诚《金石录》的体式，订正原有的谬误之处，著录原号和内容等信息，编成可供参考的目录。陈寅恪在该书的序言中称赞道："涵扩至广，散佚至众，迄无详备之目录，不易检校其内容，学者纵欲有所致力，而凭借末由也"，"诚治敦煌学者，不可缺之工具也"。②

四、校勘学思想

除目录学研究的成就之外，陈垣在治学期间对历来沿用的校书之法进行了科学归纳，从而形成了系统科学的校勘学理论，为中国校勘学的发展作出开创性贡献。陈垣提出著名的校勘图书四法则——"校法四例"，具体包括对校法、他校法、本校法、理校法。

对校法："一为对校法，即以同书之祖本或别本对读，遇不同之处，则注于其旁。刘向《别录》所谓'一人持本，一人读书，若

---

① 陈垣：《中国佛教史籍概论》，上海书店出版社，2001年，"中国佛教史籍概论缘起"第1页。
② 刘桂生、张步洲编：《陈寅恪学术文化随笔》，中国青年出版社，1996年，第27页。

怨家相对者',即此法也。此法最简便,最稳当,纯属机械法。其主旨在校异同,不校是非,故其短处在不负责任,虽祖本或别本有讹,亦照式录之;而其长处则在不参己见,得此校本,可知祖本或别本之本来面目。故凡校一书,必须先用对校法,然后再用其他校法。"①作为基础的校勘法,对校法就是用同书的不同版本来对底本进行一一对读,主要目的在于客观比较不同版本的异同之处,不论是非,避免了校者的主观妄断。此种方法也被叶德辉称为"死校"法。

本校法:"本校法者,以本书前后互证,而抉摘其异同,则知其中之谬误。吴缜之《新唐书纠谬》、汪辉祖之《元史本证》,即用此法。此法于未得祖本或别本以前,最宜用之。予于《元典章》曾以纲目校目录,以目录校书,以书校表,以《正集》校《新集》,得其节目讹误者若干条。至于字句之间,则循览上下文义,近而数叶,远而数卷,属词比事,抵牾自见,不必尽据异本也。"②本校法以本书前后文字互证作为校勘方法,通过语义和内容来判断讹误之处。此种方法没有借助其他版本,仅根据上下文的逻辑关系、语义内容、句式结构来校勘古籍。

他校法:"他校法者,以他书校本书。凡其书有采自前人者,可以前人之书校之;有为后人所引用者,可以后人之书校之;其史料有为同时之书所并载者,可以同时之书校之。此等校法,范围较广,用力较劳,而有时非此不能证明其讹误。"③根据他书记载的内

---

① 刘梦溪主编,刘乃和编校:《中国现代学术经典·陈垣卷》,河北教育出版社,1996年,第421页。
② 刘梦溪主编,刘乃和编校:《中国现代学术经典·陈垣卷》,河北教育出版社,1996年,第422页。
③ 刘梦溪主编,刘乃和编校:《中国现代学术经典·陈垣卷》,河北教育出版社,1996年,第423页。

容，校正本书记载之误。此处的"他书"既包含所引用前人之书，也包含后人引用之书和同记一事之书。"他书"的范围较广，可能属于不同种类的图书，或者同一书的不同版本。

理校法："段玉裁曰：'校书之难，非照本改字不讹不漏之难，定其是非之难。'所谓理校法也。遇无古本可据，或数本互异，而无所适从之时，则须用此法。此法须通识为之，否则卤莽灭裂，以不误为误，而纠纷愈甚矣。故最高妙者此法，最危险者亦此法。昔钱竹汀先生读《后汉书·郭太传》，太至南州过袁奉高一段，疑其词句不伦，举出四证，后得闽嘉靖本，乃知此七十四字为章怀注引谢承书之文，诸本皆傥入正文，惟闽本独不失其旧。今《廿二史考异》中所谓某当作某者，后得古本证之，往往良是，始服先生之精思为不可及。"① 在没有别本可以相互印证，对校、本校、他校均不能有效发挥作用的前提下，理校法主要依靠校勘者的学术素养，校勘者运用相关知识和逻辑分析考证古籍记载中的正误之处。作为补充方法，理校法完全依赖于校勘者的主观判断，需要谨慎使用。

相比于叶德辉"死校""活校"的归纳，陈垣的校勘四法对校勘古书方法总结得更为系统，将校勘方法上升到了理论的层次。依据图书的版本、内容等情况，校勘者可以选择合适的校勘方法。陈垣概括了四种校勘方法的基本使用特点：对校法"最简便，最稳当，纯属机械法"；本校法"于未得祖本或别本以前，最易用之"；他校法"范围较广，用力较劳，而有时非此不能证明其讹误"；理校法是"最高妙者"和"最危险者"。明确校勘的性质与基本程序，从而为校勘古籍的实践确立了基本的指导思想。

---

① 刘梦溪主编，刘乃和编校：《中国现代学术经典·陈垣卷》，河北教育出版社，1996年，第424页。

在《通鉴胡注表微·考证篇》中，陈垣进一步丰富了史料考据的方法。他根据考据材料的不同，将考据方法分为理证、书证、物证三种。理证即根据逻辑推理来考证史料的正误，"考证贵能疑，疑而后能致其思，思而后能得其理"[①]，类似于理校法，需要严肃谨慎地运用。书证是指利用图书与档案资料来考证史料。随着清末民国时期大量档案材料的发掘，陈垣反复强调档案材料的重要参考价值。物证即以龟甲、金石等器物为依据来考证史料，甲骨卜辞、青铜文字、石碑铭文都是物证材料的主要形式。

陈垣重视史料的搜集和整理，他曾有言："凡论文必须有新发见，或新解释，方于人有用。第一搜集材料，第二考证及整理材料，第三则联缀成文。第一步工夫，须有长时间，第二步亦须有十分三时间，第三步则十分二时间可矣。草草成文，无佳文之可言也。"[②] 他认为，搜集材料、考证和整理材料是撰写文章的基础，唯有经过鉴别史料文献价值、考证文献内容，才能更好地撰写成文。陈垣的学术著述无一不是建立在扎实的历史文献基础之上，例如，陈垣的《元西域人华化考》全书约 7 万字，取材丰富，参考正史、方志、笔记石刻、书画等多种类型史料，引用材料 200 余种，考证 130 余位西域人士的汉化情况，曾由国外学者译为英文，是研究元代民族关系的必读书目，在学界具有相当的影响力。

---

① 刘梦溪主编，刘乃和编校：《中国现代学术经典·陈垣卷》，河北教育出版社，1996年，第 560 页。
② 吴泽主编，陈乐素、陈智超编校：《陈垣史学论著选》，上海人民出版社，1981 年，第 628 页。

五、《四库全书》研究

文津阁《四库全书》运抵北京入藏京师图书馆后，于 1917 年面向社会开放。陈垣先生是对文津阁《四库全书》进行研究的第一人。1918 年前后，金梁、叶恭绰分别向时任大总统的徐世昌提出影印《四库全书》的建议。1919 年此建议获准，徐世昌委任朱启钤为监印《四库全书》的总裁，并委派陈垣先行调查文津阁本的具体情况，以备影印之用。① 1924 年北京政变后，民国政府成立清室善后委员会，陈垣担任常务委员，负责清点宫中图书，于 1925 年 4 月在摛藻堂发现了尘封多年的《四库全书荟要》。1925 年 10 月，故宫博物院成立，陈垣被任命为图书馆馆长，其间又主持了对文渊阁库书的整理。② 凭借多年整理库书的心得，陈垣先生撰写了一大批优秀的四库学论著，开创了四库学研究的新局面。2012 年，陈垣哲孙陈智超先生，将乃祖四库学论著辑为一编，其中有不少内容是首次披露，由商务印书馆刊行。③

陈垣在四库总目学方面的贡献主要见于《编纂四库全书始末》（1920—1922）③，该文据清宫档案整理汇辑而成。将乾隆三十七年（1772）至乾隆五十七年（1792）年间，与四库纂修相关史实和材料，逐年排比，有《四库全书》编纂年表的性质。据编者注"初稿约作于 1920 年。此据 1922 年 12 月重订稿"，当为陈垣查点文津阁库书之余所作。

---

① 参见李常庆《〈四库全书〉出版研究》，中州古籍出版社，2008 年，第 84—87 页。
② 参见刘乃和《陈垣对研究〈四库全书〉的贡献》，《中国典籍与文化》1994 年第 2 期。
③ 参见陈智超编《陈垣四库学论著》，商务印书馆，2012 年，第 3—17 页。

1924年，金梁在《四库全书纂修考跋》中说：

> 陈援庵（垣）遂往图书馆检查《全书》，撰为《书目考异》，凡卷册叶数，一一注明，又关于敕修四库之记载，亦摘录甚详。梁借录一过，略加整比，间有增补，题曰《四库全书纂修考》。①

其中所谓"敕修四库之记载"，应该指的就是此文。可惜金氏的《纂修考》最终未能刊行，仅有手稿存于天津图书馆。②郭伯恭的《四库全书纂修考》，在自序中引用了金梁的说法，该书于1937年刊行，被视为系统介绍四库全书编纂源流的开创之作。两者相较，虽然陈垣此文在系统性和完整性上略逊一筹，但陈文源自内府档案，故与郭书意见常能不谋而合，部分论断尚优于郭书，且陈文年代要远远早于郭书，其价值值得研究者重加审视。

对阁本提要之间的差异及《四库全书简明目录》源流的研究是陈垣四库学研究中最为后人称道的部分。其论断主要见于《四库撤出书原委》(1928)、《四库提要中之周亮工》(1936)二文。《四库撤出书原委》是陈垣复余嘉锡询"周亮工著述撤出四库原委"之回函，在解答这个问题的过程中，陈垣阐释了当时市面上流行的两种《四库全书简明目录》之间的关系，认为"现在通行"的《四库全书简明目录》，是馆臣赵怀玉乾隆四十七年（1782）据四库馆初稿录副者，乾隆四十六年（1781）后增补或撤出《四库全书》的条目均未修改。故而与《四库全书总目》告成后官方刊布的《四库全书简明目录》在内容上颇有出入。这个问题在今天已经成为学界共

---

① 金梁：《四库全书纂修考跋》，《东方杂志》1924年第9期。
② 参见李国庆《金梁〈四库全书纂修考跋〉及相关内容考释》，《图书馆工作与研究》2001年第1期。

识，但在当时，即使是专治四库之学的余嘉锡、王重民二位先生也并不清楚，正是通过陈垣的解说，这个学界公案才最终定谳。

《四库提要中之周亮工》是陈垣发现库书撤改之事实后继续深入挖掘而成的一篇名作。1921年，陈垣得到一部精缮《四库全书总目提要》底本，共计六十册。据陈垣推断，为乾隆五十二年（1787）以后删改之底本。由于在之前的研究中，陈垣已经发现武英殿本《四库全书总目提要》与广州小字本在内容、行款上时有差异，陈垣取乾隆五十二年（1787）被撤出《四库全书》的周亮工著作为例，以1921年所得《四库全书总目提要》底本、殿本、广州小字本，以及文津阁、文溯阁本书前提要逐条比对，将比对结果撰成本文。据其研究成果，殿本为《四库全书》全部告竣后所改刻，故行款统一，亦无删改痕迹。而广州小字本则是由湖州沈氏本覆刻，湖州本又是根据文澜阁所藏初印殿本缩刻，又与殿版后刻本相校勘，故而挖改之处十分明显。此外，殿本提要与七阁提要之间也互有异同。陈垣是率先提出诸本提要之间区别的第一人，其后随着新材料的不断发现，陈垣的部分观点被后来者修正，但在本领域的研究中，实有发凡起例之功。

《四库全书总目提要》是旧时学者治学的工具书之一，陈垣在读书治学的过程中，随手查检，亦随手记录下对《四库全书总目提要》著录之订正。对《四库全书总目提要》的利用和考证是贯穿陈垣先生整个学术生涯的，在他的多种著作中都可见到对《四库全书总目提要》的引用和辨证。这方面的成果集中体现在《四库书目考异》和《中国佛教史籍概论》中。

《四库书目考异》（四卷）作于20世纪20年代，未刊，由《陈垣四库学论著》首次披露。该书是陈垣检查文津阁《四库全书》时期所写。在查点的过程中，陈垣对照文津阁书校正《四库全书总目提要》及《四库全书简明目录》的错误，将文津阁《四库全书》每种的书名、卷数、撰人、函数、册数、页数一一列出，对《四库全书总目提要》及《四库全书简明目录》有误者加以说明。此外，还广罗异本，包括殿本、简目、粤刻简目、杭刻简目、自藏的纪晓岚手缮四库总目底本（注：即前述之乾隆五十二年以后删改之底本），以及多部阁本提要，在每条下注明诸本著录之异同。

《中国佛教史籍概论》原系作者早年讲稿，据陈智超介绍，该书"原拟名'四库提要释家类正误'，后来发展成为《中国佛教史籍概论》"。书分缘起和正文两部分，正文按照成书年代，分类介绍六朝以来研究历史所常参考的佛教书籍。[①]《四库全书总目》"释家类"共著录佛教典籍13部，存目另收12部。《中国佛教史籍概论》分6卷，共收书35部，其中包括《四库全书总目》著录的13部，及存目中的9部。每条均对《四库全书总目》著录提出了批评，部分条目还专门设立了"四库提要正误"的小节。

其他散见于陈垣著作中的对《四库全书总目》的辨证、批评，已被辑录为《四库学论著辑要》，收入《陈垣四库学论著》中。

在研究《四库全书》及《四库全书总目》的过程中，陈垣先生还耗费了大量精力编纂了多部检索工具书。1928年，鞠增钰在《〈四库总目索引〉与〈四库撰人录〉》中曾经介绍过陈垣在这方面的工作："陈教授垣著《四库撰人录》，以《四库总目》所载撰人姓氏笔画为次，同姓以朝代为次，各人系小传并所撰书名、卷数、类属于其后，以便按人求书。又著《四库书名录》，以《四库总目》所载书名首字笔画为次，同字以朝代为次，同朝代以类为次，各书

[①] 参见周谷城总主编、陈士强主编《中国学术名著提要·宗教卷》，复旦大学出版社，1997年，第641页。

系撰人类属于其下,以便按书求人。二书不名索引,无异索引也。"① 可见陈垣编纂的两种与四库相关的工具书,已颇有现代索引的性质。在研究中自觉地应用这种自西方引入的学术工具,体现了民国学者对西方学术方法的借鉴。

六、学术贡献

陈垣在宗教学、目录学、版本学、校勘学等领域均取得开创性成果,其治学研究以古籍整理为基础,以目录学研究为前提,以版本校勘为治学之法,将中国古代历史文献学研究方法与近代西方文献利用方法相结合,总结出了中国传统之学和文献利用的科学方法。其文献整理研究方法和著作不仅对历史文献学的发展具有极高价值,对现代图书馆学事业的发展也起到极大的促进作用。

第六节 余嘉锡

一、生平

余嘉锡(1884—1955),字季豫,湖南常德人,出生于河南商

---

① 鞠增钰:《〈四库总目索引〉与〈四库撰人录〉》,《辅仁学志》1928年第1期。

丘。父亲余嵩庆,字子澄,清光绪二年(1876)进士,曾任河南商丘县令。余嘉锡自幼由父亲启蒙授课,勤奋读书,通读五经、四史、《楚辞》、《文选》、《资治通鉴》等书籍。在庭训的影响下,余嘉锡立志于著述,曾作《孔子弟子年表》和《吴越春秋注》。光绪二十七年(1901),余嘉锡乡试中举人,时年仅18岁,主考官为翰林院编修侍读柯劭忞(字凤孙,号蓼园)。余嘉锡后被选为吏部文选司主事,不久因父亲去世,丁父丧回到常德老家。辛亥革命以后,先生受聘于常德师范学堂。后来经柯劭忞的介绍来到北京,在《清史稿》主编赵尔巽家中,一边教授赵氏子弟,一边协助审阅《清史稿》初稿。1928年,余嘉锡到北平,结识著名历史学家陈垣先生。其后,在北京大学、民国大学、中国大学等高校兼职讲授目录学,由此闻名于京师学术界,被誉为"目录学专家"。1931年至1949年,余嘉锡担任辅仁大学教授兼国文系主任。并于1942年兼任辅仁大学文学院院长。1948年,余嘉锡以《四库提要辨证》当选为中央研究院院士。1949年以后,余嘉锡被聘为中国科学院语言研究所专门委员,此后因病退居家中。1956年2月,先生在北京逝世。

二、学术论著

余嘉锡是我国著名的文献学家,其学术成就集中于目录学、考据学、校勘学,著有《目录学发微》《四库提要辨证》《世说新语笺疏》《余嘉锡文史论集》《古书通例》《古籍解题》《目录要籍解题》等著述。文献学领域的代表论著有《目录学发微》《四库提要辨证》《古书通例》。

《目录学发微》。该书原为余嘉锡于1930年至1948年间在北平各大学讲授目录学课程所用讲义,1963年由中华书局出版。从史学角度出发,余嘉锡对目录学的意义、功用、源流、历代目录类例沿革、目录体制进行了深入探讨,以历代目录学著述为引证,对目录学存在争议的学术问题、目录学产生发展史和未来发展趋势作了客观的分析。杨树达先生称该书"透辟精审,其专门之业也"①。

《四库提要辨证》。该书共有经部二卷、史部七卷、子部十卷、集部五卷,1931年,余嘉锡累计写稿700多篇,后经修改,选取其中的史部、子部共计220余篇付梓初印。1937年至1952年,新撰稿件260余篇,加上之前已出版的,共计490篇,即今天所见版本。《四库提要辨证》按照《四库全书总目提要》顺序编排,《四库提要辨证》由科学出版社于1958年正式出版。1980年中华书局出版有标点本。该书参考正史、别传、官修和私修书目等,对《四库全书总目提要》所涉古籍进行辨证,考证著者字号、年代、籍贯、生平等事项,明确古籍体例,探究版本源流,实事求是,旨在订正《四库全书总目提要》讹误,为余嘉锡穷毕生精力所著。

《古书通例》。该书原为余嘉锡先生于20世纪30年代在北平各大学授课时的讲义,又名《古籍校读法》,1985年由上海古籍出版社出版。全书共四卷,分别是《案著录》《明体例》《论编次》《辨附益》。"知古书著作之体,然后可以读古书。"从古书体例问题入手,余嘉锡分别就古书著录、体例、编次、真伪、命名、附录等进行解说。周祖谟教授认为《古书通例》"虽然篇章不多,而探微索隐,足以解疑释惑。读者据此举一反三,所知自多"②。

---

① 杨树达:《积微翁回忆录》,北京大学出版社,2007年,第29页。
② 余嘉锡:《目录学发微(外一种):古书通例》,岳麓书社,2010年,第160页。

三、目录学思想

清代王鸣盛在《十七史商榷》中说:"目录之学,学中第一紧要事,必从此问途,方能得其门而入。"① 自古以来,我国学者熟读深思,本其经验著书,目录学作为一门学科,却未得到学者的重视,"故自来有目录之学,有目录之书,而无治目录学之书。"② 因此,余嘉锡撰写《目录学发微》的重要动因是探求"此学之源流派别,及其体制若何,方法若何",采用"条分缕析"的方法,"举前人之成例加以说明,使治此学者有研究之资,省搜讨之力,即他日从事著作,亦庶几有成轨可循"③。结合历代目录学著述与我国目录学传统,余嘉锡撰写《目录学发微》《古书通例》《四库提要辨证》等,从概念、体制、源流的理论层面构建了目录学的基本学科体系。

(一)目录的基本含义

余嘉锡对目和录的解释分别为:"目谓篇目,录则合篇目及叙言之也。"《汉书·艺文志》中言:"刘向校书,每一书已,辄条其篇目,撮其旨意,录而奏之。"④ 余嘉锡认为,此句的旨意"谓叙中所言一书之大意,故必有目有叙乃得谓之录。录既兼包叙目,则举录可以该目"⑤。也就是说,录是由"目"和"叙"组成。之所以有

---

① 王鸣盛撰,黄曙辉点校:《十七史商榷》(上),上海古籍出版社,2013年,第1页。
② 余嘉锡:《目录学发微 古书通例》,上海古籍出版社,2013年,第3页。
③ 余嘉锡:《目录学发微 古书通例》,上海古籍出版社,2013年,第3—4页。
④ 余嘉锡:《目录学发微 古书通例》,上海古籍出版社,2013年,第16页。
⑤ 余嘉锡:《目录学发微 古书通例》,上海古籍出版社,2013年,第16页。

目录之名，是"因向之著录起于奉诏校书。当时古书多篇卷单行，各本多寡不一。向乃合中外之书，除其重复，定著为若干篇，遂著其篇目以防散佚，且以见定本之与旧不同。篇目之后，又作叙一篇，发明其意，随书奏上。因编校之始，本以篇目为主，故举目言之，谓之目录也。诸书所载向、歆之奏，亦或谓之叙录……盖二名皆举偏以该全，相互以见意耳"①。因此，在余嘉锡看来，录包含"目录"和"叙录"，如下图所示：

$$录\begin{cases}（目录）& 目……条其篇目\\（叙录）& 叙……撮其指意\end{cases}$$

从目录的字面意义和古代目录学传统的角度出发，余嘉锡对目录学的定义进行了详细的解释，以刘向、刘歆著录目录的过程为例，分别强调目与录的涵义。

关于目录学的功用意义，余嘉锡指出，目录"辨章学术、考镜源流"的功用既发生于目录学本身，也被学者利用，从而达到以下用途："一曰，以目录著录之有无，断书之真伪"，"二曰，用目录书考古书篇目之分合"，"三曰，以目录书著录之部次，定古书之性质"，"四曰，因目录访求阙佚"，"五曰，以目录考亡佚之书"，"六曰，以目录书所载姓名卷数，考古书之真伪"，最为重要的是，目录"能用解题中之论断，以辨章古人之学术"。②不过，余嘉锡也意识到了以上皆为考证家专门学问，并不适用于普通学人。因此，他指出："目录之学为读书引导之资，凡承学之士，皆不可不涉其藩篱，其义

---

① 余嘉锡：《目录学发微 古书通例》，上海古籍出版社，2013年，第16页。
② 余嘉锡：《目录学发微 古书通例》，上海古籍出版社，2013年，第12—15页。

以张之洞言之最详。"① 依张之洞所言，读过《四库全书总目提要》，方可"略知学术门径"。余嘉锡主张，"欲求读其书而知学问之门径，亦惟《四库提要》及张氏之《答问》差足以当之"。②

民国时期，梁启超认为"著书足以备学者顾问，实目录学家最重要之职务也"③。姚名达对目录学的定义为"目录学者，将群书部次甲乙，条别异同，推阐大义，疏通伦类，将以辨章学术，考镜源流，欲人即类求书，因书究学之专门学术也"④。从本质上来说，"辨章学术，考镜源流"已成为目录学家对于目录意义的共识。所不同的是，余嘉锡侧重典籍的考证，梁启超与姚名达则从现代目录便于读者阅览的视角出发，赋予了传统目录学新的功能。

（二）目录的种类

目录种类的划分历来是文献学家研究的重要内容。依据文献内容、著者、成书年代等，不同学者的划分方法不尽相同。刘咸炘根据收录内容，将目录分为总目、藏目、专目、选目四种。缪荃孙根据编撰者不同，将目录分为两类："一则宋刊明钞，分别行款，记刻书之年月，考前贤之图记，此赏鉴家也；一则包括四部，交通九流，蓄重本以备校雠，钞新帙以备浏览，此收藏家也。"⑤ 汪辟疆将目录分为"纲纪群籍，簿属甲乙"的目录家目录，"辨章学术，剖

---

① 余嘉锡：《目录学发微 古书通例》，上海古籍出版社，2013年，第15页。
② 余嘉锡：《目录学发微 古书通例》，上海古籍出版社，2013年，第15页。
③ 梁启超：《佛家经录在中国目录学上之位置》，《图书馆学季刊》1926年第1期。
④ 姚名达：《中国目录学史》，商务印书馆，2014年，第10页。
⑤ 缪荃孙：《古学汇刊序目》，《古学汇刊》1912年第1期。

析源流"的史家目录,"鉴别旧椠,雠校异同"的藏书家目录,"提要钩玄,治学涉径"的读书者目录四类。

从"辨章学术,考镜源流"的角度出发,余嘉锡综合考虑目录体制,将目录分为三种:"一曰部类之后有小序,书名之下有解题者;二曰有小序而无解题者;三曰小序解题并无,只著书名者。"① 其中,属于第一类的有《文献通考·经籍考》《四库全书总目提要》等,属于第二类的有《汉书·艺文志》《隋书·经籍志》等,属于第三类的有《通志·艺文略》《书目答问》等。"综以上诸家之说观之,则其要义可得而言。属于第一类者,在论其指归,辨其讹谬。属于第二类者,在穷源至委,竟其流别,以辨章学术,考镜源流。属于第三类者,在类例分明,使百家九流,各有条理,并究其本末,以见学术之源流沿袭。以此三者互相比较,立论之宗旨,无不吻合,体制虽异,功用则同。盖吾国从来之目录学,其意义皆在'辨章学术,考镜源流',所由与藏书之簿籍,自名赏鉴,图书馆之编目仅便检查者异也。"② 余嘉锡的目录种类划分方法被学界广泛采用。姚名达在《目录学》中将目录分为"篇目""叙录""小序"三部分,并将中国目录学分为"三者俱全的""有小序而无解题的""只署著者的"三种。刘纪泽《目录学概论》沿用余嘉锡的说法,并注"参用武陵余嘉锡说"。

(三)目录的体制

对于目录的体制,余嘉锡认为有三种:篇目、叙录和小序。他说:"目录者学术之史也。综其体制,大要有三:一曰篇目,所以

---

① 余嘉锡:《目录学发微 古书通例》,上海古籍出版社,2013年,第4页。
② 余嘉锡:《目录学发微 古书通例》,上海古籍出版社,2013年,第12页。

考一书之源流；二曰叙录，所以考一人之源流；三曰小序，所以考一家之源流。三者亦相为出入，要之皆辨章学术也。三者不备，则其功用不全。"①

"篇目之体，条别全书，著其某篇第几。"②古时著述往往篇数混乱，分合无常，至汉代刘向校书时，收集各版本，删除重复篇章，合为若干篇，并在每书前著录篇目，以防散失。故此，余嘉锡认为，篇目的作用有：一是能够完整保存图书，假设《别录》中的"篇目具存，或后人著录能载篇目，则按图索骥，不至聚讼纷纭"；二是可以通过篇目窥见文中大意，"古书虽亡而篇目存，犹可以考其崖略"；三是能够使诸家辑佚图书时有篇目可考，"望文而知其义，则各归之本篇"，否则便会"以所出之书为次序。亦或意为先后，文义凌乱，无复条理"，"使目录皆著篇目，则无此患矣"。③

至于叙录，余嘉锡认为应考作者之行事、时代和学术。考作者之行事，可分为附录、补传、辨误三种。所谓附录，"《别录》于史有列传事迹已详者，即剪裁原文入录，是曰附录"④。余嘉锡指出，附录之法古人则可，今人若仿效，则近似于窜乱古史，但可采用"附录本传或家传表志于叙录之前"的方法，例如"班《志》注'有列传'，《四库提要》言'事迹具某史本传'之意也"⑤。考作者之时代，可分为四点：一是"叙其仕履而时代自明"，二是"作者之始末不详，或不知作者"，三是"叙作者之生卒，并详其著书之年月"，四是"不能得作者之时，则取其书中之所引用，后人之所

---

① 余嘉锡：《目录学发微　古书通例》，上海古籍出版社，2013年，第25页。
② 余嘉锡：《目录学发微　古书通例》，上海古籍出版社，2013年，第25页。
③ 余嘉锡：《目录学发微　古书通例》，上海古籍出版社，2013年，第27—30页。
④ 余嘉锡：《目录学发微　古书通例》，上海古籍出版社，2013年，第35页。
⑤ 余嘉锡：《目录学发微　古书通例》，上海古籍出版社，2013年，第35页。

称叙，以著其与某人同时，或先于某人，在某人后，以此参互推定之"。① 相比作者的姓名官爵，余嘉锡尤为看重作者所处的时代，他曾说道："作者所生之时代，较之名氏爵里，尤有关系……著作之时代明，则凡政治之情况，社会之环境，文章之风气，思想之潮流，皆可以推寻想象得之。然后辨章学术，考镜源流，乃有所凭借，而得以着手。"② 余嘉锡认为，考作者之学术在目录中居于最重要的地位，"较之成一家之言者为尤难，非博通古今，明于著作之体，好学深思，心知其意者不能办"③。

小序的功能是"辨章学术之得失"，也被余嘉锡视为"尤难之难者"。余嘉锡极为推崇《四库提要》，他认为，"清修《四库提要》，然后取法班、魏，寻千载之坠绪，举而复之。既有总叙，又有小序，复有案语。虽其间论辨考证皆不能无误，然不可谓非体大思精之作也"，"《四库提要》之总叙小序，考证论辨，可谓精矣"。④

自《别录》《七略》到《汉书·艺文志》，古代目录学家都对目录的大小序与解题比较关注，而忽视了目录类例的作用。直至宋代，郑樵的《通志·校雠略》才将类例提至重要地位。经过考证，余嘉锡指出，刘向《别录》和刘歆《七略》各有其部次，即为"类例"。"知编书必谨类例"并非郑樵首创，因汉代没有"类例"之名，而"古人言简，说之不详"。⑤

在《编书必谨类例论》六篇中，郑樵说道："类例既分，学术

---

① 余嘉锡：《目录学发微　古书通例》，上海古籍出版社，2013年，第40—43页。
② 余嘉锡：《目录学发微　古书通例》，上海古籍出版社，2013年，第44页。
③ 余嘉锡：《目录学发微　古书通例》，上海古籍出版社，2013年，第44—45页。
④ 余嘉锡：《目录学发微　古书通例》，上海古籍出版社，2013年，第49—60页。
⑤ 余嘉锡：《目录学发微　古书通例》，上海古籍出版社，2013年，第113页。

自明",明确提出类例的重要价值。自郑樵以后,类例的研究逐渐进入学者的视野。余嘉锡对类例的定义为:"凡每略分为若干种,每部分为若干类,每类又分为若干子目,即所谓类例也。"① 余嘉锡对郑樵的评价为:"樵所谓类例者,不独经部分六艺,子部分九流十家而已。则其自谓'类例既分,学术自明'者,亦非过誉。然此必于古今之书不问存亡,概行载入,使其先后本末具在,乃可以知学术之源流。故又作《编次必记亡书论》,则樵之意可以见矣。"②

但余嘉锡并未将"考镜源流"作为类例划分的唯一依据,而是强调要考虑实际情况,顾及"简篇卷帙之多寡"。他说道:"类例虽必推本于学术之原,而于简篇卷帙之多寡,亦须顾及。盖古之著目录者,皆在兰台、秘阁,职掌图书,故必兼计储藏之法,非如郑樵、焦竑之流,仰屋著书,按目分隶而已也。故如《文渊阁书目》但以《千字文》编号,每号为若干橱,《李蒲汀书目》,但分房屋朝东朝西,一屋几柜,一柜几层者,固绝不足以语类例,而于刘、班之著录,求之过深,或责之过苛者,亦未达古人之意也。"③

在类例划分上,余嘉锡认为"部类之分合,随宜而定。书之多寡及性质既变,则部类亦随之而变。《七略》之易为四部,亦势使然也。四部之法行之既久,人以为便"④,主张既要与时俱进、便于检查,也要体现学术源流,追溯类例的历史沿革。他指出:"为书目者,既欲便检查,又欲究源流,于是左支右绌,顾此失彼,而郑樵、焦竑之徒得从而议其后,亦势之所必至也。至今而检查之目与

---

① 余嘉锡:《目录学发微 古书通例》,上海古籍出版社,2013年,第111页。
② 余嘉锡:《目录学发微 古书通例》,上海古籍出版社,2013年,第11页。
③ 余嘉锡:《目录学发微 古书通例》,上海古籍出版社,2013年,第112页。
④ 余嘉锡:《目录学发微 古书通例》,上海古籍出版社,2013年,第125页。

学术门径之书愈难强合。"①

所以，在余嘉锡看来，目录可按图书性质分类，以此"辨章学术，考镜源流"，而不必将其限制为四部或七部。章学诚《校雠通义·宗刘》篇有言：四部之不能返《七略》。这是其图书分类的变化观念。作为中西学术融合背景下的民国学者，余嘉锡已经意识到了传统四部分类法的不足，他不再囿于传统目录学家的分类方法，而是顺应时代变化，提出以下观点："今之学术，日新月异而岁不同，决非昔之类例所能赅括。夫四部可变而为五，为六，为七，为八，为九，为十，为十二。今何尝不可为数十，以至于百乎？必谓四部之法不可变，甚且欲返之于《七略》，无源而强祖之以为源，非流而强纳之以为流，甚非所以'辨章学术，考镜源流'也。"②

参考张之洞"藏书家之书目"与"读书家之书目"的类例理论，余嘉锡指出，藏书家之书目是图书馆所用书目，要做到便于检查，可按照笔画、学术，或"以书类人"，或"以人类书"，"俟治图书馆学者讨论之"。③读书家之书目"则当由专门家各治一部，兼著存、佚、阙、未见，合《别录》《艺文志》与《儒林》《文苑传》为一，曲尽其源流，以备学术之史"④。

余嘉锡历数典籍，条分缕析，对于目录之名，他以《汉书·叙传》"刘向司籍，九流以别，爰著目录，略序洪烈"句和《七略》"《尚书》有青丝编目录"句，追溯至刘向、刘歆校书之时，反驳《四库全书总目提要》中"目录之名昉于郑玄"的说法。余嘉锡

---

① 余嘉锡：《目录学发微　古书通例》，上海古籍出版社，2013年，第133页。
② 余嘉锡：《目录学发微　古书通例》，上海古籍出版社，2013年，第132页。
③ 余嘉锡：《目录学发微　古书通例》，上海古籍出版社，2013年，第133页。
④ 余嘉锡：《目录学发微　古书通例》，上海古籍出版社，2013年，第133页。

《目录学发微》成书于1930年至1948年间，这一时期正是中国近代图书馆学迅速发展的时期。余嘉锡对我国目录学的发展沿革、体制结构、意义功用、目录类型进行了全面系统的深入研究，考察了中国目录学自周代至清代以来的发展历程，论证传统目录学在现代学科体系下的存在价值，提出"目录者学术之史"的观点，肯定郑樵"类例既分，学术自明"的思想，并批判性发展了章学诚"辨章学术，考镜源流"的目录学观念。从本质上来说，余嘉锡属于传统的史志目录学派，如肖希明教授所说："余嘉锡《目录学发微》的价值，就在于它比较完整和系统地总结了我国目录学先驱者的思想精华，阐发了我国古典目录学的优良传统，为后来的目录学研究工作提供了前提。余先生的这一贡献是应该充分肯定的。当然也应该指出，《目录学发微》过多陷于史料的考证和罗列，而没有对我国目录学的发展提出更多创造性的见解，这不能不是它的一大不足。"①

余嘉锡以辨章学术为目录学的宗旨，对《群书备检》的评价为"既无叙录，又所辑皆常见之书，仅便检查，不足辨章学术"②，轻视便于检索的工具性目录书籍。同时，余嘉锡注重时代变化，采纳张之洞"藏书家之书目"与"读书家之书目"的划分方法，将中国古典目录与现代图书馆目录区分开来，明确了中国传统目录学的学科地位。

---

① 肖希明：《论余嘉锡〈目录学发微〉》，《四川图书馆学报》1998年第1期。
② 余嘉锡：《目录学发微 古书通例》，上海古籍出版社，2013年，第30页。

四、文献辨伪思想

余嘉锡的另一经典著作——《古书通例》成书于清末民初疑古辨伪思潮的背景下。全书共分四卷,分别阐述"著录""体例""编次""附益"四方面的内容,实则是对我国古书流传历史的总结。其中,卷一"案著录"包括"诸史经籍志皆有不著录之书""古书不题撰人""古书书名之研究""汉志著录之书名异同及别本单行";卷二"明体例"包括"秦汉诸子即后世之文集""汉魏以后诸子""古书多造作故事";卷三"论编次"包括"古书单篇别行之例""叙刘向之校雠编次""古书之分内外篇";卷四"辨附益"包括"古书不皆手著"。

"研治中国古代学术当读古书,最难读者亦莫如古书,古书亦甚繁,读之者不可不知所别择。"① 余嘉锡在绪论中提出了古书辨伪的三种方法:"一曰:考之史志及目录以定其著述之人,及其书曾否著录";"二曰:考之本书以验其记载之合否";"三曰:考之群书之所引用,以证今本是否原书"。这三种方法也是"三难",易生"四误":"不知家法之口耳相传而概斥为依托,误一。不察传写之简篇讹脱而并疑为赝本,误二。不明古书之体例而律以后人之科条,误三。不知学术之流派而绳以老生之常谈,误四。"② 因此,余嘉锡"以著作归先师,以附益还后学。传讹之本,必知其起因;伪造之书,必明其用意"③。

---

① 余嘉锡:《目录学发微 古书通例》,上海古籍出版社,2013年,第144页。
② 余嘉锡:《目录学发微 古书通例》,上海古籍出版社,2013年,第144—145页。
③ 余嘉锡:《目录学发微 古书通例》,上海古籍出版社,2013年,第145页。

余嘉锡主张辨伪古书要"揆之于本书而协,验之于群籍而通",坚持实事求是的审慎态度,"若意虽以为未安,而事却不可尽考,则姑云未详"①。无论是辨伪古籍,还是考证古籍,余嘉锡都秉承着严谨的考证方式,援引古代典籍为例,对古书体例进行了客观归纳。

运用《古书通例》的部分方法,余嘉锡撰写了《四库提要辨证》两卷,对《四库全书总目》中的史部、子部图书进行重点考辨,在一定程度上论证了《古书通例》的学术主张。

五、学术贡献

余嘉锡对中国古代传统目录学、古书体例进行了系统性的理论总结,并发展了传统考据学,他虽然对西方目录学的方法有所借鉴,但更加强调文献考据的重要性,体现了其学术思想的保守特征。作为保守派学者的代表人物,余嘉锡在新旧文化交替之际,通过文献考据和系统论证,尽力维护着中国传统学术的地位,寄托着中国传统知识分子的民族情怀。余嘉锡的学术成就为时人所称赞,陈垣评价其"博览群籍,为文则取精用宏,非清代目录学家之专治版本、校勘者所能及"②。

---

① 余嘉锡:《目录学发微 古书通例》,上海古籍出版社,2013年,第144页。
② 余嘉锡:《余嘉锡文史论集》,岳麓书社,1997年,第2页。

第七节　张心澂

一、生平

张心澂（1887—1973）①，出生于江西南昌，祖籍广西永福县，自幼受到家庭氛围熏陶学习国学。1905年考入京师大学堂译学馆，主修英语。1910年毕业后，任职于清政府邮传部铁路总局。后任职于北洋政府交通部和南京国民政府交通部路政局、铁路总局、邮政司、总务厅、交通部，后因性格原因辞官闲居，潜心著书。1934年，任职于广西省国民政府会计委员会。1940年至1945年，兼任立信会计专科学校广西桂林分校名誉校长。1945年以后，兼任西

---

① 注：关于张心澂的生卒年，不同的研究者各持己见。杨绪敏认为是"1887—1973"［参见杨绪敏《张心澂与〈伪书通考〉》，《徐州师范大学学报》（哲学社会科学版）2000年第2期］，广西桂林图书馆的林艳红认为是"1896—1988"（参见林艳红《张心澂与〈伪书通考〉》，《津图学刊》2003年第5期）。《桂林市志》上的记载是1896—1969年［参见桂林市地方志编纂委员会编《桂林市志》（下册），中华书局，1997年，第3399—3421页］。三种不同的说法，无疑给后来的研究者带来很大困惑。经过笔者查证，张心澂的生卒年应该是"1887—1973"。据张心澂的侄子张性模（张心灝长子）回忆，张心澂出生于1887年旧历2月22日，1973年1月13日病逝。《桂林张氏族谱》记载有以下内容："心澂，行十一，字仲清，号冷然，生于清光绪丁亥年二月二十二日未时……"光绪丁亥年即1887年，所以另外两种说法可以被排除掉。

南商业专科学校（后该校并入广西大学）会计科主任。1949年以后，任职于广西大学经济系。1953年任职于广西文史研究馆。1973年，因病逝世。

二、学术论著

张心澂既是精通业务的会计理论家，也是潜心辨伪的文献学家。《伪书通考》是他在文献学领域的主要代表著作。

《伪书通考》。1939年由商务印书馆首次出版，1954年再版。张心澂任职于广西省文史研究馆后，对《伪书通考》作了修改和增补，第3版修订本于1957年由商务印书馆出版。原文以文言文为主，竖版，修订后改为横版，总论改用语体文。原书共包含《总论》《经部》《史部》《子部》《集部》《道藏部》《佛藏部》七个部分，辨书1059部，修订本增加了45部，共1104部，是较为完备的综合性辨伪工具书。各部书内增加了各家之说，各家之说内又有些补充，经部小学类、子部医学类、集部词典类增补的尤多。1998年，上海书店出版社出版了《伪书通考》的影印本。

三、文献辨伪思想

张心澂立志编著一部《伪书通考》以供读者参考之用。1936年至1937年间，张心澂广为搜求资料，专心致力于该书的编著，将有关历代伪书的考证资料编辑成工具书《伪书通考》。1953年，张心澂由广西大学转入广西省文史研究馆之后，专做文史研究工作，对《伪书通考》作了修订。

关于编著此书的动机，张心澂坦言："在《古史辨》第一册出版未久时，我读了它感觉到辨伪对于研究学术和考察各时代思想和情况的重要性。我阅读了姚际恒的《古今伪书考》，引起我对于伪书的辨别很感兴趣。"① 张心澂《伪书通考》所采用的编纂体例大约受顾颉刚和胡适的启迪和影响。顾颉刚在《告拟作〈伪书考〉跋文书》中写道："我的意思，可以拿《诸子辨》《四部正讹》《古今伪书考》三种合印成一册，唤做《辨伪三种》。这三种合起来不过五六万字，可使人对于伪书得到更深的印象。"② 对此胡适持肯定态度，并建议："此书不妨慢慢地整理。或临时加入别的新发现的辨伪著作，亦未可知。"③ 张心澂也说："又得着宋濂的《诸子辨》和胡应麟《四部正讹》，于是把这三部书拼合起来，以书名为纲，对于某一部书辨伪之说，集合在一起，以便于自己阅览，初无意于编著。以后在他书得有辨伪资料，也随时加入，逐渐发展，所集渐多，遂立意编著一部《伪书通考》，以供读者参考。"④ 张心澂的文献学思想集中体现在《伪书通考》一书中，以下详细论之。

（一）辨伪的概念与目的

辨伪是文献研究的基础，决定着学术研究成果的科学与否。出于历史原因，历史资料的辨伪直接决定了研究工作的质量高低，对

---

① 张心澂：《伪书通考》（修订本）（上册），商务印书馆，1957年，"修订版序"第11页。
② 顾颉刚：《古史辨》（第一册），上海书店，1992年，第13页。
③ 顾颉刚：《古史辨》（第一册），上海书店，1992年，第15页。
④ 张心澂：《伪书通考》（修订本）（上册），商务印书馆，1957年，"修订版序"第11页。

学术研究有着重要价值。姚际恒说"造伪书者，古今代出其人，故伪书滋多于世。学者于此，真伪莫辨，而尚可谓之读书乎！是必取而明辨之，此读书第一义也"①，将辨伪视为读书的首要之义。

自典籍流传以来，学者们对辨伪多有研究。刘向、刘歆在校雠实践中确立疑古辨伪的基本方法，后世学者多以《别录》《七略》中所述方法为基本依据。唐代刘知幾在《史通》中也对辨伪之学多有论述。宋代朱熹曾说："熹窃谓生于今世而读古人之书，所以能别其真伪者，一则以其义理之所当否而知之，二则以其左验之异同而质之。未有舍此两途，而能直以臆度悬断之者也。"② 即从作品内容、学术理论、验证异同等角度来鉴别图书真伪。明代胡应麟写成我国首部辨伪专著《四部正讹》，将伪书分为20大类，对辨伪的意义、种类、方法等进行概括，总结了我国古代图书辨伪的基本原则，提出校勘实践中考辨伪书的规律，阐述伪书产生的原因，提出辨伪的8种方法，主张从图书著录、后世引用、后世传述、图书文体、图书年代、图书作者等方面进行辨伪，并亲身实践，校出伪书、疑书共计97部。

清代辨伪学继承前代传统并有所发展，在此基础上辨伪之学盛行。万斯同、阎若璩、胡渭等撰写专门的辨伪学著作，对《古文尚书》《周礼》《仪礼》《易传》《太极图》《河图》《洛书》等典籍加以辨伪。姚际恒《古今伪书考》考辨古书90余种，涵盖经、史、子三大类别，同时对前人的观点予以记载评论。

文献辨伪虽然在中国实践已久，但直到20世纪，古史辨学者

---

① 姚际恒：《古今伪书考》，朴社，1929年，第1页。
② 朱杰人等主编：《朱子全书》（第21册），上海古籍出版社、安徽教育出版社，2002年，第1664页。

对现代科学方法的引入和学术成果的系统梳理，才使文献辨伪逐渐发展成为一门独立的学科。民国时期，梁启超曾在清华大学国学研究院专门开设古书辨伪课，其课程讲稿被整理成《古书真伪及其年代》一书。在《中国历史研究法》中，梁启超总结了辨伪的 12 种方法，从著录、作者、文体、社会状况等方面辨伪古籍，强调学者要花大力气对史料进行辨伪，史学研究要求真。在《中国近三百年学术史》中，梁启超有言："无论做哪门学问，总须以别伪求真为基本工作。因为所凭借的资料若属虚伪，则研究出来的结果当然也随而虚伪，研究的工作便算白费了。中国旧学，十有九是书本上学问，而中国伪书又极多，所以辨伪书为整理旧学里头很重要的一件事。"[①]胡适在《中国哲学史大纲》中提出辨伪的 5 个原则。胡适、顾颉刚、钱玄同等运用现代科学研究方法，继承疑古辨伪的优良传统，研究古书中的相关历史记载，形成了辨伪学研究的古史辨派。在"层累地造成的中国古史"的观念下，顾颉刚等编撰《古史辨》一书，收录古史辨派的研究成果，引入近代科学研究中的实证主义治学方法，强调史料的辨伪，澄清历史事实，以新的视角对建立在典籍基础上的古史体系进行了系统梳理。

张心澂《伪书通考》参考了以上学者的观点，征引近人考辨文章百余篇，以便读者能够触类旁通，用公平的态度对古籍辨伪作基本的理解。但张心澂并不完全赞同梁启超等学者的主张，他指出，梁氏所说的不辨别伪书会导致"事实是非倒置"不见得是完全正确的。受时代因素、作者地位等影响，真书的内容也有与事实不符的情况。因此，他认为："伪书不一定是无价值无用的书，但如根据

---

① 梁启超著，朱维铮校注：《梁启超论清学史二种》，复旦大学出版社，1985 年，第 382—383 页。

某部书来考察某个时代的思想或情况,或著书做论文引用到某部书某段或某句文字,如所根据的或所引用的是伪书,或有伪的问题的书,认为它所说的是那个所伪托的时代的思想或情况,那就错误了。"①张心澂所说的辨伪不再局限于图书的作者、年代等基本信息,而是从内容出发,辨别图书内容的真伪,全面考察伪书对于文献研究的价值。从还原历史真相的角度出发,张心澂把图书辨伪置于历史研究的宏观视角,以客观历史代替有目的的辨伪考证,提出"辨伪书应以求真为目的,即为辨伪而辨伪,不可存有其他目的"②的主张,强调"求真"的重要性,这与梁启超"'求真'为学者的责任"③在本质上是相同的。因此,在伪书的存废方面,张心澂力主收藏伪书,原因是伪书本身具有一定的价值,"恐不免为一时或一人或少数人之偏见,或他日可别有新证可证其非伪也",所以,他指出,"书之伪者非绝对不可存,不过其价值须另行估定"。④

(二)辨伪者所需具备的条件

在《伪书通考》初版中,张心澂将辨伪者应具备的条件命名为"辨伪手续",而在修订版中改名为"辨伪之条件",从内容上看,这是他对辨伪者所具备的基本素质的概括归纳。张心澂提出辨伪者所要具备的条件有:"须有丰富之书籍",不仅要研究所辨之书的相关资料,还要参证相当数量的其他种类书籍,查阅原书以免出现错

---

① 张心澂:《伪书通考》(修订本)(上册),商务印书馆,1957年,"修订版序"第11页。
② 张心澂:《伪书通考》,商务印书馆,1939年,第5页。
③ 梁启超著,朱维铮校注:《梁启超论清学史二种》,复旦大学出版社,1985年,第394页。
④ 张心澂:《伪书通考》,商务印书馆,1939年,第7页。

误,如有必要可利用藏书资源丰富的图书馆;"须有学问之修养",要具备一定的学问修养,除了对本书有着深刻的认识之外,还须具备普通科学知识和国学知识,兼通文理知识;"须知前人之成说",书籍已经被前人辨别或成定论则概不过问,如研究结果未能超越前人或只是前人结论的一部分,则未免有抄袭或孤陋寡闻之嫌,因此应尽知前人之成说;"用锐利之眼光",具备敏锐的眼光,搜集应用资料,发现前人所说的错误之处;"用公平之态度",不存成见,为辨伪而辨伪,不偏向任意一方;"用科学之方法",充分利用上述辨伪方法,措辞合乎论理,辩证有条理。①

对于具体的辨伪方法,张心澂则是摘录胡应麟《四部正讹》、胡适《中国哲学史大纲》、梁启超《中国历史研究法》《古书之真伪及其年代》、瑞典汉学家高本汉所提出的辨伪方法。在实际的工作中,张心澂注重图书的收藏与利用。张氏家族家学渊源,藏书丰富。张心澂的祖父和父亲都是晚清进士、朝廷命官,母亲龙氏亦是举人之女。成长于这样的书香门第、官宦之家,张心澂从小就跟随父亲,接受严格的旧学训练,这为他今后从事伪书考辨打下了坚实的基础。当时张氏家族在北京的藏书就有万余册。另外,张心澂的祖父和父亲都爱好收藏及研究古籍等文物,耳濡目染之下,张心澂、张心灏两兄弟也培养了这种爱好,并为之不离不弃持续终生。张心灏虽毕业于北京工业专门学校机械科,曾任广西第一甲种工业学校校长等职,但他利用工作之余收集研究古董且颇有收获,最终成为广西文史研究馆馆员、文物鉴定家。张心澂除编著《伪书通考》之外,晚年还潜心研究古籍与我国的古代史,写了《春秋国际

---

① 张心澂:《伪书通考》,商务印书馆,1939年,第15—16页。

公法》《易经哲学》等书,可见"须有丰富之书籍""须有学问之修养""须知前人之成说"等辨伪条件的归纳不仅是他对前人辨伪工作的总结,更是对自身经历的概括。

(三)辨伪规律

张心澂将辨伪规律总结为如下六个方面:(1)不可别有目的。"辨伪书应以求真为目的,即为辨伪而辨伪,不可存有其他目的。"他指出,辨伪的目的在于辨别图书的著者年代和著者信息、辨别著者是否伪造了图书,要以求真为出发点,不能以个人观念而辨伪,如清代崔述辨伪成就颇多但存在拥护"圣道"的目的,不符合辨伪的规律;而专以破坏为目的或以矜奇好异为目的的做法虽然近乎于为辨伪而辨伪,实非脚踏实地,以上做法皆不可取。(2)不可存成见。"辨伪虽无如上所述之目的,然辨者预存有成见,亦易陷于错误。"如有门户或派别之见者,则容易维护本派别,辨伪之时不能破除自己的主观见解,则遇到与自身派别不相符或有碍之书,不免存在曲解或有意湮没此书的倾向,违背了辨伪的基本规律。(3)不可以一般概全体。"不可因书中一部分之伪,或一句数句之言或所用之名词与著者之时代不合,因而断定此书之全体为伪。"图书的部分内容由于后人篡改,可能存在传写方面的讹误。如不可将因为避讳等孤证作为判定伪书的依据。(4)书之价值需具体问题具体分析。"辨伪只是辨明某书确非某人所作,更进一步辨明此书全部或某部分为某时代某人所作,以还其真相,并非谓确系某人所作,此书为真,则有价值,否则无价值也。"图书价值与真伪没有必然联系,如王安石以孔子作《春秋》为例,指出该书存在的问题;再如张湛伪造《列子》以考察晋人思想、《本草》假名神农、《素问》假名黄帝,这些书都有着较高的价值。(5)书中所述之真伪需具体分析。"书中所叙事实之真伪,或理之真伪,亦为另一问题。"不能以图书的真伪来直接判定所叙事实的正确与否,如《春秋》虽为孔子所作的真书,但其中鲁君被弑的描述并非事实。(6)不可因其伪而遽削之。"辨伪只是求其真相,其目的非欲将伪书完全烧毁消灭。辨伪与书之取舍问题无关,既不可以真伪为价值之标准,亦不可以真伪为取舍之标准,故不可因其伪而遽删削之,使后人不得见也。"伪书本身具有价值,判定伪书时难免会受到偏见的影响或日后有新证据可证其非伪书。故"虽伪宁存,以待他人及后人之评论"。①

张心澂所概括的辨伪规律对古书辨伪中可能存在的问题进行了详细的区分,强调辨伪者应以存真为目的,秉承公正客观的辨伪态度。《伪书通考》以求全、求真、求实用为出发点,充分采纳前人观点,实事求是,客观辑录古书辨伪的相关史料,从读者的角度编纂所辨伪图书的条目,并附编者的考辨过程和辨伪结论,以增强实用价值。

在初版例言中,张心澂说:"每一书之下,凡古今人对此书辨伪之说,均行列入;如有驳议,及辨其不伪,或批评他人之所辨者,亦均列入。"②他在该书中全面收录各家学说,不带成见地客观叙述具体历史事件。如古今学者在《周礼》(据传为周姬旦撰)一书的辨伪方面疑信参半,在《周礼》的辨伪中,张心澂列举司马迁、班固、荀悦、郑玄、朱熹、陈振孙、杨慎、方苞、姚际恒、崔述、康有为等人的考辨观点,通过考证指出,《周礼》为周公所作的说法始于郑玄,并得出《周礼》"误认撰人及时代,并有改窜"

---

① 张心澂:《伪书通考》,商务印书馆,1939年,第5—7页。
② 张心澂:《伪书通考》,商务印书馆,1939年,"例言"第1页。

的结论。张心澂认为《周礼》非周公之作的理由有来历不明、先佚而后详、初出及推行时有反对、所言制度与周初不合、所言与他书不合等。

通过以上考证,张心澂以《史记》《汉书》等典籍记载或历史背景为依据,分别以"汉武帝以前之作品""战国时之作品""战国时策士之计划""儒家兼法家、理财家之计划""采西周及春秋时制度参以己意而成""战国前期之作品""刘歆之改窜公布"七种方式进行历史事件推理和文献考证,得出结论:"《周礼》一书,为战国前期儒家而通法理经济者所草拟之'建国方略',至西汉前期发现而入秘府,及王莽时,刘歆见之,改窜而公布。"①

古史辨派代表人物顾颉刚在《与钱玄同先生论古史书》中说道:"凡是一件史事,应当看它最先是怎样的,以后逐步逐步的变迁是怎样的。"②通过推演历史,古史辨派形成了基本的研究方法——历史演进法,即研究历史事件发生前后的史实、演进趋势、演变原因,强调考证历史事件相关的记载和传说,充分把握当时社会的各方面发展背景和学术状况,推演历史事件的演变趋势,反对盲从经典。可以看出,在辨伪《周礼》的过程中,张心澂借鉴古史辨派的研究方法,层层推演伪书产生的原因和后续影响,严格考证历史资料中的书籍辨伪记载,力图还原古书真伪的客观真相。

求真是学者辨伪必须遵循的基本原则,唯有尊重历史事实,杜绝感情用事和主观偏见,才能准确判定古书年代和著者信息。我国辨伪传统强调求真的意义,清代阎若璩曾有言:"或问曰:'子于《尚书》之学信汉而疑晋、疑唐,犹之可也,乃信史、信传而疑经,

---

① 张心澂:《伪书通考》,商务印书馆,1939年,第282—327页。
② 顾颉刚:《古史辨自序》(上册),商务印书馆,2011年,第1页。

其可乎哉！'余曰：'何经，何史，何传，亦惟其真者而已。经真而史传伪，则据经以正史传可也。史传真而经伪，犹不可据史传以正经乎！'"①

在伪书的种类上，张心澂将其分为全伪者、真杂以伪者、伪杂以真者、真伪杂者、真伪疑者、伪中伪者。对于相应种类的伪书，他搜集历代学者关于书籍的辨伪观点，按照时代顺序分别列举，通过"心澂按"的形式标出自己的见解，说明伪书的著者和其他相关的考辨观点。

张心澂曾为古书撰写按语，并在修订版中进行了多次修改，他说："辨别伪书，对于每一部书应当有一个结论，但各书不能都有编著者的按语，因为门类太多了，书也太多了，编著者个人的学识有限，那能每部都做按语？所以就有话即长，无话即短，而对于多数的书，是无话就不说了。但编著者的按语，也不能认为是最后的结论，因为不敢说按语说的都正确，在读者仍然可以提出不同的意见的。其实在每部书标题下注有'伪''疑伪''非伪'或其他字样，也就是对于这书的结论。这个简单的结论，是就各家所说的、所认定的，或编著者的见解而下的。但也不是什么不可动摇的结论，读者仍然可以提出不同的意见的。但在未能提出证据推翻这个结论以前，可以认为是正确的。"② 上述话语体现了张心澂在辨伪图书时实事求是的求真态度，在具体的案例中，如《老子注》（二卷，汉代河上公注）标注为"伪托撰人"，《道德指归论》（六卷，汉代严遵撰）标注为"伪"，《抱朴子》（八卷）标注为"或疑伪，非

---

① 阎若璩：《尚书古文疏证》（上），上海古籍出版社，2023年，第136页。
② 张心澂：《伪书通考》（修订本）（上册），商务印书馆，1957年，"修订版序"第12—13页。

伪"，《修龄要指》（一卷，明代冷谦撰）标注为"疑伪"。①

张心澂将《伪书通考》定位为工具书，主要综合《诸子辨》《四部正讹》《古今伪书考》三部辨伪学著作并在此基础上有所增补，汇聚前人辨伪学说，收录著作、论文、话语等相关史料。综观《伪书通考》全书结构，该书在第一部分概述辨伪的原因、伪书的产生、作伪的原因、伪书的范围、辨伪的规律、辨伪的方法、辨伪的条件等，系统梳理辨伪涉及的基本理论，除了采用经、史、子、集四部分类法，张心澂还把佛家、道家的图书辨伪研究单独抽出，独立成篇，以便读者了解辨伪学发展的大致情况，更快捷方便地检索全书。

在1927年7月1日致顾颉刚《论〈辨伪丛刊〉体例书》的信中，胡适说道："可否以伪书为纲而以各家的辨伪议论为目？例如，《书经》、孟子说、吴才老说、朱熹说、吴澄说、梅鷟说、阎若璩说、惠栋说、姚际恒说、龚自珍说、康有为说……或参用两法：（1）有些书，如你所辑校的两集，用原书的次序，依年代排列。（2）有些大书，有些发生大问题的书，如《书经》《周礼》之类，则用我此次提出的法子，每一部伪书为一集，如'《尚书》的公案'；或竟加入一两种更大的问题，如'今古文的公案'之类。"②张心澂《伪书通考》参照胡适的主张，多依时代顺序排列，同时以书名为纲，辑录各家辨伪学说，收录的材料上至古代典籍，下至近人著述，征引罗列历代学者辨伪之说，在此基础上对图书的真伪有所判定，这使得《伪书通考》既是一部辨伪学专著，又是学者了解

---

① 张心澂：《伪书通考》，商务印书馆，1939年，第743—751页。
② 顾颉刚编著：《民国丛书·第4编·古史辨》（第一册），朴社，1926年，第38—39页。

图书真伪情况的参考工具。

后世的辨伪学者以《伪书通考》为参照范本，补充了我国辨伪学史的相关内容。例如，在张心澂《伪书通考》的基础上，郑良树编著《续伪书通考》一书（1984年，学生书局），收录学术辨伪论文、新刊古籍中涉及辨伪之序跋、专著内辨伪章节以及《古史辨》《伪书通考》未收内容等，全书按照四部分类法排列，各小类秉承《伪书通考》的目录分类方法，另附《伪书通考》考订古籍索引和征引资料索引。邓瑞全、王冠英主编的《中国伪书综考》（黄山书社1998年版）大致仿照《伪书通考》的体例，增加近代伪书部分，吸取当时学界最新成果，考辨伪书产生的社会背景、作伪过程和疑伪内容。

四、学术贡献

张心澂是位别具一格的文献学家，他一生中的绝大部分时间并不以文献学研究作为自己的主要职业，编著《伪书通考》只是他的一个业余爱好。正是因为这部"集伪书考辨之大成"[①]的工具书《伪书通考》，使得他在文献学领域占据一席之地。《伪书通考》出版以后，成为研究者"从事文、史、哲、道教、佛教研究工作所必须阅读的一部辨伪工具书"[②]，甚至"国外汉学家也是必读此书"[③]。

[①] 杨绪敏：《中国辨伪学史》，天津人民出版社，1999年，第306页。
[②] 杨绪敏：《中国辨伪学史》，天津人民出版社，1999年，第313页。
[③] 李克主编：《当代名家学术思想文库·李学勤卷》，万卷出版公司，2010年，第24页。

第八节　钱基博

一、生平

钱基博（1887—1957），字子泉，号潜庐，江苏无锡人。幼时跟随母亲与长兄诵读四书五经，阅读《申报》《天演论》等新式著述。光绪三十二年（1906），应无锡薛南溟之聘任家庭教师，为其子教授算学。辛亥革命以后，钱基博曾先后任职于无锡县立第一小学、无锡县图书馆、江苏省立第三师范学校。1923年秋，任上海圣约翰大学教授，主讲"国学概要""现代中国文学史"等课程，注重对学生爱国主义思想和国学学习兴趣的培养教育。1925年，担任私立光华大学国文系教授，后兼任无锡国学专修学校教授，直至抗战爆发。1937年，任教于浙江大学国文系。次年，任教于蓝田国立师范学院。1946年，任华中大学国文系教授。中华人民共和国成立后，华中大学改名为华中师范学院，先生将生平所藏甲骨、铜玉、陶瓷、历代货币、书画等文物200余件捐赠给华中师范学院历史博物馆，碑帖字画1000余种捐赠给苏南文物管理委员会，方志1000余种捐赠给江苏无锡泰伯文献馆。1957年，先生因病逝世于武昌。

二、学术论著

钱基博是我国近代著名的国学大师、教育家、古文学家和文献学家，在文字学、版本学、教育学等领域均有建树。他学贯古今，著述丰富，主要著述有《版本通义》《古籍举要》《经学通志》《韩愈志》《中国文学史》等。其中《版本通义》《古籍举要》是钱基博在文献学领域的代表性著作。

《版本通义》。成书于1930年，1931年4月编入《百科小丛书》，被《万有文库》收入，由上海商务印书馆出版印行，1933年商务印书馆再版，1957年北京古籍出版社第三次出版。全书分原始、历史、读本、余记四部分，在篇幅不长的撰述中，涉及版本学方面的诸多问题。《版本通义》是我国第一部以"版本"命名并且第一次把版本学纳入学术研究体系的专著，是继叶德辉的《书林清话》之后，版本学的又一部力作。日本学者长泽规矩也在《中国版本目录学书籍解题》一书中，评价其"有版本之种类、版心版框之说明、缺笔、读本、宋版之特征等，多可资参考"[1]。

《古籍举要》。原名《后东塾读书记》，为钱基博在读陈澧《东塾读书记》时的随记，1933年10月由世界书局出版。全书共17卷，包含孝经、论语、孟子、周易、尚书、诗、周礼、仪礼、礼记、春秋、小学、诸子、西汉、郑学、三国、朱子等内容，是国学研究的重要参考书目。

---

[1] 长泽规矩也编著，梅宪华、郭宝林译：《中国版本目录学书籍解题》，书目文献出版社，1990年，第251页。

三、版本学思想

中国古代的藏书事业由来已久，文献典籍可谓浩如烟海、汗牛充栋。自周秦至明清，中国经历了两千多年的文化发展史，这是一段漫长的历史演变过程。图书作为人类文化得以传扬、发展和丰富的重要物质形式，其自身也经过了甲骨、金属、竹片、木片、缣帛、刻石等文字载体的发展，随着造纸术、雕版印刷术及活字印刷术的发明、使用和普及，图书有了各种版本的差别。宋代刻书业兴盛，图书生产趋向专业化，对版本的考究逐渐成为一门专门的学问。"版本"一词，最早出现在宋代文献中，而实际上古人对版本的认识和研究最早可追溯到先秦。

钱基博并未对版本直接下定义，如他所言，"言版本者断自宋"①，而宋代讲的版本，是针对写本、抄本来说，专指雕版印刷本。后来版本的外延扩大，泛指各类本子。一本书，可能会出现同时存在几种不同本子的现象，其内容又可能不尽相同，这就涉及古书"版本"的问题。钱基博在发微版本学由来时，首先从古代图书的形态谈起，他在《版本通义》"原始"篇中就论述了版刻书出现之前，竹书、帛书、纸书，包括写本书、抄本书的演变过程，阐明从春秋到造纸术发明时，书籍的主要形态仍是简册和帛书卷轴，其后一直到唐代雕版印刷术发明这一段时期，书籍的主要形态变为帛书和纸书，并具体介绍了古简册之制和古卷轴之制。同时，他由最早的版刻《金刚经》，推论考证了版刻并不始于唐末，而是远在唐

---

① 钱基博：《版本通义》，商务印书馆，1933年，第7页。

咸通以前。至唐武宗会昌以降，雕版刻书之风已然盛行。通过对图书形态、印刷技术发展的阐述，钱基博考镜源流，详尽介绍了版刻始于佛典，渐及儒书，进而小学、经典到集部的过程。由此说明了，正是由于纸张和雕版印刷术的普及，写本向刻本的过渡，才使得版本愈来愈受到重视，版本学愈发显得重要。钱基博对"版本"的认识，包括了写本、雕版印本、泥活字本、套印本等在内的以各种方式制作的图书的本子。从中反映他对"版本"的取义是广泛的，认识也是比较科学的。

在论述版本学的发展史时，钱基博将其分为三个阶段来说。一，萌芽阶段。版本学起于西汉。钱基博认为，版本之学"远起自西汉，大用在校雠"①；代表人物为刘向，他在校点群书时参考使用了很多不同版本。二，兴起阶段。大致在宋元之际。钱基博认为至宋岳珂刊《九经三传》，乃是事雠校者言版本；尤袤著《遂初堂书目》，则是开启治目录学言版本。三，鼎盛阶段。在于清这一代。明末清初藏书家钱谦益在这个时期具有开拓之功，其后毛子晋、黄丕烈等人将"重宋版"的藏书思想传承发扬，历史上清代藏书家多达500多人，其中不乏著名的版本专家，钱基博认为至此"版本之学，乃以名家"②。这种对版本学发展历史的分期，条理清晰、逐层深入。

宋代藏刻书兴起，是古籍版本学发展的重要阶段。钱基博对宋版书的论述很多，在《版本通义》中，全书包括"叙目"在内的五个部分对宋版书都有所论述。"叙目"中就详列了岳珂刊《九经三传》时所用的23个版本。"原始"篇中云："宋版书之佳者，字体

---

① 钱基博：《版本通义》，商务印书馆，1933年，"叙目"第1页。
② 钱基博：《版本通义》，商务印书馆，1933年，"叙目"第2页。

每带欧、虞神味。元人所刻，与宋版书较，已带匠气。而以咸通本《金刚经》与宋版书比，又显然有雅俗之分：一则古拙错综，一则整齐呆板。是故古版书之可贵，就艺术而论，即在其能保持率真之气而不流于匠俗尔。"①"余记"篇中不仅叙述了宋版书的书目收藏情况，还述及宋版书的"伪误"，分析误因，总结出校刻古书之法，并通过一些藏书的轶闻趣事，指出宋版书不易得，于是有影抄之法，"赖以传之不朽"。②"历史"篇中对宋版书的论述最多，颇为翔实。开篇即论"宋版不必不误"③，认为世人不可尽信宋椠。钱基博主张"发墨守"打破宋版书"不误"的迷信。选择书籍版本，不因时间而是从善本而择。钱基博还对通常所划分的官刻、私刻和坊刻三类宋版书，进行了较多评述。于官刻，言及国子监本、州郡官刻本，并对国子监本的南版、北版进行了区分。而"州郡官刻，其尤著者，莫如公使库本"④。于坊刻，首先谈福建刻书之盛。当时书坊可考见的有9家之多，其中以建安余志安勤有堂最早、最久、最著，但其刻书之精、之好远不如余仁仲万卷堂。对建安余氏刻书之后续情况，钱基博也作了交代。此外，他还论述了杭州本、临安书棚本、蜀本的特点，介绍了书坊及刻书情况。关于宋版书的版式特点，归结起来大致就是：宋刻多单边、白口，细墨口亦多见，间有阔墨口。关于版本的鉴定，钱基博对宋版书的版式、字体、印纸、墨色刀法、装帧等方面表现出来的特点，都作了详尽的论述。钱基博还指出宋刊、宋印，大都有公私簿账的特点。同时他也利用缺笔

---

① 钱基博：《版本通义》，商务印书馆，1933年，第4页。
② 钱基博：《版本通义》，商务印书馆，1933年，第84页。
③ 钱基博：《版本通义》，商务印书馆，1933年，第8页。
④ 钱基博：《版本通义》，商务印书馆，1933年，第21页。

来鉴定版本，详列了整个宋代避讳缺笔的情况。钱基博对宋版书的论述可谓全面、翔实、合理，为宋版书的版本鉴定工作提供了重要的理论依据。

在钱基博之前，已有叶德辉《书林清话》专门叙述版本学，但其主要缺点在于采用旧有的笔记式叙述方式，体例杂乱，未能形成全面系统的版本学观念，未体现出版本学的学科结构。钱基博《版本通义》共分为四个部分：原始、历史、读本、余记。"原始"部分追溯古籍版本的源流演变；"历史"部分按照时间顺序，叙述自宋至清的版本发展史，以及历代官刻、私刻、坊刻等版本特点，包含用纸、行款、装订情况等；"读本"部分概述我国经、史、子、集各部典籍的常见版本；"余记"部分专门论述古籍版本的治学方法和必读书目。《版本通义》兼顾"会通古今"的"义例"和"重在校勘"的"义理"，首次将版本作为独立的对象进行研究，从历史源流、版本特点、学术历史的角度将版本学从校雠学、目录学等理论中分离开来。相比于《书林清话》，《版本通义》中的叙述更具学术色彩，虽然书名类似于章学诚的《校雠通义》，但其内容在于梳理版本的学术演变，是真正意义上的版本学学术专著，具有开创之功。

对于版本学的意义，钱基博说："于戏，版本之学，所从来旧矣！盖远起自西汉，大用在雠校"[①]，"版本之学，其始以精校雠，其蔽流为骨董"[②]。强调版本学的研究不在于收藏古董，而是校勘古籍、读书治学之用。在"余记"中，钱基博有言："版本之书，不胜仆举。若论治学，宜有入手。就所睹记，挈其纲要。可先读长洲

---

① 钱基博：《版本通义》，商务印书馆，1933年，"叙目"第1页。
② 钱基博：《版本通义》，商务印书馆，1933年，第90页。

叶昌炽鞠裳所撰《藏书纪事诗》六卷,以明藏书之掌故。次看长沙叶德辉焕彬所著《书林清话》十卷,以析版本之沿革……"① 由此可见,《版本通义》既为博采众家版本学之书,也是专研版本学的参考读物。

四、目录学思想

文献整理研究中,版本、目录、校雠三者是紧密相联的。前人多将目录学看作治学的门径,钱基博在文献学的研究和实践过程中,同样非常重视目录学的重要作用。

钱基博在《版本通义》"叙目"篇云:"余读官私藏书之录,而籀其所以论版本者,观于会通,发凡起例。"② 反映了其版本研究与版本学思想的出发点,都与藏书书目有着密切的关系。书中多次引用了十驾斋、铁琴铜剑楼、皕宋楼的藏书书目和题跋,以及《藏书纪要》《石林燕语》《燕闲清赏笺》等书中的观点和看法。在全书中论及的诸多版本,钱基博是运用四部分类法对其进行分类说明的。如《版本通义》"历史"篇中,论及宋、元、明三代刻书的版式特征时,就是用经、史、子、集四部分类法对许多版本加以分类的。而在其后的"读本"篇中,钱基博更是以四部分类为主来梳理数目众多、复杂的版本,使得后学者更容易理解、掌握不同的版本。"今为慎择约举经、史、子、集,分别条流,取版本之易得者,要令初学者易买易读,不致迷罔眩惑而已!"③ 除四部外,他又列举了

---

① 钱基博:《版本通义》,商务印书馆,1933年,第89页。
② 钱基博:《版本通义》,商务印书馆,1933年,"叙目"第1页。
③ 钱基博:《版本通义》,商务印书馆,1933年,第53页。

第五类——类书。因为"类事之书，兼收四部，而非经非史，非子非集，四部之内，乃无类可归"①，并对历史上将类书归为子类的做法进行了辩驳。

钱基博平生所编纂的解题、提要、别录等著作，数量之多、蔚为壮观。这反映了他对目录学的认识，以及他在此方面所下的功夫和取得的成就。古代早期目录是有解题的，目录解题有着"辨章学术，考镜源流"的作用。重视目录解题是我国目录学的优良传统，早在刘向点校群书时已有记载。《汉书·艺文志》有言："每一书已，向辄条其篇目，撮其指意，录而奏之。"即刘向在校书时"条其篇目"，介绍所收录图书的主要内容。至清代修《四库全书》，于每书之首置提要一篇，后编成《四库全书总目提要》流传。钱基博熟读四书五经，贯通经、史、子、集，重视提要的作用，例如，他在《近代提要钩玄之作者》中说道："读一书通千百书，如振裘之得领，如挈网之有纲。"②钱基博为大量古籍做了有关解题及其读法的工作并编著成册，例如《四书解题及其读法》《〈周易〉解题及其读法》《读〈礼运〉卷头解题记》《〈文史通义〉解题及其读法》《〈老子道德经〉解题及其读法》《〈古文辞类纂〉解题及其读法》《〈古诗十九首〉解题及其读法》《古籍举要》等目录解题著作。这些著作内容浩博、数量众多，在近代文献学学术史上形成了一个可观的解题目录著作体系，为历史文献的传播提供了参考资料。

钱基博反对汉、宋各执一端，分立门户，主张打破门户，各取所长，使尚考证者重词章，索义理者贵征实。如他的《〈文史通义〉

---

① 钱基博：《版本通义》，商务印书馆，1933年，第74页。
② 钱基博著，傅宏星主编、校订：《版本通义 古籍举要》，华中师范大学出版社，2013年，第68页。

解题及其读法》，主要纠正了汉学的繁琐考证和宋学的空谈性命两种不良学风，其目的归结为"经世致用"。而《〈古文辞类纂〉解题及其读法》则把重点放在辨析文章的源流正变和各家异同得失上，认为"姚氏此纂，虽病其规模少隘，然窃以为有典有则，总集之类此者鲜"①。在讲授目录学时，钱基博指出了《四库全书总目提要》抑宋扬汉之失。钱基博对目录学"辨章学术，考镜源流"的主张身体力行，这表现在他的《读清人集别录》中。在序言中，他说道："近人侈言文学史，而于名家集作深刻之探讨者卒鲜。余读古今人诗集最夥，何啻数千家，而写有提要者且不下五百家，唐以前略尽。严可均《全上古三代秦汉三国六朝文》、邑人丁福保《全汉三国晋南北朝诗》及清修《全唐诗》《全唐文》，通读一过，人有论评；而于其人之刻有专集者，必取以校勘篇章，著录异同。"② 由此可知，他所读过的诗集有数千家，其中撰写提要的不下五百家。《读清人集别录》著录了清代 23 位文人的文集和诗集的版本流传，分析其学术特点，做到了知人论世，这对于读者了解清代文学家与清代文学流派大有裨益。

五、方志学思想

钱基博毕生勤奋好学、笔耕不辍，他自谓所著文章，"取诂于许书，缉采敦萧选，植骨以扬马，驶篇似迁愈。雄厚有余，宁静不足，密于综核，短于疏证"③。他一生爱书、藏书，也重用书。他是

---

① 钱基博：《古文辞类纂解题及其读法》，《弘毅月刊》1925 年第 2 期。
② 钱基博：《经史子集入门：钱基博谈治国学》，黄山书社，2009 年，第 90 页。
③ 钱基博：《经史子集入门：钱基博谈治国学》，黄山书社，2009 年，第 6 页。

有名的收藏家，收藏种类包括书籍、方志、字画、钱币、陶器等各类文献、古董。从他收藏的千余种方志就可以看出，他早年就对地方志学产生浓厚兴趣，不仅如此，他还参与撰写、出版了多部地方志，参与主持纂修的地方志文献有《无锡历代兵事志》《无锡警备志》《无锡赋役志》《无锡风俗志》《无锡艺文志》等，多数限于当时条件及其他情况，未能刊印出版，只作为征求意见稿，在《新无锡》报上连载发表。据钱基博回忆，这几部专志的初稿曾由无锡县图书馆库存。其纂修宗旨是：征文考献，事增文省，详今略古。在写作体例和语言运用上，力求科学、规范、得体，引用资料客观、翔实并注明出处，修辞上讲究简约、妥帖、准确。[①]

对地方志学深有研究的钱基博，还在《东方杂志》《教育杂志》《清华学报》《新教育》等期刊发表地方志学论文多篇，对方志编纂和理论研究颇有阐发，尤其指出方志的性质体例，即史体。同时指出，方志修纂的当务之急，是新方志应因时制宜，有所创新。新方志在修纂时，应增加修志沿革、地方自治、经济、教育、氏族、宗教、金石等方面情况。他提倡要重视记载地方经济内容，因为"社会之动荡，民生之休戚，无不系于经济"[②]。氏族一门也不可忽略，"著其迁徙之所自，尤以征国家之盛衰"[③]。至于人物，他认为"入志人物，一县之模范人物也，取人不可不严，叙事不可不详，而标目则不可不浑括"[④]，批评了旧志中记载人物多空言表德，少实事实

---

① 参见钱建中《钱基博方志翰墨拾零》，《江苏地方志》2003年第2期。
② 钱基博：《钱子潜函徐县长研讨修志体例》，《人报（无锡）》1947年7月19日第2版。
③ 钱基博：《钱子潜函徐县长研讨修志体例》，《人报（无锡）》1947年7月19日第2版。
④ 付宏星主编：《钱基博集：方志汇编》，华中师范大学出版社，2013年，第12页。

叙。对新增的金石一门,他将其分为上下二编,属赏鉴者入上编,属文献者入下编,所录各碑分注年月行款,所在都图概录全文。①这些地方志学的思想和实践,对我国新地方志学理论的研究,无疑具有一定的学术参考价值。

六、学术贡献

钱基博治学范围极广,博通四部之学,其学问的广博和著述的宏富,给中国文化艺术界留下了丰富的遗产。钱基博的《版本通义》为版本学研究构建了一个相对完整的学科体系,他所撰写的推荐书目和解题类著作为目录学研究者指点迷津,他关于地方志的论述对方志学的发展具有参考价值。陈平原教授曾赞:"钱先生以硕学高文孚海内众望,其文章笔势雄健,意气凌云,典雅古劲,事理通明,其学熔裁经史,旁涉百家,堪为天下通儒。"②

---

① 参见钱基博《钱子潜函徐县长研讨修志体例》,《人报(无锡)》1947年7月19日第2版。
② 傅宏星编著:《钱基博年谱》,华中师范大学出版社,2007年,第210页。

第二章

民国文献学学者（二）

第一节　汪辟疆

一、生平

汪辟疆（1887—1966），名国垣，字笠云，后改字辟疆，别号展庵，晚年自号方湖，因故乡（江西彭泽黄岭乡老屋湾汪村）近方湖而得名。汪家世代书香，汪父际虞公乃清光绪丁酉（1897）拔贡，伯父鸣相公曾任翰林院修撰。汪辟疆幼时由叔父寅圃启蒙授读，其父授欧阳修《读书》诗，并学《春秋左氏传》，日抄《尔雅》百字，过目不忘。光绪二十七年（1901），汪辟疆随父迁居河南。光绪三十年（1904），考入河南客籍高等学堂，深为该堂教习上海张坚奇先生所赏识，授以《习学记言》《日知录》《文史通义》等书。宣统元年（1909），保送入京师大学堂，遂专攻中国文史为专攻。汪辟疆所撰《禁书书目提要》，发表于《国粹学报》，治目录之学，由此发轫。当是时，与同窗胡先骕、姚鹓雏、林庚白等人皆能诗，人称"太学十君"。1912 年，毕业于北京大学，次年去上海。1915 年 2 月，其父病逝，汪辟疆在家守制三年，遍览研读家藏旧籍，为其以后治学打下了良好的基础。1918 年，赴南昌任省立第二中学国文教员。其间撰写了《光宣诗坛点将录》初稿，后于 1925 年连载在《甲寅》第一卷第五号至第九号；1934 年到 1935 年，在《青鹤》第三卷第二期到第七期，又刊登了一次。每期刊出，震动国内诗坛。1922 年至 1927 年，汪辟疆受聘于江西心远大学，任文科主任兼文学系教授。后该校停办，他应第四中山大学之聘赴南京，任文学院中国文学系副教授。1928 年 2 月到校，至 1966 年 3 月 12 日逝世，这期间 38 年来他始终未离开教学岗位。在校主讲目录学、诗歌史、各文体习作、读书指导等课程，先后共事者有黄侃（季刚）、汪东（旭初）、王伯沆、陈汉章、楼光来、宗白华、胡小石、柳翼谋、吴梅诸先生，深受同系师生所敬重。其间为教学所编之讲义有"目录学""中国诗歌史"等。1939 年至 1944 年，汪辟疆兼任中央大学文学院中文系主任，并于 1946 年至 1948 年兼任检察院监察委员 2 年，国史馆纂修 8 个月，其间，从未间断教学工作，直至中华人民共和国成立。1954 年，汪辟疆罹患高血压，中风后右肢瘫痪，行动为艰。病后仍坚持左手书写，并带研究生在家讲课。1966 年 3 月 12 日,因病逝世。

二、学术论著

汪辟疆在经学、史学、目录学领域均有建树,是我国近代著名的古典文献学家和近代诗史专家,主要著述有《目录学研究》《读书举要》《光宣诗坛点将录》《近代诗人述评》等,在文献学领域以《目录学研究》《读书举要》为其代表性著作。

《目录学研究》。1934 年由上海商务印书馆出版(1955 年再版重印),后有台北文史哲出版社 1983 年版和华东师范大学出版社 2000 年版。1934 年版共收录文章 6 篇:《目录与目录学》、《唐以前之目录》、《论唐宋元明四朝之目录》(附四朝目录存佚统表)、《七略四部之开合异同》、《丛书之源流类别及其编索引法》、《汉魏六朝目录考略》。该书由"目录学"课程讲义整理结集而成,就目录学中几个关键的问题进行了较为细致的探讨。在出版之前,其书稿作为讲义已在中央大学使用多年。2000 年,华东师范大学出版社将其作为"二十世纪国学丛书"的一种重印出版。

《读书举要》。1926 年发表于《东方杂志》,全篇列举国学图书 135 种,包含《汉书·艺文志》《隋书·经籍志》《四库全书总目提要·序录》《古今伪书考》等"纲领之部"图书 30 种,是指导治学门径、了解国学图书、考论学术源流的工具性书目,至今仍有参考价值。

三、目录学思想

在《目录学研究·序》中,汪辟疆云:"虽非目录学之全,然其索录略之渊源,条分合之得失,与夫汉魏六朝间官私著录之钩稽,宋元明清后丛书类别之更定,所谓目录学之最繁难最重要者,略已灿然备具。"[1]寥寥数语便道出目录学的精要所在。考察其所处的时代背景,即20世纪初(尤指新文化运动到抗日战争时期),这一时期是我国目录学研究的创获时期。西方目录学著作被大量翻译介绍到中国,传统目录学研究受到西学的影响,在理论研究方面有了新的突破,出现了一大批目录学理论著作。王卓华《浅谈20世纪初的目录学研究与汪辟疆的目录学思想》将此期的目录学研究分为传统和革新两个学派,将汪辟疆先生列为传统学派的代表人物,"但也有自己的特点"[2]。

(一)目录学的含义

目录学在我国的发展历史悠久,自刘向、刘歆著《别录》《七略》以来,目录编纂得到学者的关注,但目录学一直未能有明确统一的定义。20世纪初,学者开始对目录学科的定义、学科流派进行探讨。

汪辟疆认为,《七略》《汉书·艺文志》是目录学的起源,也是目录学的正轨。对于历代学者对目录学的定义,他将其归纳为四种类别:"其一,目录学者,纲纪群籍簿属甲乙之学也","其二,目录学者,辨章学术剖析源流之学也","其三,目录学者,鉴别旧椠雠校异同之学也","其四,目录学者,提要钩玄、治学涉径之学

---

[1] 汪辟疆著,傅杰校:《目录学研究》,华东师范大学出版社,2000年,"序"第1页。
[2] 王卓华:《浅谈20世纪初的目录学研究与汪辟疆的目录学思想》,《安阳师范学院学报》2004年第3期。

也"。① 其中，第一种说法将目录学看作分类之学，为检索便利而设，属于"目录家之目录"，目的在于记述卷篇、展卷了然，如《汉书·艺文志》删存《七略》，使书名排列整齐，便于后人检寻；第二种说法将目录学看作学术派别之学，为辨章学术源流之用，属于"史家之目录"，目的在于立论探源、辨章学术，如《汉书·艺文志·诸子略》推言某家某流，《胡非子》注"墨翟弟子"；第三种说法将目录学看作校雠之学，为古代治目录学之正轨，属于"藏书家之目录"，目的在于考订异同，鉴别版本，以供鉴赏收藏；第四种说法将目录学看作提要钩玄之学，为最切实用之目录，属于"读书家之目录"，叙述作者略历、书中要旨和考证学术派别、辨析篇章真伪，如目录学之巨制《四库全书总目提要》即为此类。目录家重视类例篇卷，史家重视学术源流，藏书家重视版本，读书家重视提要。"故言目录学之界义，不明第一说之主张者，则忘目录为纪载书籍之事，而以编纂学术史之天职，认为编纂目录之天职，而目录之本旨失矣。不明第二说之所主张者，则视目录为尽人所能为，而以纲纪簿录之能事，责之于掌故胥吏之手，而目录学之效用去矣。"② 汪辟疆指出，"目录之学，乃由纲纪群籍范围，而略涉辨章学术范围。质言之，则以目录家之目录，而兼有史家之目录"③，即只有将目录学之目录与史家之目录相结合，才能较全面地了解目录学的含义。由此，汪辟疆对目录和目录学的界定如下：

目录者，综合群籍，类居部次，取便稽考是也。目录学者，则非

---

① 汪辟疆著，傅杰校：《目录学研究》，华东师范大学出版社，2000年，第1—3页。
② 汪辟疆著，傅杰校：《目录学研究》，华东师范大学出版社，2000年，第9—10页。
③ 汪辟疆著，傅杰校：《目录学研究》，华东师范大学出版社，2000年，第10页。

仅类居部次，又在确能辨别源流，详究义例，本学术条贯之旨，启后世著录之规，方足以当之。此目录学之界义也。①

在汪辟疆看来，目录学不仅要研究文献著录，还要辨明学术源流，给后世学人以学术启迪。他从目录学学科性质的角度对目录学概念进行了深度概括。

姚名达《目录学》有言："目录学者，将群书部次甲乙，条别异同，推阐大义，疏通伦类，将以辨章学术，考镜源流，欲人即类求书，因书究学之专门学术也。"② 刘纪泽《目录学概论》指出，应参考目录学家和史家所说的目录含义，由此将目录阐释为："目录学者，综合群籍，类居部次，取便检寻，是其粗也。辨别源流，详究义例，使载籍之存亡可稽，学术之盛衰可考，是其精也。至于记撰人，标卷第，别真伪，拾漏遗，明校勘，研版刻，是其末而已矣。"③ 由以上观之，汪辟疆与姚名达、刘纪泽的观点类似，即关注目录学在部次群书、考镜源流、辨章学术方面的作用。考其著作出版年代，刘纪泽《目录学概论》出版于1931年，姚名达《目录学》出版于1933年，汪辟疆《目录学之界义》发表于1929年，从这个意义上来讲，汪辟疆对于目录学的界定早于以上两人，兼顾了目录在校雠与学术层面的作用，是对目录校雠工作的全面概括。

（二）丛书目录

关于丛书与丛书目录，汪辟疆也有着深入研究。在《丛书之源

---

① 汪辟疆著，傅杰校：《目录学研究》，华东师范大学出版社，2000年，第10页。
② 姚名达：《中国目录学史》，商务印书馆，2014年，第10页。
③ 刘纪泽：《目录学概论》，中华书局，1931年，第19页。

流类别及其编索引法》中，他对丛书的功用、源流、类别、发展史和目录索引等方面均有研究。他参照张之洞的论述，表明丛书的功用在于"学者欲读古籍，必购丛书；好事者欲求不朽，当刻丛书。……疏其源流，条其类别。明其缓急，具于左方。志学之士，取而览观，亦治目录学者所有事也"[①]。

他将丛书的发展史分为四个时期，分别为启蒙时期（康雍）、全盛时期（乾嘉）、分化时期（道咸）、汇流时期（近代），"启蒙极其大，全盛极其精，分化极其变，汇流极其备"，近三百年丛书的变迁也是学术的变迁史。

丛书之名起源于唐宋时期，唐代陆龟蒙《笠泽丛书》、宋代王楙《野客丛书》虽然首次以丛书命名，却不是真正意义的丛书。宋代俞鼎孙《儒学警悟》开创了丛书的体制，是真正意义的丛书。丛书的发展促成了丛书书目的出现，清代顾修《汇刻书目》为最早的丛书书目，后有唐栖朱氏在顾书基础上进行增订补缀，罗振玉搜集光绪、宣统两朝的新刻丛书和朱氏版《汇刻书目》失传内容，共计300余种，于1914年编成《续汇刻书目》刊行于世。汪辟疆指出，《汇刻书目》存在诸书分类过于草率的缺点。因此，根据丛书的特征，汪辟疆重新编制丛书书目分类表。该分类表涵盖总类和专类两个大类，总类下分举要、搜异、景旧、辑佚，专类下分专代、专地、专人、专学，综合考虑了丛书的体制和性质，并在每类下详细举例说明，如《四部丛刊》属于总类下的举要，《百川学海》属于总类下的搜异，《汉魏百三名家集》《宋人集四编》属于专类的专学下设诗文类。由此，汪辟疆提出编制《丛书书目索引略例》的方

---

① 汪辟疆著，傅杰校：《目录学研究》，华东师范大学出版社，2000年，第101—102页。

法；每种丛书详分类目；丛书体例以容纳群籍为正体；一书而刻入数种，丛书之内，悉得分注；按照笔画繁简和作者时间顺序排列，不再沿用通行辞典惯例以节省检查时间；以简明语言对所据之本加以注释；编制提要，说明刻书年月、编者略历等。

通过对丛书功用、源流发展、书目分类和索引编制实践的探讨，汪辟疆梳理了丛书目录的系统体系，构建了基本的研究框架，为后人编制丛书目录索引提供了指导。

（三）目录学史

按照分类体系的不同，汪辟疆将唐代以前的目录分为三个时期，分别为七略时期（西汉东汉）、四部时期（魏晋时期）、四部七略互竞时期（六朝时期）。七略时期以刘向、刘歆和班固为代表人物，《别录》《七略》《汉书·艺文志》为代表作品。汪辟疆指出，"语其流别，则《别录》为提要之祖，《七略》乃编目之宗，班《志》示史家之准则，三家之派别不同，而同为后世目录学之鼻祖则一也"，对这一时期的目录学进行了派别划分，从提要、编目、史家的角度概述了三部经典目录学著作的特点。四部时期以郑默、荀勖、李充等为代表人物，《中经》《中经新簿》《四部书目》为代表作品，"四部虽确定于李充，发轫于荀勖；而郑默《中经》之作，亦在筚路蓝缕之列"，汪辟疆肯定了郑、荀、李三人在目录学发展史上的地位。四部七略互竞时期以王俭、阮孝绪等为代表人物，《七志》《七录》等为代表作品，这一时期的分类法并未照搬七分法，而是在七分法的基础上改变部次，更改名称，自成一家之学。对于各家目录的特点，汪辟疆概括如下："官书多守《四部》之成规；私家则具开阖之微旨；史家乃极删述之能事。著录之作，纷然并起。溯厥渊源，条其流别，罔不导源于隋唐以前也。"①

对于唐代至明代时期的目录，汪辟疆按照目录类别，分为官书、私著、史志三类来论述。官书类如唐《古今书录》《开元四部书目》，宋《崇文总目》；私著类如吴兢《西斋书目》、晁公武《郡斋读书志》、马端临《文献通考·经籍考》、陈振孙《直斋书录解题》、黄虞稷《千顷堂书目》；史志分为正史之属如《汉书·艺文志》《隋书·经籍志》《宋史·艺文志》，别史之属如郑樵《通志》、马端临《文献通考》，拟史之属如焦竑《国史经籍志》，并论述目录著作的成书背景、内容特点、后世影响，以目录学著述为主线构建了目录学的简明发展史。

我国目录学史上七略与四部的开合，体现了目录学在学术发展过程中的历史演变。在《七略四部之开合异同》一文中，汪辟疆既论七略四部异同开合之故，更述七略四部开合之学术源流。他将目录分类的演变划分为三个时期："自刘向以迄班固，所谓'七略'之分法，终汉之世，未尝变动。是为'七略时期'"。"四部分类之法，虽肇始于荀勖，实确定于李充也。终晋之世，从事录略者，大抵遵循四部。是为'四部时期'"。"由宋至唐，七略与四部之法，并行不悖。是为'四部与七略并行时期'"。依据以上分类，汪辟疆制定了《七略与四部开合异同表》，重点强调书目分类的特点为：一是史部与经书之开合；二是诸子与兵书、术数、方技、之开合；三是诗赋与文集名异而实同；四是诸子始终独立专部；五是图谱始终未能独立专部；六是佛道二家之分合无定。② 史书的与日俱增促使史部与经部开合，形成独立的部类。兵书、术数、方技原为专门

---

① 汪辟疆著，傅杰校：《目录学研究》，华东师范大学出版社，2000年，第17—26页。
② 汪辟疆著，傅杰校：《目录学研究》，华东师范大学出版社，2000年，第92—100页。

之学，至《隋志》将三部之书并入子部。汉代尚无集名，概称诗赋，至阮孝绪采用文集之称，《隋志》采用集部名称，自此集部确定。诸子各部始终独立，没有更改。古时图谱附书刊行，未设专称，出为专部，容易混淆，造成学术流别不分的情形，王俭《七志》将图谱立为专部，但王俭以后图谱未立专部。佛道二家目录分合无定，二家目录别行于七略四部之外，为不争之事实。

通过对七略四部开合异同变迁的叙述，汪辟疆梳理目录学历史演变，详细探讨了目录分化的原因，揭示了各类目录的特点与变迁，深入分析了我国自古以来目录的发展轨迹，彰显出目录"辨学术源流"的意义。

在《读书举要》一文中，汪辟疆把学子应读之书分为纲领、丛载、稽考、哲学、史学、文学、文字学等七部，对每部所列之书的特点加以总结，并对各部进行更为细致的划分，作出各书提要，进一步体现出"辨章学术，考镜源流"的思想。将《目录学研究》中所列的《唐以前之目录》《论唐宋元明四朝之目录》《汉魏六朝目录考略》联合起来，再加上《七略四部之开合异同》，便是一部较为完整的目录学史著作。尤其值得肯定的是，汪辟疆开列了《汉唐以来目录统表》，用三个表列举了从汉魏到明末几乎所有目录学的著作，包括了官家目录61种、私家目录77种、史家目录14种，每一种皆包含书名、卷数、作者、著录卷数、存佚、附说等内容。其中他对"汉魏六朝目录"用力最勤，"征诸史籍，旁稽百家，凡汉魏六朝所著录，辑为稽考，俾治艺文、事著录者，知所考镜焉"，共计《七略别录》《七略》《汉书·艺文志》在内28种。①

---

① 参见王卓华《浅谈20世纪初的目录学研究与汪辟疆的目录学思想》，《安阳师范学院学报》2004年第3期。

（四）目录学的应用

汪辟疆在古代文学和古典诗歌方面的造诣亦颇深，这一方面与他精深的目录学根基有关，另一方面归因于他所承担的大学国文系的相关课程，《唐人小说》便是其一。

我国小说发展到唐代，进入了一个新的阶段。小说在魏晋南北朝志怪小说的基础上，发展渐趋成熟，出现了一批反映社会生活的现实主义和浪漫主义风格相结合的优秀作品，对后世的文学产生了深远的影响。唐宋以来，传奇小说在民间大受欢迎，"文士嗜奇，喜窥秘册，书贾贸利，独标异书。于是割裂篇章，诡立品目……而唐宋仅存之古本，沉霾于砂泥粪土之中"[①]，却被儒家正统鄙弃，"汉志既别九流，宋元以远，儒者益加摈弃"[②]，这两者造成了唐稗二厄，促使汪辟疆搜集、校勘、考证唐人小说，"兹为重加董理，俾复旧观"[③]。《唐人小说》"出版说明"概述了作者所做的工作：

> 汪辟疆先生校录的《唐人小说》，搜集了除零星杂记和易见专著外的现存唐人小说的大部分重要作品，并用多种版本进行了文字上的校勘订正。在每篇之后并附以考证，列述作者经历、故事源流及后代演变等。有一些与原作有关的材料也作为附录系于篇末。[④]

---

① 汪辟疆校录：《唐人小说》，上海古籍出版社，1978年，"序"第1页。
② 汪辟疆校录：《唐人小说》，上海古籍出版社，1978年，"序"第1页。
③ 汪辟疆校录：《唐人小说》，上海古籍出版社，1978年，"序"第1页。
④ 汪辟疆校录：《唐人小说》，上海古籍出版社，1978年，"出版说明"第2页。

汪辟疆对于学术的态度,尊古而不泥古,且带有长远发展的眼光。首先,参考诸籍,取优汰劣。《唐人小说》以《太平广记》所收为主,"多有同出一源,而所载各异者……兹为便于参考计,依题附录","其所不备,或间有脱误者,则用《道藏》《文苑英华》《太平御览》《资治通鉴考异》《太平寰宇记》《明钞原本说郛》《顾氏文房小说》《全唐文》及涵芬楼影印之旧本唐人专集小说校补。至明代通行之《古今逸史》《说海》《五朝小说》《历代小史》,清人之《正续说郛》《龙威秘书》《唐人说荟》等丛刻,或擅改篇名,或妄题撰者,概不据录"。① 其次,对后人研究的重视。《唐人小说》里收录了许多根据唐代传奇小说故事演绎的元明杂剧剧名,有助于后世研究者追本溯源,了解故事的本来面貌,"俾治唐稗者,得由此而进治元明剧曲;而治元明杂剧人曲者,亦可由此而追溯本事"②,进而得以梳理历代文学的发展脉络。可见,汪辟疆在搜集选目时,都是抱有一定的目的和意图的,并非以包罗万象为要。除了鲁迅先生的《唐宋传奇集》外,《唐人小说》是"研读唐代传奇的最切实用的入门书"③。该书不啻奠定了汪辟疆古典文献家的地位。

对古诗词,尤其是对近代诗歌的研究始终是汪辟疆研究的重点。他依据文献目录学功底,在研究近代诗歌时,对诗歌的流变、诗歌地域的划分以及诗人流别的考察进行了细致的撰述,把其中的源流正变交代得清楚明白,从一个侧面体现了其"辨章学术,考镜源流"的文献学思想。如《近代诗人小传稿》和《光宣以来诗坛旁记》两书,即因先生不满陈衍的《近代诗钞》,欲根据《近代诗派

---

① 汪辟疆校录:《唐人小说》,上海古籍出版社,1978年,"序例"第1页。
② 汪辟疆校录:《唐人小说》,上海古籍出版社,1978年,"序例"第1页。
③ 傅璇琮:《读〈汪辟疆文集〉所想到的》,《瞭望周刊》1989年第47期。

与地域》的论点，重新精选一部近代诗集并甄录相关材料。后因抗战爆发，书籍散失，该项工作便搁置了下来。在《汪辟疆文集》的选录过程中，程千帆先生对这两部著作进行了整理，"除了个别人物生卒年未详，依刘、班称并时例酌附外，一律按年代先后编次。这两部著作保存了许多首次用文字记录的文献，极可宝贵"[①]。可以想见，倘若汪辟疆先生这部近代诗集能幸而问世，必定是一部选录精良、源流明辨、材料丰赡的记录近代诗歌的学术著作。

四、读书指导

汪辟疆一生刻苦治学，读书不辍。他生活简朴，略有积蓄，便用于购书。他素有藏书癖，鉴别又精，多善本精刻或罕见之原刊本。他读书且爱书，阅读时留意爱护，虽翻读多遍之书仍整洁如新；常读的必别储副本以供浏览，读书时添加题跋、眉批、行注亦为正楷，丹黄烂然，注释累累。抗战期间，汪辟疆随中央大学西迁时藏书尽失，遂名书斋为"损之又损斋""读常见书斋"，他还锐意搜读。《汪辟疆文集》中列有"论学书札"和"文籍序跋"，是他一生读书不倦的证明。汪辟疆读书善动笔，"点勘诸籍，多有题跋"[②]。汪辟疆早在京师大学堂读书时，日至藏书楼中研读，便已写成阅读提要六七册。可惜的是，文集中收录的仅有十分之一而已，大部分书札笔记在抗战中早已散佚了。

自清代《经籍举要》《书目答问》出版以来，导读书目开始受到学者的关注。民国时期，胡适、梁启超分别编撰《一个最低限度

[①] 汪辟疆：《汪辟疆文集》，上海古籍出版社，1988年，第1065页。
[②] 程千帆：《桑榆忆往》，上海古籍出版社，2000年，第114页。

的国学书目》《国学入门书要目及其读法》，涵盖各类国学书目，在当时引发了较人反响。但是，这两本推荐书目也存在着不足，例如，姚名达曾评价梁启超的导读书目："梁先生之论，亦有过于主观者，其优点不在书目而在读法。"① 汪辟疆指出："梁、胡论列，可谓备矣；鄙意尚嫌过多，非今日学子所能尽读。盖治学既难囿于方隅，时日复苦不给，彷徨歧路，欲进越趄，仍等于束书不观而已。爰为芟其繁芜，补其漏略，不为高论，不事铺张，所谓约者博之基，简者久之业。承学之士，或有取焉。"② 即梁、胡二人所列书目的范围过于狭窄，每类种类过多，会使读者无法尽数读完。

从自己的读书经验中，汪辟疆得出"载籍极博，遍读实难，提要钩玄，是为要务"③ 的道理。他任教38年，其间教授读书指导课程，分别于三个时期为学生开列阅读书目，指引读书门径。在《读书举要》中，汪辟疆列举国学基本书135种，分为"纲领之部""丛载之部""稽考之部""哲学之部""史学之部""文学之部""文字学之部"，每类选择一二十种著作，介绍图书的版本、内容等信息，附以提要和评述。其中，"纲领之部"意为提纲挈领，贯穿全书，收录各领域经典著作，分"群籍纲领""读古经传诸子纲领""经学书纲领""考论学术流别纲领""史学书纲领""文学书纲领""哲学书纲领""清代学术之纲领"8个类别，纲领部30种书是了解群籍、阅读经传诸子、考论学术流别及经书、史书、文学书、哲学书之纲领。④

---

① 姚名达：《中国目录学史》，商务印书馆，2014年，第350页。
② 汪辟疆著，傅杰校：《目录学研究》，华东师范大学出版社，2000年，第180页。
③ 汪辟疆：《汪辟疆文集》，上海古籍出版社，1988年，第1页。
④ 邓咏秋、李天英编：《中外推荐书目一百种》，陕西师范大学出版社，2001年，第8页。

相比于梁启超和胡适所做的导读书目，汪辟疆的导读书目收书范围更为广泛和全面，并对每个分类作了说明，例如稽考之部"跌宕图史，折衷群言，远绍旁搜，稽考尚焉；工师善事，利器是先，贯穿万卷，圣智所难"①，这样的解释有助于读者快速准确了解各个类别的具体含义，有着辨章学术的功用。提要是汪辟疆《读书举要》的重要特色，在提要中，他不仅介绍了图书的内容和特点，也指出了读书的方法与可参考的版本。例如《诗经》的提要言："此书为古代诗歌总集之第一部。训诂名物，以清陈奂《毛诗传疏》为最详；诠释要义，以宋朱子《诗集传》为独到。清人方玉润有《诗经原始》，颇多新解。上海有石印本。三书可任取其一读之，若能比较互阅，尤为有益。"②详细指出了《诗经》的读法与可参考的注释版本，为读者阅读《诗经》提供了充分的参考书目。再如马端临《文献通考》的提要云："此书典赡不及杜君卿《通典》，识解不及郑渔仲《通志》；然撮采颇丰富，排列无漏略，欲究历代之典章制度，实为不可少之书。《续考》及《皇朝通考》，亦宜参阅。《通志》二十略，有大胆议论，宜读。《通考》有严惇虞节本可阅。"③汪辟疆将《文献通考》同《通典》《通志》进行对比，突出《文献通考》一书的特点，为读者简要梳理了古代的政书体系。

抗战期间，汪辟疆又为大学中文系学生开列书目，提出应选读的 20 种书，包括《楚辞》《周易》《诗经》《韩非子》《资治通鉴》等经书、史书、文学类书籍。④ 1942 年，汪辟疆为中央大学国文系

---

① 汪辟疆著，傅杰校：《目录学研究》，华东师范大学出版社，2000 年，第 181 页。
② 汪辟疆著，傅杰校：《目录学研究》，华东师范大学出版社，2000 年，第 197 页。
③ 汪辟疆著，傅杰校：《目录学研究》，华东师范大学出版社，2000 年，第 194 页。
④ 参见邓咏秋、李天英编《中外推荐书目一百种》，陕西师范大学出版社，2001 年，第 25 页。

学生开列了一个包含 10 种图书的"最切要"的"源头书",间或予以评注,颇多精要。①

汪辟疆在开列书目的同时还指导读书方法。他于 1942 年 8 月为中央大学国文系一年级学生作"读书法"主题书面演讲,初稿以《读书说示中文系诸生》为题发表在《读书通讯》第 51—52 期的《读书指导》栏中。文章首先鼓励中文系学生多读书,并立下约定:"竭四年之力,熟读十书;卷少者年诵二种,多者分年治之,务蕲贯达。"② 其次,指出阅读"源头书"的重要性,认为"守此几部源头书,锲而不舍,虽约必博"③,并略举学术源头最切要者 10 种。然后总结历代读书法,认为"诵读者,古今人读书不易之法也"④,而诵读又有"背读""熟读"之别。诵读之外,则有"阅读",即"前人所指为涉猎之书"⑤,并列举自己往年日记中所自定阅读条例 17 款。诵读、阅读之外,还有"抄读",分为全抄、节抄等 6 种。而"参读"则最为重要,因为"诵读口到,阅读目到,抄读手到,而参读则心到"⑥。最后,文章强调了"伏案读书"和"点读读书"的重要性,并以欧阳修的《读书诗》结尾。汪辟疆援引古今史实,结合生平读书经验,在传授读书方法时亦鼓励读书之志。据说,当日书面演讲稿流布以后,"见者皆许为平实有效之言,非惟中文系宜知,即他系及公务人员有志读中国书者,皆宜置座右"⑦。

---

① 参见邓咏秋、李天英编《中外推荐书目一百种》,陕西师范大学出版社,2001 年,第 29 页。
② 汪辟疆:《汪辟疆文集》,上海古籍出版社,1988 年,第 63 页。
③ 汪辟疆:《汪辟疆文集》,上海古籍出版社,1988 年,第 63 页。
④ 汪辟疆:《汪辟疆文集》,上海古籍出版社,1988 年,第 66 页。
⑤ 汪辟疆:《汪辟疆文集》,上海古籍出版社,1988 年,第 67 页。
⑥ 汪辟疆:《汪辟疆文集》,上海古籍出版社,1988 年,第 72 页。
⑦ 王余光、徐雁主编:《中国读书大辞典》,南京大学出版社,1993 年,第 208 页。

五、学术贡献

汪辟疆一生读书不倦,著作颇丰,尤以目录学、唐人小说和近代诗歌研究傲立于学林。此外,汪辟疆终身投入教育,因此其所作研究与教学工作息息相关。他的目录学代表作《目录学研究》,收录了6篇目录学论著,"皆历年在中央大学与诸生讲习所得者也"[①]。他在担任中央大学国文系副教授时,凭借常年苦读的经验积累,为学生开列书目,传习方法,指引治学之门径。他所做的这些工作,后来皆收入《汪辟疆文集》中,列为《读书举要》《工具书之类别及其解题》《读书说示中文系诸生》三题。此外,汪辟疆在唐人小说和近代诗歌研究上用力尤勤,著有《唐人小说》《光宣诗坛点将录》《近代诗派与地域》《方湖诗钞》等。汪辟疆去世后,其授业之徒,著名文史学家程千帆先生受其长子之托,整理其遗集,汇成近70万字的《汪辟疆文集》,辑录了汪辟疆专著之外的论文、杂著和诗篇,结合已印行的几部专著,使世人对汪辟疆的读书经历和治学脉络有了比较系统和全面的认识。

纵观汪辟疆先生的一生,于己乃勤奋治学,广泛涉猎,既博且专,遍览经、史、诗歌、小说,而致力之勤尤在目录学,国学大师的名号属当之无愧;育人则主张"提要钩玄,是为要务",开列要籍,指引读书之法,勉励后学要先打下深厚根基,之后方可治学。

[①] 汪辟疆著,傅杰校:《目录学研究》,华东师范大学出版社,2000年,"序"第1页。

第二节 蒋伯潜

一、生平

蒋伯潜（1892—1956），名起龙，又名尹耕，以字行，出生于浙江省富阳县新关村，1915年考入北京高等师范学校国文系，师从钱玄同、马幼渔，深受其影响。1919年毕业，经系主任陈宝泉先生推荐，至浙江嘉兴省立第二中学任教。曾先后在浙江省杭州第一中学、第一师范、女子中学、杭州师范、台州六中等校任教[①]。1938年，蒋伯潜赴上海大夏大学、无锡国学专修学校任教，兼任世界书局特约编审。抗战胜利后曾出任杭州师范学校校长。中华人民共和国成立后，任浙江图书馆研究部主任，后转入浙江文史馆任研究员。1956年在杭州逝世。

二、学术论著

蒋伯潜是近代著名的经学家和教育家，在经学、文学、目录学方面造诣颇深，其文献学领域的主要著作有《校雠目录学纂要》

---

① 参见蒋伯潜《校雠目录学纂要》，北京大学出版社，1990年，第177—181页。

《诸子通考》《十三经概论》等。

《校雠目录学纂要》。该书是蒋伯潜 1941 年应朱自清之邀拟赴西南联大任教前所写的讲义，后因交通阻塞，未能去昆明，遂誊抄书稿，一份交正中书局，一份寄朱自清。朱自清在得到此稿后给蒋伯潜回信，大意是：此稿博采众搜，时多卓识，总觉大驾不能来昆，深为学生惋惜。① 此书 1990 年由北京大学出版社重版。此部目录学专著诞生于中国目录学和目录学史研究的一个高峰期。因此，欲立于时、传于世，需有独到之处，蒋伯潜的著作做到了这一点。其独到之处诚如朱氏所言，一为博采搜，一为多卓识。该书分上、下两编，上编为《校书编目学的历史》，下编为《校雠目录学的内容》。《校雠目录学纂要》在校雠学和目录学的历史、内容和方法方面甚有见地。北京大学出版社"出版说明"对它的评价"材料丰富，叙述简明，对一些重要问题常常博采众说而加以裁定，虽然是四十多年前的著作，在今天看来仍有其学术价值"② 是很恰当的。

《诸子通考》。1945 年蒋伯潜应上海市立师范专科学校校长董任坚之邀，赴沪任上海师专中文系主任兼教授。任教期间，撰成《诸子通考》。1948 年由上海正中书局出版，1985 年浙江古籍出版社重版。《诸子通考》是蒋伯潜诸子文献研究的重要成果，也是国内诸子学研究领域内的重要著作。在撰成《诸子通考》之前，蒋伯潜做了大量的基础性工作，如为世界书局编写了中学国文辅导自学读物高中六册中的《诸子与理学》、在重庆正中书局出版了《国学汇纂丛书》中的《诸子学》等。观此二书，以普及国学知识为主。撰成《诸子通考》，是水到渠成之事。鉴于"考其书而遗其人"现

---

① 蒋伯潜：《校雠目录学纂要》，北京大学出版社，1990 年，第 180 页。
② 蒋伯潜：《校雠目录学纂要》，北京大学出版社，1990 年，"出版说明"。

象的存在，蒋伯潜在《诸子通考》的体系上作了特别的安排。将全书分为上、下两编，上编为《诸子人物考》，下编为《诸子著述考》，一并收罗重要者与非重要者，考其书而不遗其人，考其人而不遗其书，相互比照，故名曰"通考"。书末有附录两种：《〈汉志·诸子略〉十家著述统计表》《现存诸子重要著述表》。其中，《〈汉志·诸子略〉十家著述统计表》著录存书、亡书、伪书共计191种，存书又以"完本""缺本""残本"分之，举其重要者，历举其书名、主人及重要校注，不列亡书、伪书及存书中之不足观者。该附录实际上是学习诸子学的一份推荐书目。《诸子通考》既富有学术价值，又可作为青年学者研究诸子学的向导。撰成之时，蒋先生还完成了一部《诸子索引》，对22部子书、共计220万字左右的内容进行了索引，交给上海正中书局，可惜未能出版。蒋伯潜对资料整序工作极为重视，对后学而言，颇有"前人种树"之功德。蒋祖怡认为《诸子通考》就遗著而"有所发挥，有所发展，功同创制"①。这是有一定道理的。正是蒋伯潜发挥和发展的部分使得《诸子通考》别具一格。

《十三经概论》。1938年起，蒋伯潜先后任教于大夏大学、无锡国学专修学校，于两校开设"经学通论"课。因其自幼熟读"十三经"，讲课时能自出机杼，深受学生好评。为配合讲课，蒋伯潜开始撰写《十三经概论》："首录解题，次述内容，俾教者可省编纂之劳，学者可得诵习之资，有志深造者亦可先获一概念焉。"② 这部书稿共50万字。1944年由上海世界书局出版，1983年上海古籍出

---

① 蒋伯潜：《诸子通考》，浙江古籍出版社，1985年，第2页。
② 蒋伯潜著，蒋绍愚导读：《十三经概论》，上海古籍出版社，2010年，"自序"第4页。

版社重版。此外，蒋先生还有《经与经学》《经学纂要》存世，此二书带有国学"普及"性质，相比之下，《十三经概论》更能代表蒋伯潜经学及经学文献研究水平。《十三经概论》的一个显著特点是将《论语》《孟子》二书作分类叙述。在第七编《论语概论》中，第三章到第七章的标题分别为《论语论道德》《论语论修养》《论语论教学》《论语论政治》《论语记孔子》；第八编《孟子概论》中有《论性》《论政》《论修养与教学》《论处世》《论古与辟异》。

三、目录学思想

诸家之中或有由校雠学包举目录学，或有由目录学替代校雠学的，唯有蒋伯潜并举"校雠""目录"。一直以来，被普遍接受的是"校雠学"，宋郑樵有《通志·校雠略》，清章学诚有《校雠通义》，然自清以来，随着学术研究的专门和深化，出现了时人所称之"目录学"，章学诚对此有过抨击。

章氏之后，学者就该用"校雠学"还是"目录学"作为学科名称有过一些争论。蒋伯潜指出，刘向、刘歆的校勘文字将校雠与目录贯为一体，校书编目当自刘向、刘歆为开端，校雠学成为一门学问，则是自宋郑樵《校雠略》和清章学诚《校雠通义》始。然而郑、章二人都侧重目录，他们所说的校雠学实为包括目录学在内的广义校雠学。民国时期，胡朴安、胡道静《校雠学》，蒋元卿《校雠学史》，刘咸炘《校雠述林》《续校雠通义》所论的校雠学均为广义校雠学。根据实际情况，蒋伯潜说道：

目录学已与狭义的校雠学分道扬镳，以附庸蔚成大国了……"校雠"与"目录",虽已如湘漓之分流,终不能谓为毫无关系。本书旨在纂述广义的校雠学之大要,但为使读者易于明了所述范围计,故并举"校雠""目录"二者以名之。①

他认为,广义的校雠学当兼有校雠与编目之学,包含版本、辑佚、辨伪的学问,"校雠目录学是'治书'之学,是研究学问的基本工作"。②

胡朴安、胡道静《校雠学》把校读古书的工作归纳为通训诂、定句读、征故实、校异同、订羡夺、辨声假、正错误、援旁证、辑佚文、稽篇目,共计10个方面。蒋伯潜指出,胡氏所说的"分理群籍"指校勘而言,"合理群籍"则指编目而言,"订羡夺"正错误"是校正文字,"定句读"也与校正文字有关,是校勘工作的第一步;"稽篇目"方可进而"定书名",是校勘工作的第二步。通过总结前人的校雠目录的工作和自身校雠的实践,蒋伯潜把校雠目录工作概括为三步八项:

第一步,准备工作,是"书籍底征求";第二步属于"校勘"的本身工作,是"文字底校正","书篇底厘定","叙录底撰述",属于校勘的引申工作,是"佚书底搜辑","伪书底鉴别";第三步属于"编目"的本身工作,是"书籍的分类","学术底论次"。③

从校勘的准备、本身和引申工作层面出发,蒋伯潜全面叙述了

---

① 蒋伯潜:《校雠目录学纂要》,北京大学出版社,1990年,第3—4页。
② 蒋伯潜:《校雠目录学纂要》,北京大学出版社,1990年,第4页。
③ 蒋伯潜:《校雠目录学纂要》,北京大学出版社,1990年,第82—83页。

校雠目录学的工作内容，进一步明确了校雠目录学的内容。

长期以来，目录学史基本上都是按照时代之先后的"史"的序列来完成的，姚名达的《中国目录学史》是个突破。姚名达认为："在中国目录学史中，时代之精神殆无特别之差异……依史事之所宜，采多样之体例，以蕲体例为史事所用而史事不为体例所困……"①《中国目录学史》正是按照这一指导思想组织内容的。这一做法的优点在于：其一，使得持之一贯的目录学精神不因时代的划分而割裂；其二，避免了由于目录学史的断代和朝代不完全重合导致的人为的不确切划分。蒋伯潜可能是看到了这两点，对《校雠目录学纂要》的结构也作了独到的安排，该书上编的第一章到第四章按照时代先后叙述校雠目录学发展的历史，第五章到第九章按照"主题分述法"阐述史志、专门、宗教和特殊目录的发展历史。并且不全然按照朝代来划分，颇似现代人文社会学科建构的模式。

蒋伯潜博采众搜，取各家之长，这在《校雠目录学纂要》中有所体现。如在叙述刘向、刘歆的工作的时候，蒋伯潜根据史料，概括出"十端"，即最初的目录工作囊括的十个方面的内容：校勘脱简脱字及文字之异、校正误字、厘定编次、订定书名、鉴别伪书、介绍作者、解释书名、评述内容、叙述源流、述校雠目录学的历史。② 此"十端"说很好地概括了刘向、刘歆开创的叙录体的特点，与姚名达"八条"说和张遵俭"三个组成部分"说一起被当时目录学者所认同。

---

① 姚名达：《中国目录学史》，商务印书馆，2014年，第17页。
② 参见蒋伯潜《校雠目录学纂要》，北京大学出版社，1990年，第16—18页。

四、文献辨伪思想

辨伪是文献学学科体系中的重要一项。民国时期,辨伪盛行,这是有原因的。一是明清两代辨伪成果,尤其是清代考据之学的成果,反映了一个客观事实,即伪书很多;二是民国时期,国学盛行,而国学研究必然绕不过对古代著作的研究;三是凭借的资料不真实,则研究成果必然不真实,这种观点深入人心,正如梁启超先生所言:"研究的基础,先不稳固,往后的推论、结论,更不用说了。"[①] 这种思想及发展态势也深深地影响了蒋伯潜先生,这在《诸子通考》和《十三经概论》中均有所体现。

《诸子通考》以"孔子"为诸子中最早一家,以《论语》为最早的诸子著作,此乃蒋伯潜继承其父《史记孔子世家考》中的观点,直接挑战了盲目崇经论者。但其父在发表这一观点时遗漏了重要的一点:考诸子著述诸篇中独无《论语考》。因为诸篇范围来自《汉志·诸子略》,而《论语》在《汉志》中是入《六艺略》的。蒋伯潜对此进行了补正。此种安排直接涉及的是《论语》的定位问题。蒋先生的观点是,《论语》的"经"的地位是逐渐形成的,一开始从属于诸子著作。这在事实上也是成立的。这凸显了蒋先生在打破原有的知识谱系,对文献及其内容进行分类和再整理方面的努力。

《诸子通考》对伪书、伪人、伪事有一定的考证。如《诸子通考》凿凿有据地证明了古书中的老子乃迷离之人物,认为"老子"

[①] 梁启超:《梁启超全集》(第九册),北京出版社,1999年,第5009页。

是个通称而非专名，"'老子'为一般年老学者之泛称，道家所宗之老聃又为传说虚构之人物"①，反对将老子作为诸子之开祖，《诸子通考》结构编排也体现了这个观点；认为《老子》是战国时人拾掇道家之言以成书，非老子过关时自著，蒋先生在附录《现存诸子重要著述表》中也详细注明了这一点。《诸子通考》包括大量的伪书考和部分亡书考。"亡书，固不易考，且似不必考；伪书之待考，则尤甚于他书。"②伪书考的篇目有《太公六韬》《鹖子》《关尹子》《文子》《公孙龙子》《慎子》等。可见蒋伯潜在辨伪方面尤为着力。对于不易考的亡书，蒋伯潜的《儒家亡佚之书考》也是极为可观的。

《十三经概论》在内容上不蹈前人之窠臼，对于一知一见，大多能旁征博引，加以证实。依据著作相互之间的关系和地位，蒋伯潜将十三经分为"经""传""记""训诂"。对一些概念也作出了具有启发性的解释，如在肯定"仁"是"人与人相接触相处之道德之总称"后，曰：

父母之慈，子女之孝，兄弟姊妹之友，夫妇之爱，朋友之信，皆可谓之仁，特以其地位关系之不同，分化为各种德目而异其名耳。③

蒋伯潜曾对历史说法提出创建性解释，如论及"素王"之称，曰：

---

① 蒋伯潜：《诸子通考》，浙江古籍出版社，1985年，第185页。
② 蒋伯潜：《诸子通考》，浙江古籍出版社，1985年，"自序"第2页。
③ 蒋伯潜著，蒋绍愚导读：《十三经概论》，上海古籍出版社，2010年，第341页。

昔贤多称孔子为"素王"。……素,空也,谓空设一王之法,即孟子"有王者起,必来取法"之意,非孔子自称王,亦非真称鲁为王也。……而郑玄《六艺论》谓"孔子自号素王",杜预《春秋左传序》又以孔子为素王,左丘明为素臣,其说泥矣!……孔子非妄人,岂真欲及身见其弟子颜渊、仲弓王天下哉?观于此,可以悟《春秋》之当新王,不过"借事明义",藉以见其理想的政治主张;"托之空言,不如见之行事",故借鲁史所记之事,作《春秋》以见其义而已。①

对于治《穀梁》不如治《公羊》者多的现象,蒋伯潜认为是"《穀梁》言义不及《公羊》之大"②所致。此种见解,可谓不胜枚举,体现了蒋伯潜的疑辨思想。

五、学术贡献

蒋伯潜毕生致力于学术研究,在治学上,深研经学,兼及诸子之学、校雠目录之学、文字之学等,一生笔耕不辍,著述颇丰。他博采众长,对文献学的概念、历史、内容有着启发性的研究,他的《校雠目录学纂要》一书囊括校雠和目录,全面系统地建构了文献学的基本学科模式,《诸子通考》《十三经概论》旨在对史料文献进行再整理,对历史说法有着创新性的思考。自1939年起,蒋伯潜撰写了一系列文献学著作,如《诸子与理学》《经与经学》《经学》《诸子学纂要》《诸子索引》等。这些著作在学术见解、阐释重点、资料取舍与安排等方面多具独到之处,兼有知识性、资料性和学术

---

① 蒋伯潜著,蒋绍愚导读:《十三经概论》,上海古籍出版社,2010年,第298—299页。
② 蒋伯潜著,蒋绍愚导读:《十三经概论》,上海古籍出版社,2010年,第279页。

性,不少随书附录也极有参考价值。

第三节 孙殿起

一、生平

孙殿起(1894—1958),字耀卿,号贸翁,生于河北冀州孙杜村,祖辈务农为生。11岁始入私塾就读,勤奋好学,曾得老师以"用心可嘉"之评语。后为生活所迫,无以为继,15岁辍读,经父亲友人引介至北京琉璃厂宏京堂书坊经理郭长林(同为冀县同乡)门下,开始了三年的学徒生活。孙殿起即是在如此环境中打下了坚实的专业基础,三年学徒期满后,继续留在店中工作,直至1912年辞去宏京堂书坊职务,独自经营一年。1913年由友人荐至西琉璃厂鸿宝阁书店任司账,1916年辞鸿宝阁司账职,1917年任文昌会馆会文斋书肆司账兼店员。1919年,孙殿起谢绝了会文斋的优厚待遇,与著名学者伦明合作开设通学斋书肆,任经理(即专业经理人)一职。为广纳书源,孙殿起于1930年至及1939年数度南下访书,足迹遍及天津、济南、南京、镇江、扬州、上海等地,访购罕见传本藏书,得书多种,其中两笔较大的生意是广东顺德辛仿苏及浙江新安江汪云荪的一批藏书。1956年11月,中国书店聘孙殿起为《古旧书刊介绍》编辑委员。1958年，孙殿起在北京逝世。①②③

二、学术论著

孙殿起精于考证和版本鉴别，是近代知名的版本目录学家和藏书家。他所编撰的图书有《丛书目录拾遗》《贩书偶记》《北京竹枝词选集》《清代禁书知见录》《慈仁寺志》《台湾风土杂咏》《各省竹枝词汇编》《琉璃厂小志》等书稿，其中以《贩书偶记》最具代表性。

《贩书偶记》，1934年由通学斋书店首次刊印。北京琉璃厂借闲居于1936年刊刻印刷600部。1948年，正中书局据借闲居刻本影印出版。1959年中华书局上海编辑所进行了修订重印，1982年，上海古籍出版社据中华书局版修订重印。1999年上海古籍出版社再次印行《贩书偶记》并附《续编》，后附雷梦水的正误补遗和四角号码索引。孙殿起根据多年经手或目睹的书目，编撰《贩书偶记》及其《续编》，有效地补充了《四库全书总目》的不足。《贩书偶记》主要收录清代及1911年至1935年间的著作，同时也收录少数明代著作，凡见于《四库全书总目》者概不收录，因此可以看作是《四库全书总目》的补充。该书所有书目均著录其书名、著者、著者籍贯、卷数、刊刻信息、版刻特点、篇目内容等，是查找清代

---

① 沈俊平：《清末民初版本目录学家叶德辉与藏书家和版本目录学家之交往活动》，《书目季刊》2006年第1期。
② 胡适：《论治学方法——给王重民君的一封信》，《图书季刊》1944年第1期。
③ 刘尚恒：《二徐斋说书》，河北教育出版社，2004年，第135—142页。

文化著作的重要参考工具书。

作为《四库全书总目提要》的补充，孙殿起的《贩书偶记》一书共收录唐、金、宋、明、清和民国时人撰写或编辑的著作近万种。历史学家黄永年先生曾说道："至于专记清人、民国初年人著述版本的，有当年通学斋旧书店主孙殿起的《贩书偶记》和近年经孙氏外甥雷梦水整理出版的《贩书偶记续编》两书"。① 日本学者吉川幸次郎评价《贩书偶记》为"备见苦心，琳琅满目"②。《贩书偶记》收录的是《四库全书总目》未收之书，还包括部分民国时期的著作。据学者统计，《贩书偶记》著录书目 9193 种，其中唐前 5 种，唐 11 种，宋 9 种，元 17 种，明 450 种；《贩书偶记续编》著录书目 5909 种，其中唐前 16 种，唐 22 种，五代 1 种，宋 75 种，元 51 种，明 955 种。这些还不包括经过清代人注释的前代作品，明清之际、作者未标明年代的作品，以及民国时期的著作。《贩书偶记》及《续编》著录的民国年间出版的书目数以千计，其中不算作清人著作的约要占半数以上。③ 例如，集部的"别集类"收录顾炎武《日知录之余》四卷、《亭林文集》六卷、《亭林余集》一卷、《亭林诗集》五卷和《亭林诗稿》六卷；史部的"传记类"收录吴映奎《顾亭林年谱》一卷；"小学类"收录马叙伦《说文解字研究法》，钱玄同《文字学音篇》《国音沿革》，魏建功《古音系研究》；陈垣、王重民、许之衡、吴梅、刘文典的著作也在收录之列。

---

① 黄永年：《古籍整理概论》，陕西人民出版社，1985 年，第 22 页。
② 赵明奇：《书商学行亦流芳——记目录版本学家孙殿起、雷梦水先生》，《中国典籍与文化》1998 年第 1 期。
③ 参见东甫《说〈贩书偶记〉》，《阅读与写作》2008 年第 6 期。

二、目录学思想

孙殿起侧重搜集清代著作资料与清代版本目录学的研究著作。在图书分类方面，孙殿起认可四部分类法的基本大类。在《贩书偶记》中，孙殿起沿用的是四部分类法，共计 59 类 83 门：经部 22 类，分易、书、诗、周礼、仪礼、礼记、春秋左传、春秋谷梁传、春秋总义、论语、学庸、孟子、四书、尔雅、纬书、石经、小学等类；史部 18 类，分正史、编年、纪事本末、古史、别史、杂史、传记、姓名、时令、地理、职官、政书、书目、金石等类；子部 14 类，分儒家、兵家、法家、农家、医家、天文算学、术数、艺术、杂家、类书、小说家、道家等类；集部 5 类，分楚辞、别集、总集、诗文评、词曲类。各二级类目之下，又划分为若干类目，按照内容以子目或者附录的形式存在。

虽然好友伦明在给孙殿起的书信中提及《续修四库全书总目提要》修撰事项时提到，"分经、史、子、集四大类，而经之中亦不必分易、书、诗、春秋、礼等类，但系经即归一处，集部亦不分时代先后，惟该书系诗文或他杂著，则列明××堂文集若干卷、诗集若干卷或札记若干卷（此类要详，勿略），某人著、何时刻板便得"[1]，即将经类归集一处、集部不分时代。但孙殿起在《贩书偶记》中还是采用了四部分类法，按照内容、体裁、年代和地区分类，使读者可以触类旁通，充分了解同一类型的书目。

---

[1] 孙耀卿口述，雷梦水整理：《记伦哲如先生》，载中国人民政治协商会议北京市委员会文史资料委员会编《文史资料选编》（第 12 辑），北京出版社，1982 年，第 180 页。

尽管采用的还是传统的四部分类法,但孙殿起在《贩书偶记》的各类目之下,也作了相应的调整。例如礼类详细分为周礼、仪礼、礼记、三礼总义,春秋类细分为春秋左传、春秋公羊传、春秋穀梁传、春秋总义,四书外增设尔雅、纬书、诸经总义、石经、小学等类目,清代"别集类"分为"顺治至康熙、雍正至乾隆、嘉庆、道光、咸丰"五部分,集部的"总集类"下设"闺秀"类,子部的"医家类"增设"妇科""外科""眼科""喉科"等。这些类目的设置适应了图书类目和民国时期图书资料快速增长的发展需求,反映了孙殿起已具备科学分类的初步意识,关注分类方法的现实需求。

图书版本信息与流传情况对于考察书籍的装帧形式、刊刻信息、刊刻特点、流传历史有着重要的参考价值。孙殿起注重版本的作用,他认为书籍的作者、内容、版刻、流传等是研究图书版本的重要因素。因此,在《贩书偶记》中,孙殿起对所收录图书的年代、版本较为考究。依照书名、卷数、作者姓名籍贯、版刻年代、四库著录情况等,《贩书偶记》详细记载了图书的版本信息。版本著录是《贩书偶记》的重要特色,对于刻本的书坊和年代,孙殿起都有所著录,注明刊印本的"精刊""重刊"或"木活字本""铅印本"事项,以及写本书的"底稿本""初刻稿本"或"旧抄本""传抄本"等,并附有部分关于版本异同、图书作者和内容的说明。例如,《艺林汇考》四十卷注:"吴江沈自南撰,康熙间刊。此书凡五篇,一栋宇篇十卷,二服饰篇十卷,三饮食篇七卷,四称号篇十二卷,五植物篇一卷。四库著录二十四卷。"[①] "《尚书集注音疏》十二

---

① 孙殿起录:《贩书偶记》,中华书局,1959年,第271页。

卷,《尚书经师系表》一卷,吴县江声撰,乾隆五十八年(1793)刊篆字本。卷一第二页十三行发公羊墨守箴左氏膏,盲起穀梁废,疾以难何休等十九字后印本移在前十一行。错乱不堪,印工亦劣。"① 此两则分别叙述了图书的版本内容信息和版本优劣情况。

《贩书偶记》对于书籍的版本和年代都有着详细的条目记载,这为研究书籍的版本源流提供了重要信息,也有助于研究官刻本、坊刻本、家刻本等不同形式的版刻形态。例如:"《左传通释》十二卷,高邮李惇撰。道光间刊卷五至卷十,又卷十二,共七卷,原阙。此版后归其地王氏,王氏将其第十一卷抽出,并将李氏著书之名铲去,易以王士濂之名,至每卷首尾两版版心增刊'鹤寿堂丛书'五字。"② 在该条目中,我们可以详细了解《左传通释》的版本流传、作者与刊刻信息,即原书是李惇撰写,图书版本归于王氏后,作者由李惇更改为王士濂,并加上"鹤寿堂丛书"字样。

据学者统计,《贩书偶记》涉及作者师承关系的条目有157种,收录女性所著图书有896种。除此之外,《贩书偶记》对于海外作者所著或抄写的汉学图书也有着相关记载,如"《管子纂诂》二十四卷附《纂诂考讹》一卷,日本日南安井衡撰,庆应间精刊(即同治六年刊)。按衡字仲平,号息轩,博学多识,著书甚夥,尤长于《管子》一书,考证精洽。德清戴氏《管子校正》多出此书,近见一部,多《补正》一卷,明治间刊"③,《管子纂诂》所附《纂诂考讹》一卷作者是日本人日南安井衡,他善于考证研究《管子》,德清戴氏《管子校正》中的内容多出自该书。

---

① 孙殿起录:《贩书偶记》,中华书局,1959年,第13页。
② 孙殿起录:《贩书偶记》,中华书局,1959年,第37页。
③ 孙殿起录:《贩书偶记》,中华书局,1959年,第223页。

作为中国儒学的代表性著作，《论语》在海外有着悠久的传播历史。《贩书偶记》卷三"论语类"中，孙殿起对《论语》于清代时期在日本的著述刊刻与流传情况进行了集中记载，现摘录如下：

缩临古本《论语集解》十卷　魏何晏撰　日本天保八年精刊 即道光十七年刊

《论语古义》十卷　日本洛阳伊藤维桢撰　正德二年壬辰其子伊藤长胤刊 即康熙五十一年刊 文政十二年己丑古义堂再刊 即道光九年刊

《论语征》十卷　日本江都物茂卿撰　无刻书年月。约享保间精刊，即雍正间刊

《非征》二十卷　日本大阪中井积善子庆撰　旧抄本　与物茂卿争论门户之书。闻人言，尚有非物一种。未见

《论语古训》十卷　日本信阳太宰纯撰　元文四年己未江都书肆嵩山房刊 即乾隆四年刊

《论语古训》外传二十卷《附录》一卷　日本信阳太宰纯德夫撰　延享元年精刊 即乾隆九年刊 太宰，纯物茂卿之高弟

《论语汉注考》残本二卷　日本海保元备撰　旧抄本　存卷第二"为政"，卷第九"子罕"①

由以上记述可知，仅清代一朝，《论语》在日本学者中有着较高的关注度，以物茂卿为代表的日本学者对《论语》展开了较为深入的研究，并刊刻了诸多书籍，研究《论语古训》。这些记载为考察中外文化交流的历史提供了颇具价值的历史资料。

自古以来，编纂版本目录者，多为官方机构，有政府作为强力

---

① 孙殿起录：《贩书偶记》，中华书局，1959年，第44页。

后盾，如清代之《四库全书总目》；另一为私人大藏书家，如张元济（字筱斋，号菊生）之于《涵芬楼秘笈》。①孙殿起以一介书贾之力编纂完成《贩书偶记》，实属罕见。先不论其在专家学者中的评价如何，有人认为孙殿起的《贩书偶记》等著作并不能算是"著作"，因为缺乏自我独创性。但正如胡适先生曾劝慰王重民先生："学术工作有'为人'与'为己'两方面……你信上说的'铢积寸累，由少成多，即是本分以内之成功'，即是我说的'为己'之学，是做学问的根本途径。……把结果公开于世，使世人同享受我自己辛苦得来的一点成绩，使人人因我的辛苦而减少他人的辛苦，这就是'为人'。"②这套说法应用在孙殿起身上，正是最佳写照。

1934年，通学斋书店出版了孙殿起编撰的《丛书目录拾遗》一书。该书的编纂是对沈乾一《丛书书目汇编》、刘声木《续补汇刻书目》和杜联喆《丛书书目续编》的补充。在上述三本书目的基础上，孙殿起增补丛书子目共计523种。伦明在该书的序言中写道："余阅其书，叹其包举巨细，依类排比之中自有月旦。今之言目录者，未有如君者也。往者丁钝、丁施砚北身涸市廛不废著作，此士而为商者也。君则商而为士，盖与宋之陈起同流。是书出而江湖群贤诸集不得不擅美于前矣。"③《丛书目录拾遗》出版以后，陈垣、伦明、徐鸿宝、孙人和、张鸿来等建议："辑书须有原委，使览者若饮河流而知昆仑星宿所出，殊无汉漫穷搜之苦为可尚也"

---

① 徐雁平、武晓峰：《现代书商和中国典籍的聚散》，《图书馆》1997年第5期。
② 耿云志：《胡适年谱》（修订本），福建教育出版社，2012年，第255页。
③ 中国人民政治协商会议北京市委员会文史资料委员会编：《文史资料选编》（第12辑），北京出版社，1982年，第176—180页。

"关于实用之书，均可写记，不必限以丛书一类也"。① 在这些原则的指引下，孙殿起在著录与编辑书目时更加注重图书的出处与实用价值，成为了经营古旧书业的目录学家，并得到了学界的认可。

《丛书目录拾遗》与《贩书偶记》及其《续编》是孙殿起图书分类思想的充分体现，其思想受到了伦明、缪荃孙、叶德辉等目录学家的影响。值得注意的是，孙殿起将丛书一类单独列出，并未与《贩书偶记》中的书目合并编撰。无论是篇幅还是类别的限制，我们无从得知采用这一编撰体例的原因。可见，孙殿起的分类思想并未完全跳出四部分类的范围，而是在四部分类法基础上的局部修补。

1957年，孙殿起编撰的《清代禁书知见录》由商务印书馆出版。该书是孙殿起对陈乃乾《索引式的禁书总录》的补充。按笔画顺序，孙殿起补充了陈氏书目的卷数、著者、籍贯、刊刻年代等内容，与《贩书偶记》及其《续编》互为参考，完善了清代书目的编撰工作。由于孙殿起强调书目的真实性，他对书目的研究主要来源于琉璃厂亲眼所见图书，因此造成了书目种类的局限性，部分版本尚未收录，但依然可作为《四库全书总目》的有益补充。

四、藏书思想

自进入北京琉璃厂工作以后，孙殿起毕生从事图书收集、撰述和整理的相关工作。在会文斋书店，孙殿起不仅受到了书店经理——《培元经眼书目》作者何厚甫先生的重视，更是结识了对其

---

① 中华书局编辑部编：《学林漫录 五集》，中华书局，1982年，第58页。

学术研究影响一生的伦明先生。琉璃厂的经历是孙殿起接触古籍目录知识的起始，奠定了其日后学术生涯的发展基础。孙殿起善于记录所见图书，苦学深研，废寝忘食，校读版本，辨异析疑，识其价值，以增加古籍鉴别能力。伦明曾称赞道："君博览而强记。其博览也，能详人所略。他人所究者，宋元明版本耳。君于版本外，尤留意近代汉宋学之渊源，诗古文辞之流别，了晰于胸，随得一书，即能别其优劣……君最勤，析疑辨异，恒至午夜，饥忘食，倦忘息……君生平所寓目，皆有记录，积稿厚逾尺。比者，整理删剟成《贩书偶记》若干卷，又以顾修以下举丛书目录者，无虑十数家，俱不免有所漏略，又成《丛书目录拾遗》若干卷，将次第刊布之。余阅其书，叹其包举巨细，依类排比之中自有月旦，今之言目录者，未有如君者也。"[1]

在图书收集过程中，孙殿起注重考究版本，力图多元购求，既广泛搜集罕见传本，也借书抄录、影印出版，以飨后世。同时，他也重视图书内容与版本的校对，坚持考证图书作者与出版年代，兼收多种有价值的版本，力图做到精益求精。仅1930年11月至1931年1月，孙殿起便途经天津、济南、南京、镇江、扬州、上海等多个地区，采访罕传考据之书，对访书日期、访书地址、书名、卷数、作者、刊刻信息等都有着详细记载，这些资料可以帮助读者进一步了解中国近现代书业文化发展史。[2]

近人谢兴尧在《书林逸话》中称赞孙殿起"专收冷僻版本，不走大路，以其能合时代，获利最丰"，为旧书业的人才之一。

对于孙殿起的图书收藏观念，我们可以从《贩书偶记》的"略

---

[1] 东莞图书馆编：《伦明全集》，广东人民出版社，2012年，第452页。
[2] 孙殿起遗著，雷梦水整理：《庚午南游记》，《文物》1962年第9期。

例"中窥其大概：

一、涉目所及，随笔记之，积久成帙。自明以上，《四库全书总目》搜罗略备，故未之及。

二、非单行本不录，间有在丛书中者，必系初刊单行之本，或是抽印之本，非泛及也。

三、凡见于《四库全书总目》者概不录，有之必卷数互异者。

四、书中著作者籍贯刊刻年代，俱详注本书下，以备忻慕乡哲者之甄择。

五、一书有见于前而仍见于后者，必系卷数不同，或有他较异之处。

六、编次匆匆，其间分类部居，或有不甚妥善者，又或间有不知而误复者，俟再版时再为订正。①

从以上论述中可知，孙殿起遵循只收录单行本图书的原则，考察作者籍贯、刊刻年代等信息，并重点关注清代及以后时期的图书收藏。他的图书收藏理念来源于日常的图书整理工作，这体现在他的访书实践之中。

1912年，孙殿起在隆福寺聚珍堂见到康熙年间罕传本——宁都曾灿辑《过日集》残本数册，内缺三处。此时孙殿起已离开会文斋书店，但曾记得会文斋亦有残本数册。孙殿起便将两处残本相对，合为全书，由此，《过日集》全册散而复聚，重见于世。孙殿起的这一版本鉴别事件也在书肆传为佳话。1931年夏，孙殿起南下访书至上海，得罕传本——清代嘉庆年间梅花书院原刊本《二洪

---

① 孙殿起录：《贩书偶记》，中华书局，1959年，"略例"。

遗稿》一部，并于同年影印三百余部，还为其撰写序言。在序言中，孙殿起写道："《二洪遗稿》歙洪朴、洪榜兄弟撰，约嘉庆间刊，世鲜传本。偶见者，惟文诗而已。遗稿之目，不载正续《汇刻书目》。近见庐江刘氏直介堂《汇刻书目补》载《四声韵和表》《广韵》《示儿切语》三种，注云未刊，是仍未见全书也。余夏间漫游沪上，于书肆偶得是书，不胜狂喜。迩来学者盛研究音韵，读《书目答问》知有是书，而不知其全，且怅恨未得寓目者，比比然也。爰将原本亟付影印，以慰士林之渴望云。"①

由此可见，孙殿起对古籍搜集与藏书价值的判定并非主观臆想，而是根据《书目答问》《汇刻书目》等目录学著述，追根溯源，考究版本，做到质量与内容并重。

孙殿起数次访书成果丰富，访得珍本、善本无数，更是留下了《丙子南游记》《庚午南游记》《贩书偶记》等珍贵记载。除了传统的访书、购书外，孙殿起还将借书、刷印、抄书等方式作为补充，以此丰富图书收藏的种类与数量。1932 年，孙殿起在南下访书期间，至高邮王士濂家借其家刻本《鹤寿堂丛书》刷印十余部，并撰写序跋、附以编目。同年，孙殿起游览护国寺，于姚大荣家购得藏书一批，尤以清代实用考据书籍为多，其中不乏有清代陈逢衡所撰《逸周书补注》《山海经汇说》《穆天子传注补正》，清代雷学淇所撰《考订竹书纪年》《校辑世本》等罕见传本。1952 年，孙殿起在西晓市偶然发现清代初期朱一是《为可堂初集》（有文无诗）八册，因卷数不全，仅有卷八至卷五十四部分，因而未购买。次日至市，发现前七卷出售，随即打听购买者，将卷八以后册数购回。

---

① 中华书局编辑部编：《学林漫录 五集》，中华书局，1982 年，第 55—56 页。

中国藏书自古以官刻本、家刻本为上品，坊刻本因有商业目的而受到忽视。学者对北京琉璃厂书肆的研究始于清代李文藻《琉璃厂书肆记》。自近代叶德辉《书林清话》考证宋、元、明三代坊刻书籍以来，坊刻本逐渐引起学者关注。1911年，缪荃孙延续李文藻《琉璃厂书肆记》的写作风格，撰写《琉璃厂书肆后记》，记载书肆字号名称、业主姓氏籍贯、经营情况以及自己的购书情况。20世纪30年代，孙殿起撰写《琉璃厂书肆三记》一文，记述书肆业主姓氏里籍、开歇业时间、经营特点、版本收售和历史变迁等特点，收录经营书业者216户，兼北京市其他书业80多户。《琉璃厂书肆三记》是孙殿起对李文藻、缪荃孙两记的延续，并首次以卖书人的角度，侧重记载清末民国年间琉璃厂书肆的发展情况与店铺沿革，反映了琉璃厂书肆的历史演变，以及古旧书业的发展历程。王冶秋先生在《琉璃厂史话》中评价《琉璃厂书肆三记》："由于孙老先生是书业中人，又勤于访问，记载较李南涧、缪荃孙更加详备。尤其是对于每一家书铺（包括新书铺），几从其开业起，直到每次易主，或改变经营业务，或某年停业，都有所述。每一铺主姓名籍贯、开业地点、师承关系，都是孙老先生几十年调查所得，因此记录很确实。现在书业中人，还常常谈起，孙殿起见到一位，就问一位，掌柜的也好，伙计也好，总是把来龙去脉问个详细，这种数十年如一日的精神，很可佩服。"[①] 基于以上资料，孙殿起结合琉璃厂的所见所闻，收录了以琉璃厂为代表的坊刻书籍目录，编撰《琉璃厂小志》一书。这一目录对每家书店的开业地点、店主信息、师承关系、书肆变迁、访书琐记、贩书传薪、刊刻书籍等都有着详细记

---

① 国家文物局编：《王冶秋文博文集》，文物出版社，1997年，第248页。

载，这为后人了解古旧书业的发展提供了翔实的史料，是研究清代至民国时期北京地区坊刻史的重要参考资料。

例如，《琉璃厂小志》专门著录北京书肆所刊书目，如双峰书屋所刊《皇朝经世文编》一百二十卷（清贺长龄撰，同治年间刊）、三槐堂所刊《翻译小学》十二卷（清孟保撰，约光绪年间刊）、善成堂所刊《新增算法统宗大全》十二卷（明新安程汝思编，同治三年刊）等。① 此外，孙殿起还以日本东京文求堂书店主人田中庆太郎为例，对日本书商来京搜书情形进行了描述。据《日本书商来京搜书情形》记载，清光绪末期，田中庆太郎每年必到北京搜罗书画法帖，购买府州县志、厂肆志书、明人集类、旧本小说曲谱等，与当时琉璃厂文友堂、隆福寺文奎堂交易密切，并经常托文友堂代为搜集《永乐大典》。② 以上记载为考察晚清民国时期日本人来华访书、中日文化交流的历史提供了研究资料。

五、学术贡献

以书为业，潜心著述，孙殿起在经营古旧书业的过程中完成了书店经营者向目录版本学家的转变。这一身份的变化因书业管理而起，以目录学著述闻于学林。伦明、陈垣等文献学家的藏书经验、学术著述或思想观念促使孙殿起形成了自己的版本目录学思想体系，通过藏书实践活动和理论提升，孙殿起完成了他在学术领域的主要著作。《贩书偶记》《贩书偶记续编》《丛书目录拾遗》《清代禁书知见录》等至今仍是目录学领域不可忽视的学术著述，伦明《辛

---

① 参见孙殿起《琉璃厂小志》，上海书店出版社，2010年，第120—121页。
② 参见孙殿起《琉璃厂小志》，上海书店出版社，2010年，第269—270页。

亥以来藏书纪事诗》赞曰:"书目谁云出邵亭?书坊老辈自编成。后来屈指胜蓝者,孙耀卿同王晋卿。"①

第四节 王献唐

一、生平

王献唐(1896—1960),生于山东省日照市韩家村,名琯,字献堂,号凤笙。自幼天赋异禀,师承家学,博览经史诸子百家,11岁即入青岛礼贤书院,学习文科和德文科,1914年入青岛德华特别高等专门分科学校土木工程系。1917年,应《正义报》之约,前往天津翻译德文小说。1918年,至济南任《山东商务日报》笔政。1920年,任山东专门政法学校国文教员。1922年,偶读《书林清话》,对版本学开始产生兴趣。1925年,前往北京研究目录学,"为治版本目录之始"。1927年,任南京国民党中央党部秘书。是年因政见不合而离职,改名王献唐,从此潜心学问,不问政事。②1929年,应何思源邀请,任山东省立图书馆馆长。中华人民共和

---

① 伦明著,东莞图书馆整理:《伦明全集》(第一册),广东人民出版社,2017年,第141页。
② 李勇慧:《王献唐先生年谱》,《山东图书馆季刊》1994年第2期。

国成立后,曾任职于山东省文物管理委员会。1960年,病逝于山东济南。

二、学术论著

王献唐在文字、音韵、训诂、史学、目录、版本等领域均有著述且造诣颇深,著有《目录学讲义纲要》《李南涧之藏书及其他》《炎黄氏族文化考》《中国古代货币通考》等,主持编撰的图书有《山左先哲遗书》《山东省立图书馆善本书目(甲编)》等。《目录学讲义纲要》《李南涧之藏书及其他》是其文献学领域的代表性著作。

《目录学讲义纲要》。未完稿,与《文字学讲义大纲》合为一册,现藏于王献唐后人处,2011年其影印稿本收入由山东大学出版社出版的《山东文献集成》。该书为1933年至1934年,王献唐为齐鲁大学讲授目录学、版本学时期的课程讲义,包含以下章节:导论、两汉图籍之编集、魏晋至隋各种书目、唐宋至清书籍之编藏、目录学结论,后附《目录学试题》,对目录学的定义、范围、功用、历史进行了阐述,是王献唐目录学思想的集中体现。

《李南涧之藏书及其他》1930年由山东省立图书馆油印,名为《李南涧藏书史》,1931年《山东省立图书馆季刊》收录排印,名为《李南涧之藏书及其他》。该文考证了山东藏书家李南涧(李文藻)的生平、藏书及其流传情况,是研究李南涧藏书乃至山东省藏书家的重要参考资料。

三、目录学思想

王献唐参考《汉书·艺文志》《说文解字》等的记载，将目录二字拆解开来，对目录进行了深度的解释："目者，书籍之名称也；录者，撮述书籍纲要之记载也"，"凡以'目录'二字标为书名者，于书目之下，必须有录，方称'目录'。刘、郑诸家，皆本斯旨。迨后二字意义不讲，混而用之，以编某书名之书，统谓目录，目录其名，实则有目无录"。①王献唐将目与录的意义分别阐述，指出目录学并非书名之学，"书名只可称目，不能称录。录为全书提要之记载，与书名不同。既言目录，当于书名之外，兼及提要"②。仅"编集书名之书"的目录是"有目无录"，不是真正意义上的目录，他以宋谢灵运《四部目录》、王俭《四部书目录》、北魏官修《阙书目录》为例，指出三者皆为"有目无录"，进一步明晰了目录的概念范畴。

近代目录学讲求分类编目，版本学侧重版本鉴别、技术演变，校勘学关注文字校勘、讹误订正，呈现出不同的发展趋势。针对目录学范围的问题，王献唐在编定《山东省立图书馆图书分类法》(1932)时，主张设立图书学，包含目录学、版本学、校勘学三门学科。他解释道："其在现在，俨若鼎足而三，各不相属。而在大学课程中，亦或以三者并列，专科讲授。昔余编定《图书分类法》，

---

① 王献唐：《目录学讲义纲要》，载《山东文献集成》编纂委员会编《山东文献集成第四辑》(49)，山东大学出版社，2011年，第142—143页。
② 王献唐：《目录学讲义纲要》，载《山东文献集成》编纂委员会编《山东文献集成第四辑》(49)，山东大学出版社，2011年，第149—150页。

主张总名'图书学'，于下再分目录学、版本学、校勘学，使隶为一系，藉清眉目。殆以近代对目录学之观念，类为所讲求者，在如何分类，如何编目，如何检查，如何因类求书，其范围甚隘，与版本、校勘各不相涉。不相涉而版本、校勘得自辟门户，别为专学。数十年来，在学术上、习惯上既形成三科，则于分类时，不能不顾及事实，亦排为三科。三科无以统摄，故总名'图书学'。凡此，皆由世人误解目录学，逼而至此，实非正确之类别也。"①

关于目录学范畴的认识，王献唐的观点在后期有所改变。他指出，刘向、刘歆考证篇目多寡、论证章节得失是后代所谓的版本学，校正各本的文字讹误是后代所谓的校勘学，刘氏父子所编的目录实则涵盖了目录学、版本学、校勘学的内容。

因此，虽然已有图书学一词的提出，但王献唐更认可广义的目录学，即包含版本学、校勘学在内的目录学。在《目录学讲义纲要》中，他说道："以此种种，今讲授此学，亦含版本、校勘两科，冶为一炉，遵中垒之义法，泯历代之成见。此而既明，则书目分类之版本、校勘两学，正可列入目录学下，以目录学为冠，不必再名图书学。"②

考察王献唐关于目录学范畴观点的变化，需要从他的目录学实践来分析。1929年至1937年，王献唐任山东省图书馆馆长期间，对各种文献广加搜罗，形成了包括图书、画像、金石、骨玉、砖瓦在内的丰富庞杂的馆藏。王献唐在主持省馆伊始，便带领全馆工作

---

① 王献唐：《目录学讲义纲要》，载《山东文献集成》编纂委员会编《山东文献集成第四辑》(49)，山东大学出版社，2011年，第147—148页。
② 王献唐：《目录学讲义纲要》，载《山东文献集成》编纂委员会编《山东文献集成第四辑》(49)，山东大学出版社，2011年，第156—157页。

人员将馆藏一一清查，造册登记，按类排架。之后先生又依杜威十进制分类法原则，会同当时省馆编藏部主任曲万里等人，共同创立《山东省立图书馆图书分类法》，从而使山东省图书馆第一次突破了四部法的体系。这一分类法，既涵盖了当时社会普通图书的管理，又兼顾了旧籍典藏的整理，使当时整个图书馆的馆藏文献有了科学的整理和检索依据。

由此可见，王献唐对于目录的认识更加偏重实际应用，即能够便利于文献整理和读者查找。他曾有言，目录学的功用在于读者治学，"从目录学寻求途径，作读书治学之管钥也"，而非"辨章学术，考镜源流"。从这个角度来讲，目录学理应涵盖版本学、校勘学的内容，以便利于读者更好地了解相关图书。

通过分析刘向、刘歆目录学的研究内容，王献唐指出，刘氏父子所谓的"目"包含现代的图书分类学及图书编目学，"录"包含现代的版本学、校勘学、图书批评学及历代学术史。历来研究目录的学者只侧重于研究某一方面，从而出现了目录学研究的多个派别。具体而言，目录学家可分为四个派别：史学派、实用派、版本学派、校勘学派。史学派主张"目录为辨章学术、剖析源流之学"，此派由郑樵提倡，章学诚将其学说进一步发展；实用派主张"目录为簿录甲乙，纲纪群籍之学"，以书为研究对象，至近代演变为图书分类学和图书编目学；版本学派研究"图书抄刻流别，辨其异同，评其优劣"；校勘学派主张"收蓄各本，校篇卷多寡，论字句得失，循行逐墨"。[①]

相比于汪辟疆所划分的目录家、史家、藏书家、读书家，以及洪亮吉所划分的考订家、校勘家、收藏家、赏鉴家、掠贩家，王献

---

① 王献唐：《目录学讲义纲要》，载《山东文献集成》编纂委员会编《山东文献集成第四辑》(49)，山东大学出版社，2011年，第161—177页。

唐关于目录学家派别的划分不仅考虑到了研究者的学科派别，也分析了所编目录的应用特征，具有一定的参考价值。

四、版本学思想

自明代至近现代，藏书家以古本和稀本为贵，尤其追求宋元版本。王献唐否定了单纯以年代论善本的观点，他认为，"稀见之本未必优，习见之本未必劣"，"书之标为善本者，宋元明清版刻皆有之，不以时次远近权高低，恶刻劣钞、俗书稗记亦有之，不以著述写校别美恶"。具体的观点有：宋元版并非绝对的善本，因为"善本之在汉、隋、唐、宋，胥以时本论精粗，不以古本当球图。其所谓善，正有所以为善之实。古未必善，今未必不善"；善本的判定要以写刻校勘来定，"世鲜其本，可谓孤本、异本，不可尽谓善本。善本必如汉、隋、唐、宋，以写刻校勘定之。舍是而言早晚，宁非诬罔"；宋版本也有版本优劣之分，"北宋官刊，初皆郑重将事，善雠精写，雕印工饬，蜀刻尤美妙动魄，渡江而后，已懈而少逊矣。南宋之胄监、漕司、公使库、郡县斋学、书院，下至家塾、祠堂、书棚，官私刊本，得失互见，要以闽刻为最多。闽之家塾，若建安余氏、黄氏、魏氏、刘氏，亦都佳善，以书肆所刻，最为粗滥，而麻沙镇尤劣"。[①] 王献唐关于古籍版本优劣的观点一改当时盛行的泥古佞宋之风，从版本本身的质量出发，归纳了善本的基本特点。他的主张得到了著名古文献学家王绍曾的认可："先生之见，诚为笃论，晚近言版刻者咸视为准绳焉。"[②]

---

① 王献堂遗作，骆伟辑录：《山东省立图书馆善本书目叙》，《文献》1983年第3期。
② 王绍曾：《日照王献唐先生事略》，《山东图书馆季刊》1994年第1期。

在具体的版本鉴别工作中，王献唐注重考察版本源流，条分缕析，并以他本相互参照，以此判别版本优劣。如在对李南涧竹西书屋抄本《古文尚书考》的版本考证中，王献唐说道：

惠氏《古文尚书考》，各家书目著录者，有省吾堂、学海堂及《昭代丛书》诸本。省吾堂本刻于清乾隆壬子，据书前钱辛楣序称，松崖撰述次第刊行，独是编伏而未出，宋子尚得之江艮庭，梓而传之。则此书之刻，始于宋子尚，而学海、昭代之编，乃其子本也。南涧此抄，据其跋语，惠氏经义底稿藏于河间纪氏，乾隆己丑，南涧以谒选客京师，从纪氏假而录出。计其时日，在宋刻之前者二十四年。今以两本对勘一过，此抄讹谬脱落，固不逮宋刻远甚。如考源流，则宋刻之源似出此抄，而又经后人为之增补校订者。①

由以上可知，王献唐通过考证《古文尚书考》省吾堂、学海堂及昭代丛书诸本的历史源流，以及李南涧刻本的来源，推测李南涧《古文尚书考》刻本的具体时间。这一论证过程充分体现了王献唐对于图书版本的考证之功。

王献唐认为，版本与校勘是相辅相成的关系，不可偏废。他曾说："校勘虽别为一事，然校勘之先，当知版本。版本既明，则孰先孰后，孰主孰副，方能得其旨归。清代治版本者，多治校勘；治校勘者，亦必治版本。校勘以版本而定，版本以校勘而明。如车之双轮，不可偏废。其并用之方法，更可于清代各家书目，综核得之

---

① 王献唐著，山东省博物馆辑录整理：《双行精舍书跋辑存》，齐鲁书社，1983年，第1页。

矣。"① 治版本者多治校勘，治校勘者亦必治版本。王献唐"博极群书，于学无所不窥，而独精于文字、音韵、训诂、金石、考古、目录、版本、校勘之学"，"集目录、版本、校勘之学于一身"，又"勤于述作"，②所以著述极多，"达千万字以上"③，可谓著作等身。王献唐学问功底深厚，无论是古史考证、文献辑存或是序跋题写，他都秉承严谨认真的态度，重视版本考镜、校勘内容。例如，王献唐《公孙龙子悬解》（1924）一书对历代为《公孙龙子》作著之各家"一一为之疏解，其是者因之，非者正之，整纷剔蠹，析疑宣蕴，冥思探讨，创解尤多"④。1931年，王献唐对所得粟斋抄本《汪水云诗》作校勘记、版本考和汪水云事辑，邀请王重民等诸学者进行不同版本的抄校工作，最后由他本人将该书整理成为较为完善的新版本——《双行精舍校汪水云集》。

1940年至1945年，王献唐在国史馆工作期间，开始编纂《国史金石志稿》。通过真伪考证，博采众家，研究民国出土金石及清人或以前各家未节录者之金文书籍图录，编成《国史金石志稿》之金文部分20卷约80万字，全面梳理1911年至1939年著录的金石资料及前代未著录的金石资料，为金石资料的研究提供了重要的参考工具。

王献唐平生治学严谨，每有著述，多次易稿，决不轻易付梓，故遗稿多未刊行，其遗著有《鹖冠子校订》《那罗延室杂著》《顾黄

---

① 王献唐：《目录学讲义纲要》，载《山东文献集成》编纂委员会编《山东文献集成第四辑》（49），山东大学出版社，2011年，第286—287页。
② 王绍曾：《日照王献唐先生事略》，《山东省立图书馆季刊》1994年第1期。
③ 钟春翔：《王献唐先生与齐鲁文化研究》，《山东教育学院学报》2002年第3期。
④ 王献唐：《公孙龙子悬解》，中华书局，1992年，"自序"第1页。

书寮杂录》《楚辞新注》《洛神赋十三行考证》《平乐印庐藏印》《印林遗书》等多种，部分著作经后人整理出版。

在文献收藏与整理的过程中，王献唐突破前人固有观点，自成一体。如王献唐在编纂《国史金石志稿》时，将金石、骨、玉、木、陶一并列入，打破了当时学界仅收金石的做法，拓宽了金石研究的范围。在编撰《国史金石志稿》时，王献唐曾致信国史馆馆长张继："至现在被汰弃者，有两类。一为灼知其伪者，一为无文字而花纹形制无关重要者。惟鉴别其伪较难，间有可疑，未敢决定者，暂仍入录，记疑字于上，俟第二次复核。"① 由此可见王献唐治学的严谨。王献唐在《藏书十咏》中所说："九流四部闲征遍，消受春灯一穗红。"② 王献唐注重文献的考证，强调"撰述资料，力之所及，无不搜集，每释一字，穷及万卷"，"忠于学术者，不当以渺茫之谈，遗误他人"③。

与过去"深锁琅嬛饱蠹鱼"的藏书家不同，王献唐曾有言："每遇孤本秘笈，必欲化身千亿，嘉惠来学"④，并付诸实践。自1929年任职山东省立图书馆馆长后，王献唐注重山东省地方文献的搜集和鉴别。在王献唐的努力下，山东省立图书馆收藏了掖县海南寺大藏经残卷2275册、日照马氏藏书286种⑤、河南扶沟柳氏捐赠藏书1033种14671册。自1929年至1937年，山东省立图书馆共得唐人写卷、宋元旧椠、明清精刻及名家抄校本、校本、稿本

---

① 马振犊：《王献唐编纂金石志报告》，《民国档案》1996年第1期。
② 王献唐：《藏书十咏》，《文献》1980年第3辑。
③ 王献唐：《评高田忠周之古籀篇》，《山东图书馆季刊》1931年第1期。
④ 王绍曾：《日照王献唐先生事略》，《山东图书馆季刊》1994年第1期。
⑤ 一说306种，参见王宽、丁戈晋《王献唐为抢救祖国文化遗产做出的贡献》，《东方论坛》1996年第2期。

1746 种，35400 册①，山东省立图书馆馆藏也由开始的 62770 册②增至 218000 余册。③ 这使得山东省立图书馆"除北京图书馆外，屹然成为我国北方图书文物之重镇"④。

王献唐不仅重视文献收藏的作用，也同样对文献利用予以关注，强调文献流通的重要意义。他曾说道："藏书而不能研读，如不藏等。读书而不能流通，但供一己之受用，与人群何豫？刻书而无学识以济之，则斠校不精，鉴别不明。故善藏书者，必能读书；善读书者，必能刻书；善刻书者，必能著书。以自身求书之不易，推及他人，故能藏者必能刻；以自身探讨之心得，启示他人，故能读者必能著。"⑤

善于藏书者必能刻书，善于读书者必能著书。因此，王献唐也重视图书的刊刻与流通。在任山东省立图书馆馆长期间，王献唐主持刊刻《山左先哲遗书》，影印黄尧圃校《穆天子传》、顾千里校《说文解字传系》，出版自身所购《海源阁宋元秘本书目》《杨氏海源阁印砚拓本》等古籍，采取多种措施，收集地方文献，保护文化遗产，以促进文献的流通与使用。例如，图书馆采用开架式的阅览方式，取消阅览费，举办秦汉砖瓦展和善本图书展览会，设立专门阅览室，有效地推动了馆藏文献的利用。据统计，自以上措施实行

---

① 一说 746 种 354 万册，参见王宽、丁戈晋《王献唐为抢救祖国文化遗产做出的贡献》《东方论坛》1996 年第 2 期。疑其误。
② 李勇慧：《王献唐先生年谱》，《山东图书馆季刊》1994 年第 2 期。
③ 王绍曾：《日照王献唐先生事略》，《山东图书馆季刊》1994 年第 1 期。
④ 王宽、丁戈晋：《王献唐为抢救祖国文化遗产做出的贡献》，《东方论坛》1996 年第 2 期。
⑤ 王献唐：《李南涧之藏书及其他》，《山东省图书馆季刊》1931 年第 1 期。

后,图书馆每天到馆人数由以前的四五个人一跃而增长至400多人。[①]

王献唐还利用自己渊博的学识和掌握的文献资料,为学术界的同仁提供多种帮助。其中最为大家所称道的是他对著名史学家吕振羽的帮助。1934年吕振羽在《史前期中国社会研究》的自序中称,山东省立图书馆馆长王献唐先生给了他不少帮助和指导。根据王献唐先生提供的山东省立图书馆内展出的内附半溶解之铁矿的殷墟出土陶器,吕振羽提出了著名的殷商奴隶社会说。根据王献唐先生提供的龙山文化遗址考古发现的情况和资料,吕振羽提出了商民族的历史发展方向是由东向西移动的论断。[②]

五、学术贡献

王献唐是我国近现代史上的国学大家,他潜心于学术研究,在考古、文字、音韵、版本、训诂、金石、诗词、书画、篆刻、文献学等领域都有着较深的造诣。在目录整理、版本鉴别、文献辑藏、文献流传等领域,王献唐不仅在理论上有着独到的见解,更是亲身实践,编纂诸多目录,校勘多部文献,保护古籍,促进文献流传于世,以古籍整理的实践不断完善着自己的理论体系,其中有很多学术思想属于开风气之先。

---

① 参见刘玉廷、刘晓博《山东省图书馆史述略》,《山东图书馆季刊》2004年第4期。
② 参见张书学《王献唐与吕振羽的学术交往及其在现代史学上的意义》,《东方论坛》1996年第3期。

第五节　陈乃乾

一、生平

陈乃乾（1896—1971），浙江海宁人，清代藏书家陈仲鱼之后，文史学家、版本目录学家、编辑出版家。1910 年，考入苏州东吴大学，师从黄摩西先生受国文课。1914 年至 1931 年，先后任职于上海进步书局、南洋中学、大东书局、中国书店、持志书院、国民大学等。其间两度（1920 年至 1923 年以及 1930 年至 1931 年）担任南洋中学图书馆主任，编修《南洋中学藏书目》《南洋中学图书馆珍本书录》。1932 年至 1942 年，陈乃乾在家潜心著述。1943 年到 1949 年，先后任职于上海开明书店、上海市通志馆、上海同济大学。中华人民共和国成立后，任上海市文献会编纂、上海市文管会顾问、上海市革命历史纪念馆后勤总务。1956 年，调往北京古籍出版社工作，1957 年，古籍出版社与中华书局合并，开始就职于中华书局。1958 年至 1966 年，陈乃乾在中华书局工作期间，负责古籍影印工作。1971 年，陈乃乾病逝于浙江。

二、学术论著

陈乃乾的研究领域广泛，涉及版本学、目录学、历史学、考古学等，他校勘整理多部珍贵古籍，编纂有《南洋中学藏书目》《室名别号索引》《清代碑传文通检》《四库全书总目索引》《测海楼旧本书目》等著作，其中以《南洋中学藏书目》《室名别号索引》最具代表性。

《南洋中学藏书目》。1919年陈乃乾在南洋中学任职时编纂，其分类法共分为14大类，大类之下再细分小类，打破了传统的以经部为首的四部分类体系，是改革传统四部法的大胆尝试，对于目录学分类体例的改革，具有不可磨灭的贡献。

《室名别号索引》。该书是由《室名索引》和《别号索引》汇编而成的。两部书籍是陈乃乾先生分别在1933年和1936年编纂的汇编本。其中，《室名索引》于1934年在《中华图书馆协会会报》刊出，张元济评价道："用途极广，固不独吾辈好收古书者认为有助也。"[①]

三、目录学思想

陈乃乾撰写有《中国最早的目录》《分类的方法》《校雠学的功用》《中国目录学的特质》等目录学理论、目录学的历史沿革、书籍分类方面的相关文章。他认为，中国的图书存在五种缺点：书名

---

① 虞坤林整理：《张元济致陈乃乾书信十七通》，《文献季刊》2003年第4期。

不正确、体裁不正确、出版不受供求律的拘束、流传不受天然淘汰的拘束、刻书人不负责任。① 由此,他提出二点希望:目录学家编制各种方式的索引;学者对每一部书都要有正确严厉的批评,形成权威,以纠正盲目的藏书家;出版界忠实地翻印古书,把古今学者的注释、评论、校勘记等,完全附录在每页上下端,或每卷的后面,并保证与原书一字不异。②

1896 年,梁启超《西学书目表》收录当时翻译类图书,将书籍分为学、政、教、杂四部,强调图书分类要关注学科内容,向传统四部分类法发起挑战。民国初期,随着西方公共图书馆理念的传入,部分私家藏书楼开始收集西方新学书籍,向社会开放,并对馆藏图书重新做了分类整理。如《古越藏书楼书目》彻底打破四部分类法,将所有中外书籍统一分为学部、政部两个类别,每个类别下细分 24 小类。在此背景下,四部分类法的改革已是趋势。

南洋中学前身为育才书塾,1904 年改名为南洋中学。作为国人创办的私立中学,南洋中学在社会各界人士的资助下发展迅速。南洋中学图书馆创立于 1915 年,馆藏资源种类多样,在陈乃乾任职时期中外文图书数量已达 4 万册。③

1920 年,陈乃乾先生担任南洋中学图书馆主任。任职期间,他积极筹建图书馆,并凭借深厚的目录学与古籍版本学知识,为南洋中学图书馆编撰了《南洋中学藏书目》和《南洋中学图书馆珍本书录》。两本著作的编纂对以后我国图书分类法与目录学体系的完

---

① 参见陈乃乾著,虞坤林整理《陈乃乾文集》(上册),国家图书馆出版社,2009 年,第 17—19 页。
② 参见陈乃乾著,虞坤林整理《陈乃乾文集》(上册),国家图书馆出版社,2009 年,第 20 页。
③ 参见冯陈祖怡编《上海各图书馆概览》,世界书局,1934 年,第 109 页。

善起到了承前启后的作用。

受传统文化与新文化的双重影响,《南洋中学藏书目》出版之时,正值国内学习杜威十进制图书分类法的热潮,但《南洋中学藏书目》在类目的设置上却与当时的潮流截然不同,其先设 14 大类,分为:周秦汉古籍、历史、政典、地方史乘、小学、金石书画书目、记述、天文算术、医学术数、佛学、类书、诗文、词曲小说、汇刻。在大类的基础上,又下设 57 小类,之后再对其中的 22 个小类继续细分,以达到实用性、明确性与条理性统一的目的。

《南洋中学藏书目》是打破了"四库之牢笼"的书目,将《尚书》与《春秋》分列在"历史"这一大类之下;拆分我国古代图书四部分类法中的"集部",将其中包含的诗、词、曲等分离出来,分列为诗文与词曲小说两大类。其独特的分类方法,使得《南洋中学藏书目》既迥异于四部分类法,又与杜威十进制图书分类法相异,独树一帜,兼收并蓄。

与《西学书目表》《古越藏书楼书目》等书目相比,《南洋中学藏书目》将图书内容性质作为区别大类的标准,部次虽然清晰,但其将周秦汉古籍作为大类用以区别是不合时宜的。另外,"佛学"与"道家"本属宗教范畴,但"佛学"却作为大类,"道家"则被包含在"医药术数"中的"术数"之中。而"记述"这一大类,所包含的读书论学、修身治家、杂记、掌故等小类,其所蕴含的意义是难以区分且容易混淆的。所以,当年作为南洋中学教员的汤济沧对《南洋中学藏书目》进行评价说:"书目之编制,亦颇费斟酌。四库之名,最不妥者为经。《尚书》记言,《春秋》记事,皆史也。毛《诗》为有韵之文,三《礼》亦史之一类,而孔、孟之在当日,与老、庄、管、墨、商、韩等何别。自汉武罢黜百家,尊崇儒术,后人踵事增华,经之数增至十三。今政体革新,思想界不复如前次之束缚,此等名目,将必天然淘汰,人势所趋,无可强勉。如儒家者,仍列为九流之一可已。故本书目不用四部之名,区其类为十有三,虽或未惬心贵当,而逐渐厘正,责在后起。"① 虽然姚名达对《南洋中学藏书目》的评价是"标准不一,次序无理。每部所分之类,亦不足述。此在新分类法之尝试,殆为最失败者",但肯定了其创新之处,将其归为"新分类法之尝试"。②《南洋中学藏书目》在分类标准与分类次序方面存在一定的不足,但其作为目录学分类体例改革的先行者,于后世而言,其所蕴含的意义是不容置疑的。

受家族环境的熏陶,陈乃乾藏书甚多,建有共读楼和慎初堂两座藏书楼,并依据藏书楼的名称,为自己的藏书撰辑藏书目《共读楼藏年谱目录》与《慎初堂所藏书目》。民国二十三年(1934),陈乃乾先生编撰了《共读楼藏年谱目录》,书中所记载的年谱约700种;后来,陈乃乾先生又编撰了《慎初堂所藏书目》,书中收录了书目类图书多达590余本,所收录的书目种类共134种。③

在总结编著《共读楼藏年谱目录》和《慎初堂所藏书目》等经验的基础上,陈乃乾先生除了继续进行目录学理论的研究外,还编撰多种书目,为保留中华民族文明作出了重要贡献。例如测海楼是扬州吴引孙修建的藏书楼,藏书数量多达约24万卷。测海楼中多以珍本古籍和善本古籍为主。民国二十年(1931),受当时国内局势动荡的影响,测海楼所藏书籍被悉数卖给北平(今北京)的富晋

---

① 汤济沧:《南洋中学藏书目序》,载李希泌等编《中国古代藏书与近代中国图书馆史料》,中华书局,1996年,第361—362页。
② 姚名达:《中国目录学史》,商务印书馆,2014年,第126—127页。
③ 陈心蓉:《嘉兴刻书史》,黄山书社,2013年,第415页。

书社。

正因如此，陈乃乾先生接受他人嘱托，为测海楼的这些古籍编撰了《测海楼旧本书目》四卷。在《测海楼旧本书目》中，陈乃乾先生不仅著录了书目中常规存在的书名、著者以及出版者，还对原书的行格、序跋、印等进行了详尽的记载，之后，由于历史原因，这批书在北平（今北京）遗失了一部分。

《测海楼旧本书目》完整地记录了当时测海楼所藏古籍的全貌，并记录了大量的古籍版本，为古籍整理和研究工作留下了宝贵的资料，在史学研究中发挥着重要的学术参考价值。

四、版本学思想

善本具有较高的历史文物性、学术资料性和艺术代表性等特点，有较高的收藏价值，历来受到藏书家和文献学学者的关注。清代张之洞在《輶轩语》中说"善本之义有三：一足本（无阙卷、未删削），二精本（一精校、一精注），三旧本（一旧刻、一旧钞）。"丁丙《善本书室藏书志》则对善本规定了四点："一曰旧刻"，"二曰精本"，"三曰旧钞"，"四曰旧校"。缪荃孙《蠹鱼篇》指出善本的四条标准为：一，凡刻于明末以前的为善本，明以后则不算。二，抄本不论新旧均称善本。三，批校本和有名人题跋者皆为善本。四，日本和朝鲜重刻中国古籍，不论新旧皆为善本。缪荃孙的善本书四标准被时人所普遍接受，但这一标准存在重形式轻内容的问题。

陈乃乾在编撰《南洋中学图书馆珍本书录》之时，摒弃了我国古代对古籍珍本的定义方法，将古籍珍本所蕴含的学术价值作为版本属性的判定标准。他指出:"珍本之义有三,一钞本、稿本之未经刊行者,二刻本之难得者,三曾经名人手校、手跋或手钞者。"① 故而,陈乃乾将古籍珍本分为八种类型:第一种是抄本;第二种是名人手校、手跋本;第三种是明刻本;第四种是清刻本;第五种是明清官书;第六种是朱墨套印本;第七种是活字本;第八种是日本、高丽、安南古刻本。② 陈乃乾认为,只要这些珍、善本在学术上和版本上有一定的校勘价值,或者他认为难得有用的本子,陈乃乾都竭尽全力地去印行。陈乃乾不受传统的限制,敢于推陈出新,更加注重学术意义和版本价值的考察,将善本扩展到了更大范围,打破了传统藏书家对于善本的传统理解,并就我国古代对古籍珍本原本模糊的定义方法进行细化。该工作具有强有力的实践性,且对于今后古籍珍、善本的界定理念和古籍校勘整理工作,具有一定的指导意义。

陈乃乾注重版本的对比分析与源流考证,为此撰写了《窦汉卿考证》《二十四史注补表谱考证书籍简目》等多篇文章。由于"二十四史"历史跨度大,流传时间长,不免存在亡缺或续补的情况,所以诸多学者都曾对"二十四史"进行过考订或校补。正因如此,版本过多,形态各异,使得读者难以找到统一的标准对其进行研读,为此,陈乃乾编撰专题书目《二十四史注补表谱考证书籍简目》,为史学研究者提供了便利和捷径。在《二十四史注补表谱考证书籍简目》中,他考证书目 14 类 677 种,其中史记 84 种,

---

① 陈乃乾:《南洋中学图书馆珍本书录》,《南洋(南洋中学校友会会刊)》1930 第 11 期。
② 陈乃乾:《南洋中学图书馆珍本书录》,《南洋(南洋中学校友会会刊)》1930 第 11 期。

汉书106种，后汉书58种，三国志53种，四史综合27种，晋书42种，南北朝各史81种，唐书37种，五代史24种，宋史21种，辽金元三史58种，明史26种，诸史综合31种，附录29种，写明书目的基本内容和版本信息，为读者考证研究二十四史提供了参考书目。

五、索引学思想

陈乃乾提出，目录与索引相互补充、相辅相成，编制索引是纠正中国目录"体裁不正确"的方法。"书有索引，其利于读者甚大，惟为之者劳，且不容有一字之误，差若毫厘，谬以千里，苟有差误，不如其不为也。"[①] 索引的质量直接关系到读者检索图书的效率。"欲知索引之误，必逐条复勘之，复勘之费日力，与编者等。故索引之受人指摘者甚少，然索引有误，其贻害于人较他书尤甚。而受其害者或信赖之不自觉。余因此书之误，而疑其他索引书之未必无误，甚愿撰索引书者之勿草率从事以误人也。"[②]

陈乃乾重视索引的作用，在实际的古籍整理工作中，陈乃乾编撰的索引有《索引式的禁书总录》《室名别号索引》《四库全书总目索引》《清代碑传文通检》等。

《索引式的禁书总录》是陈乃乾在《禁书四种之书名索引》的基础上进行增添修补编撰而成的。《索引式的禁书总录》相较于其他同类书籍，其最大的优点是查检便捷，但由于著录较为简略，仅录入了书名和作者姓名，至于书的年代、卷数等详细信息，在《索

---

① 陈乃乾：《陈乃乾文集》（上册），国家图书馆出版社，2009年，第212页。
② 陈乃乾：《陈乃乾文集》（上册），国家图书馆出版社，2009年，第212页。

引式的禁书总录》中均没有著录。尽管《索引式的禁书总录》的内容较为简略，但它对丁此后同类书籍的编著具有启蒙式的意义。其中，我国著名的版本目录学家孙殿起先生编撰的《清代禁书知见录》便深受《索引式的禁书总录》的影响。孙殿起先生在其书的《略例》中说："本书以海宁陈氏《索引式的禁书总录》为底本，取其较为完备，亦少重复。""清代禁毁书，品种繁多，迄无一确切之数目，陈氏总录根据文献丛编，掌故丛编中各省禁毁之书籍单增补，较咫进斋本多出不少，但仍未完备。"① 陈乃乾编著的《索引式的禁书总录》对后来相关著作的编撰具有启发式的意义。

陈乃乾为《室名索引》所写序曰："今年夏《室名索引》先成，为序其缘起如此。夫古今名人何啻亿万，兹册所载仅五千余条，脱漏之讥所不敢辞。闻见陋隘，尚冀同好者纠补之"，"初版印行后，承远近贻书，匡正者都一百七十三通。再版所增补遗一千三百条，取材于此者十之五。初版误字，均遵来函更正其编次之误"。②《室名别号索引》收录的是清朝及以前朝代的室名和别号，其中以收录明清两朝的室名和别号居多。该书中收录的室名与别号共一万多个。《室名别号索引》的录著项目主要有：室名或别号、年代或朝代、地区及本名。如刘禹锡为"陋室唐中山刘禹锡"，罗振玉为"贞松堂清上虞罗振玉"③。另外，该索引按笔画检字、四角号码检字以及室名别号索引排列，为古籍研究工作者处理室名别号问题提供了查检途径，满足了科研工作者和读者的需要，填补了我国在文史工具书方面的空白。

---

① 孙殿起：《清代禁书知见录》，商务印书馆，1957年，"略例"第3页。
② 陈乃乾：《室名索引》，共读楼校印，1934年，"自序"。
③ 陈乃乾编：《室名别号索引》，中华书局，1957年，第159—160页。

《四库全书》所收图书种类繁多，数量巨大，以主修者纪晓岚为领导编写的《四库全书总目》（或称《四库全书总目提要》）成为当时检索《四库全书》的主要工具书，《四库全书总目》依然有长达二百卷的内容，对于实现快速检索的目标来说十分困难。基于此，陈乃乾先生依据《四库全书总目》和清朝阮元编写的《四库未收书目》，编著成了《四库全书总目索引》。陈乃乾先生在《四库全书总目索引》中说：他人利用我的书而节省了时间，得到了室名索引便利，我以为能够做到这一步，即使牺牲了我个人的精力，也是值得的。

　　这部索引按《四库全书总目提要》所收书的作者姓名首字排比，并且还收入了清朝阮元的《四库未收书目》所收各书作者。利用此书，可检得《四库全书总目提要》与《四库未收书目》二书所收之书。《四库全书总目索引》利用著作人姓名的首字排比，可便捷地查考著作人的全部著作；若一本著作是由多人共同编著或曾经过他人补撰、辑订，则在各个相关著作人的姓名下，皆可查检到该著作；如若书籍的原著中增补了著作人的姓名，且《四库全书总目提要》对该著作人存有疑问，那么《四库全书总目索引》会将其纳入无名氏。若书中后附年谱，但年谱与原著著作人并非同一人，那么在《四库全书总目索引》中不作另外的著录。陈乃乾先生编撰的《四库全书总目索引》之价值所在，正如著名学者胡朴安先生所言："工具书以检查便利为要。乃乾先生所编之《索引》，省却学者无数时间，可贵也。"[①]

　　《清代碑传文通检》是一部集清朝碑传主人的传记资料及清史

---

① 陈乃乾校阅：《四库全书总目索引》，大东书局，1926年，胡韫玉（胡朴安）题词。

于一身的检索工具书。全书收录清代碑传文相关文集高达1025种，收录范围从1644年到1911年。陈乃乾先生搜集了约900种清人文集，为了查检便捷，陈乃乾将这些清人文集编成索引卡片，这便成为《清代碑传文通检》的前身。后来受战乱的影响，陈乃乾先生的大量书籍被迫转售，只好通过借书来满足自己阅读碑传文的需求。在这种背景下，陈乃乾先生出于便捷性的考虑，继续为阅读的相关书籍制作索引卡片。陈乃乾先生制作的索引卡片多达1153种，其中128种没有碑传文，最终，《清代碑传文通检》共采用了1025种。

《清代碑传文通检》收录体裁包括碑传文、哀辞、祭文、记、序等，并按碑传文的主人的姓氏笔画作为排检方法，再以表格的形式，将碑传主人的姓名、字号、籍贯、生卒以及碑传文的出处进行著录。碑传文的主人的字号、籍贯和生卒三类，以原文的记述为准，若存在遗落的现象，不根据其他资料进行增补。另外，在碑传主人的生卒年记载中，陈乃乾先生以原文纪元、干支纪年以及公元纪年三种形式进行记载，且为纪元年号编写简称，如：嘉庆（1760—1820）——嘉。综上所述，《清代碑传文通检》呈现记载具有直观性、收录具有丰富性、检索具有便捷性的特点。

六、学术贡献

陈乃乾将目录学的实用性与学术研究相结合，又在目录学的诸多细节方面，开辟了新的研究方向，创立了新的研究方法，提出了自己独到的见解，为我国目录学提供了可供参考的发展道路。陈乃乾一生致力于古籍整理、影印和出版工作，认为"宋刻元椠虽极可贵，但清刻本书之稀见而有学术价值者，亦不可当河汉"，其影印古籍多以此为标准。自20世纪20年代起，陈乃乾以个人之力影印古籍《经典集林》《（嘉靖）上海县志》《（正德）金山卫志》《百一庐金石丛书（十种）》《清代学术丛书》《周秦诸子斠注（十种）》《〈邓析子〉五种合帙》《〈慎子〉三种合帙》《元四家集》《沈刻四妇人集》《古佚小说丛刊（初集）》《曲苑（十四种）》《观堂遗墨》等，为祖国文化遗产的保存作出了许多贡献。

第六节　陈登原

一、生平

陈登原（1900—1975），原名登元，字伯瀛，浙江余姚（今浙江慈溪市）人。其父怀成公（少慕）光绪甲辰年（1904）中秀才，在当地有一定的社会地位和声望。[①] 1914年，陈登原入余姚县立小学读书，1915年，开始就读于浙江宁波第四师范学校。1921年，陈登原结束读书生涯，先后担任奉化小学、余姚小学教师一职。1922年，陈登原升学至南京东南大学历史系，师从柳诒徵、陈钟凡、徐养秋诸先生，这期间交往较多的同学有卢于道、张孟闻、梁

---

① 陈登原：《陈登原全集》（第16册），浙江古籍出版社，2014年，第2页。

培德等。1926年毕业后，陈登原担任东南大学助教、东南大学附属师范中学教师。1927年下半年，又任宁波女子中学、宁波商业学校教师。1928年，应聘上海世界书局，赴苏州编译所任教科书编辑。1930年应聘南京金陵大学讲师及该校历史文化研究所研究员，直至1936年南京沦陷前夕。1936年，陈登原带着大批史料摘录卡自南京避难回到周巷老家。未几，应聘为杭州之江大学教授。1938年，因战乱复避难回周巷，之后在上虞战时中学任职。1940年，余姚、上虞频陷，复返周巷老家。其间伪县长劳乃心欲聘其为秘书，陈登原当即回绝，并以诗明志："宁存狷洁留僧壁，不伴朱红上女唇。"其铮铮铁骨，令人仰佩。1946年秋，应王星拱之邀去广州，执教中山大学。1948年秋，离广州回浙江执教于宁波浙东中学。1950年在杭州树范中学教了半年书，1950年下半年，应西北大学校长侯外庐之邀，就任西北大学教授，兼任该校校务委员和图书馆馆长，之后曾任陕西省政协委员、九三学社社员、中国民主建国会会员。1975年1月7日，因风寒感冒转肺炎不治而殒。

二、学术论著

陈登原致力于历史学的研究，在文献学、经济史、文化史、思想史领域多有建树，主要著述有《国史旧闻》《中国田赋史》《中国土地制度》《中国文化史》《金圣叹传》《天一阁藏书考》《古今典籍聚散考》等，在文献学领域以《天一阁藏书考》《古今典籍聚散考》为其代表性著作。

《天一阁藏书考》。1932年9月，由金陵大学中国文化研究所印行。本书问世不久，即有书评——1933年季欤的《评〈天一阁藏书考〉》一文发表在1933年《浙江省立图书馆馆刊》第2卷第6期上，评论非常中肯，既肯定了本书的优点，也指出了本书在章节安排、材料取舍方面的缺点以及草率校对而产生的不少错误，是本书一个难得的补充。1993年，《天一阁藏书考》作为一个词条被收入《中国读书大辞典》。① 此外本书又著录于《天一阁藏书史志》②的《艺文志》中，是天一阁藏书文化的重要组成部分。

本书在描述三百年前浙东藏书盛况的基础上，详细记述了天一阁的有关情况：天一阁主人范钦及其后人、天一阁的收藏来源、天一阁的组织管理、天一阁对《四库全书》的贡献、天一阁的书目，重点记述了天一阁藏书的散佚情况，提出解决天一阁和其他处于危难境地的藏书楼善后问题的一些办法。

有人说，《天一阁藏书考》是"根据作者实地考察、调查访问和文献研究而撰成的全面研究天一阁藏书史的第一部著作"③，是天一阁研究的开山之作。这话多少有些过誉，陈登原自己并不这么认为，他在书中多次引用前人对天一阁的研究成果，明明白白地将这些成果列入附录：沈叔埏的《书天一阁书目后》、缪荃孙的《天一阁始末记》以及杨铁夫的《重编天一阁藏书目录序》和《重编宁波范氏天一阁图书目录》。幸亏这些附录的保存，才使杨铁夫的目录及其序言现在得以收录在《天一阁藏书史志》④之中。

《古今典籍聚散考》。本书1936年由上海商务印书馆出版，1978年收入中国台北成文出版社出版的《书目类编》第96册，

---

① 参见王余光、徐雁主编《中国读书大辞典》，南京大学出版社，1993年，第395页。
② 参见骆兆平《天一阁藏书史志》，上海古籍出版社，2005年，第404—405页。
③ 虞浩旭：《历代名人与天一阁》，宁波出版社，2001年，第102页。
④ 参见骆兆平编纂《天一阁藏书史志》，上海古籍出版社，2005年，第50页。

1983年由上海书店重印，1990年12月年收入上海书店《民国丛书》第二编第50册，后面3个版本均根据商务印书馆1936年版影印，1993年该书被收入《中国读书大辞典》。[①] 该书是研究中国文献史的专著，也是中国藏书史领域的经典著作。

《古今典籍聚散考》全书共计25万余字，分为卷首《叙引》三章、中心部分四卷、《刍言》五章，"以书之聚散为经，而以年事为纬"。具体内容包含《政治卷》《兵燹卷》《藏弃卷》《人事卷》，通过以上四卷总结中国历代典籍聚散的主要原因和困境，因此《古今典籍聚散考》又被称为《艺林四劫》。其中，《藏弃卷》"叙述历代藏弄家之聚书，及其散书，而叙述之结果，则基于藏书者之鲜克有终，故典籍反受其厄。本卷所述，于列代各大藏家，除散见于他卷者外，言其散必志其聚；论其始亦详其终；略存私人藏书略史之意也"。本书不仅是研究文献史、出版史、藏书史等各学科史不可或缺的重要著作，还具有极强的资料性，今天一些具体问题的研究可从中汲取营养。这主要表现在以下几个方面：对典籍散佚原因的研究，如各种书厄论；对具体图书散佚的研究，如《永乐大典》；对一个时代藏书的研究，如明清藏书的研究；对人物的研究，如牛弘、周永年；对藏书楼的研究，如海源阁；对藏书管理方面的研究，如藏书之道；关于图书内容方面，如对《诗经》和《四库全书》内容的评价，书厄导致的"每次大规模散失毁灭之后，随之而来的便是下力气聚敛整理，这同时也就意味着增加一次繁衍异文的机会"[②]，"《四库》书成之日，彼且为吾曹制造无数之残卷与讹书

---

① 参见王余光、徐雁主编《中国读书大辞典》，南京大学出版社，1993年，第389页。
② 张树波：《〈诗经分〉异文产生繁衍原因初探》，《河北师范大学学报》（哲学社会科学版），1995年第4期。

矣。所谓残卷者，即抽毁以后之书；所谓讹书者，即改易以后之书。故以《四库》书为中国所保存之旧籍者，于斯而知其非然矣"①。

尽管《古今典籍聚散考》迟至1936年出版，但是从陈登原为本书作的凡例看，本书完成于1932年10月，与《天一阁藏书考》完成时间相去不远。大概因为一本书、一个藏书楼的命运不足以反映作者深刻的典籍聚散观，必须以一部中国典籍史来承载。应该说他的愿望实现了，后人对此书给予很高的评价，比如，武汉大学的谢灼华教授认为："1936年陈登原的《古今典籍聚散考》，进一步深化了文献的研究，考察了我国文献的兴衰聚散，则是中国文献史研究的滥觞。"② 王余光教授也认为陈登原的《古今典籍聚散考》是20世纪初主要的文献史研究著作之一。③

三、藏书思想

民国时期，商务印书馆为出版《百衲本二十四史》而重金访求薛居正《五代史》，陈登原认为此举"无论成与不成，终为艺林盛事"④。于是他将自己撰写的《正史〈史通〉》中的一节拿来发表，即《薛氏〈旧五代史〉之冥求》，最终刊登在1930年7月出版的《东方杂志》第27卷第14期。本文详细考证了薛居正《五代史》和欧阳修《五代史记》分别被后人称为《旧五代史》和《新五代

---

① 戚福康：《〈四库全书〉乾隆谕旨平议（续）》，《古籍整理研究学刊》2002年第2期。
② 谢灼华、朱宁：《20年来我国文献学理论研究综述（1978—1998）》，《晋图学刊》1999年第3期。
③ 王余光：《20世纪中国文献学研究综论》，《图书情报工作》2002年第11期。
④ 陈登原：《薛氏〈旧五代史〉之冥求》，《东方杂志》1930年第14期。

史》的来历、《旧五代史》被《新五代史》所湮没的原因、《旧五代史》的真正价值、《旧五代史》湮没的经过以及重新从《永乐大典》中辑出的情况。他坚信，民国初年，还有金南京路转运使刊的薛氏《旧五代史》原本在世，只不过因为藏书家的秘不示人，才造成《旧五代史》不能完整面世。由此，他发出了对藏书家的忠告："夫明明知所有之书为仅存之秘笈，于是过为珍视，秘而不宣，此藏书家自谓保存文化，实则戕贼文化也。惟其秘而不宣，书遂无由流通，人亦无由钞印。藏书家之子孙，未必人尽爱好，于是或以不肖子孙之损害，或以水火盗贼之侵陵，而爱护之仅存硕果，卒致绝迹人间。讵非爱之而适以害之欤？"①他的这一论述后来又录入《古今典籍聚散考》中。②他认为《旧五代史》被《新五代史》所湮没的原因是以文害史，前者的文采不如后者，反映出陈登原已经跳出传统的书厄论，开始具体分析图书散佚的原因，并且开始辩证地思考藏书的聚散和藏书家的功过等问题。

陈登原重视藏书的作用，他指出，藏书具有"旧籍之保存""旧籍之是正""为学术而学术"三方面的功用。《四库全书》的编纂成功依赖于当时藏书家的力量，因此，"与其称颂《四库全书》之伟大，曷若称述藏书家之锲而不舍，更为有功学术哉？异时之百宋一廛、千元十驾，非徒佳话流传，即于存古存真，为学而学之三方面言之，固自有其不朽也"③，充分肯定了藏书家的重要地位。

在《天一阁藏书考》中，陈登原条分缕析，把天一阁藏书的来源弄得清清楚楚，"至于其书之大宗来源，固亦渊源有自。可分为

---

① 陈登原：《薛氏〈旧五代史〉之冥求》，《东方杂志》1930 年第 14 期。
② 参见陈登原《古今典籍聚散考》，商务印书馆，1936 年，第 533—535 页。
③ 陈登原：《中国文化史》（下），商务印书馆，2017 年，第 815 页。

三大支言之：一则曰：范氏所有，盖多本于丰氏万卷楼之故物也……二则曰：范钦个人所购钞也……三则曰：范大彻之故物也。"又将天一阁近四百年的历史分成两个阶段："以范懋柱为中断之点，自此以上溯至有明嘉靖，凡二百余年，为书之收藏时期，自此下迄于胜清之末，凡百五十年，为书之散佚时期。"①"计范氏书之散佚，要亦可分为三期：一则曰洪杨以前；二则曰洪杨之时；三则曰洪杨以后。"②洪杨以前，藏书为尘封所毁、蠹鱼所蚀；洪杨之役，阁书大批散佚；之后，经丧乱之余，而又重以盗窃之祸。陈登原之所以视范懋柱为界，是基于这样的认识："自懋柱已后，范氏世乏通人；与其先世之名列儒林者，不无沧桑之异，故今日亦无得而稽考云。据甬上人士之熟知范氏家乘者，竟谓今时范氏子孙，除一人为小学教师而外，余皆朴质不文"，发出"书以人聚，书以人散"的感慨。③

在该书中，陈登原进一步阐述关于藏书聚散的观点，比如"艺林四厄论"和"号召藏书家效法新会先生之所为，一反犬儒以珍秘为藏之痼习"。后来这些观点和思想更加成熟而明确地表达在《古今典籍聚散考》中。

《古今典籍聚散考》不只对我国历史上此起彼伏的典籍聚散现象进行了描述，还对其中蕴含的聚散规律进行了深刻的总结。本书写作的目的是以史为鉴，为阻止当时典籍的散佚提供切实可行的方案，对今后典籍的永久保存提出一些建议。正如作者所说："虽专为记载聚散而著，然于当日典籍之盛，及其所以衰落之故，亦未敢忽。盖前者所以资鉴戒，后者所以动眷恋，必有鉴戒而后知家国文

---

① 陈登原：《天一阁藏书考》，金陵大学中国文化研究所，1932年，第19—24页。
② 陈登原：《天一阁藏书考》，金陵大学中国文化研究所，1932年，第83—84页。
③ 陈登原：《天一阁藏书考》，金陵大学中国文化研究所，1932年，第17页。

献之可贵，有眷恋而后知文献难征之可悲，竟若相反，而实相成。"①该书是一部史论结合的图书聚散史专著，史实之编排，以事为经、以时为纬，其所重者，一曰贵因，二曰贵果，三曰贵近，四曰辩证，以立论为重，以史料为主，经纬分明，系统翔实。其中，"贵因"是指历史事件发生的原因，"如清之修《四库全书》，原有政治作用。故凡关于《四库全书》之经过，具详政治卷中"。"贵果"指历史事件产生的结果和后续发生的影响，"如《永乐大典》，确以庚子拳乱而全散，故以《大典》始末，具详兵燹卷中"。"贵近"指当下发生的事件，"如浙江之修复文澜，山东海源阁之遭劫，上海东方图书馆之遭毁，事在近世，均写记之"，"辨证"指对历史事件的考证，"如秦皇焚书，隋炀焚纬，《史记》《隋书》，仅志经过"。②

在中国藏书事业发展史上，书籍聚散是常见之事，对于典籍遭到自然或人为破坏的现象，学界称之为"书厄"。关于书籍散佚的原因，隋代牛弘在《请开献书之路表》中提出著名的"五厄"理论：秦灭六国蠹下焚书之令为第一厄；西汉重聚及王莽兵乱而失为第二厄；东汉复积及献帝迁都而散为第三厄；魏晋谨守及永嘉之乱又复散失为第四厄；南朝旋又收集及末年萧绎自焚于外城为第五厄。明代胡应麟说道："牛弘所论五厄，皆六代前事。隋开皇之盛极矣，未几皆烬于广陵；唐开元之盛极矣，俄顷悉灰于安史；肃、代二宗溽加鸠集，黄巢之乱复致荡然。宋世图史一盛于庆历，再盛于宣和，而女真之祸成矣；三盛于淳熙，四盛于嘉定，而蒙古之师至矣。然则书自六朝之后复有五厄，大业一也、天宝二也、广明三

---

① 陈登原：《古今典籍聚散考》，商务印书馆，1936年，第18页。
② 陈登原：《古今典籍聚散考》，商务印书馆，1936年，"凡例"第2页。

也、靖康四也、绍定五也。"① 此即"十厄"论。

《古今典籍聚散考》分政治、兵燹、藏弆、人事四卷，别称《艺林四劫》。陈登原把历史上的书厄归纳为四个方面：一是"政治灾害"，如秦始皇时期的焚书、历代以来的官方禁书、文字狱等因政治因素对文献进行的破坏；二是"兵燹灾害"，战争灾难所导致的原因归属此类；三是"藏弆灾害"，如藏书家个人的原因、子孙保护不当等；四是"人事灾害"，包括水、火、虫、霉等。陈登原指出，"四厄之来，为文献之大敌，水火虫害，无时而已；兵燹散佚，时或不免"。

《古今典籍聚散考》政治卷专论典籍受厄于统治者的情况。陈登原以历代禁书事件为研究对象，如秦始皇焚书，隋炀帝禁纬，蔡京、秦桧禁毁野史，清代文字狱，禁书运动等，引用诸家之言，分析史实背后的详细原因。他指出，秦焚书受到多方面因素的影响，巩固专断政治、百家争鸣的士风、焚书之先例等是主要原因，当时招揽游学已不可行，书籍的存留令人道古害今，因此焚书是最为便利的做法。

兵燹卷专论典籍受厄于兵匪战乱，列举西汉末年兵乱、五胡入华、江陵之役、太平天国运动等历史上著名的兵乱事件，尤其以海源阁、《永乐大典》的书厄为例，描述兵燹对典籍聚散的影响。以太平天国为考察对象，陈登原对杭州文澜阁、汪氏振绮堂、孙氏寿松堂、祁氏澹生堂等杭州藏书，以及钱谦益绛云楼、瞿氏铁琴铜剑楼等江南藏书所遭受的书厄的具体情况进行详细分析。

藏弆卷专论历代藏书家的聚书与散书，所叙述的藏书家或藏书

---

① 胡应麟：《少室山房笔丛》，上海书店出版社，2009年，第6页。

楼有蔡邕、张华、沈约、晁公武、周公谨、陈振孙、王世贞、知不足斋、抱经堂、丁氏八千卷楼等,历数藏书之癖、聚书之苦、秘书之病,分析藏书家个人因素对于书籍收藏和聚散的影响。陈登原认为,藏书家的藏书秘不示人,以致藏书因子孙后代、盗贼、虫害等因素而散失,这种影响不亚于政治或兵燹,因此他建议藏书家应具备促使图书流通的自觉。

人事卷专论藏书因人谋不成而聚散,即水火灾害等,以刘韶美藏书、黄梨洲藏书、钱氏绛云楼、马氏道古楼等为分析对象,论述古代藏书楼的防火建筑、霉烂虫害、书贾的大致情况。以钱谦益绛云楼为例,陈登原详述火灾对藏书的毁灭性影响:宋元精刻皆成灰烬,庐山本《白氏文集》等为数不少的秘本被烧毁,实为私人收藏之大劫。

综合以上四厄,陈登原指出,可通过三种做法聚集典籍:一是印行孤本罕本;二是整理遗著稿本;三是藏书家有自觉保护的意识。

从牛弘、胡应麟到张舜徽、杜定友,学者们深刻认识到社会或个人因素在文献典籍史上的影响,由单纯的兵燹、政治原因到后来的藏书家个人保管不善、水火灾害等,文献学家对书厄的解释愈加全面。近人对书厄的研究更加详细,既有微观层面的阐述,也有宏观角度的考察,如祝文白在《两千年来中国图书之厄运》中将胡应麟的"十厄"扩展至"十五厄",张舜徽强调书厄的人为因素,杜定友指出藏书管理不善的因素,以上原因的概括充分考虑到了藏书管理过程中的主观因素。

陈登原从宏观视角出发,将书厄归纳为四个方面,体现了总体构建的历史分析思路。在具体书厄的解释上,他采用史学观点,注重因果联系,"若夫鉴往将所以思来,明古则所以药今,寻其因果乘除之理，则史非无用之学；知其盈昃进退之际，则史乃弼教之具"①，具有进步的思维，将历史上的书厄事件放置在当时社会发展的大环境之中，"所谓进步者，以史文之详略，而知今之有进于古也。以实物之进步，而知今之有愈于古焉。以经验之累积，而知今之有愈于古焉。以范围之放大，而知今之有愈于古焉"②，考察政治环境、社会风气对藏书史发展的影响，体现了陈登原的系统史观和文化整体观念。此外，陈登原重视人在藏书史中的地位，"藏弄灾害"作为独立的书厄要素被列举出来，不仅考虑到藏书家的个人原因，还对拒借、子孙后代态度等背后的藏书管理观念或家庭因素进行研究，分析个人对藏书事业的影响，关注藏书家的社会关系，补充了宏观视角研究的不足。

鉴往知今，陈登原在系统总结图书聚散的历史的基础上，得出这样的结论："保存古籍，盖后人之责"，"盖文献之散佚，一固足伤国家之体面，一亦足以损民族之精神"。考察他自己所处的历史时代，政治已自由、印刷术进步、保管术周至、公家藏书传诸久远，四厄可免。但是考虑到将来，四厄未必能免，必须采取预防的措施：印行孤本、搜罗遗佚、藏书家之自觉。他说："历来收藏之家，往往其人存则其书存，其人亡则其书亡……苟使藏书家知子孙之不克久享，何如廉售之于公家图书馆，而保留其阅览之便利。后世贤，则仍可以有福读书；后世不肖，则能毋使荡子愚妇析薪代爨，固亦人间一大快事。"③ 可以说，他的这种思想与当代许多藏书家产生了共鸣，将自己的藏书于身后捐献给图书馆已经成为他们当

---

① 陈登原：《中国文化史》（上），商务印书馆，2017年，第32页。
② 陈登原：《中国文化史》（上），商务印书馆，2017年，第41页。
③ 陈登原：《古今典籍聚散考》，商务印书馆，1936年，第502—503页。

中许多人之自觉，具有一定的现实意义。

四、文献史料研究

史料是文献学家开展研究的基本依据，史料在记录、保存和流传的过程中，会产生不同程度的伪误。如何辨别史料的真伪，分析史料的价值，判定史料的可靠性是文献学家的主要任务，这涉及史学、史料、考证多方面的内容。对于历史的含义，陈登原说道："史者，所以综述人类之活动；所谓人类活动者，固必有赖于时也、地也、人也。"① 从史学家的角度出发，陈登原强调历史的作用："若夫鉴往将所以思来，明古则所以药今，寻其因果乘除之理，则史非无用之学；知其盈昃进退之迹，则史乃弼教之具。"② 在《中国田制丛考·序》中，他将史学家的责任叙述为："夫史家所贵，首在网罗放矢，整辑旧闻……次则曰，探究原本……三则曰，覆核名实……四则曰，辨正事迹……五则曰，鉴古度今。"③ 在陈登原看来，历史学家主要职责即搜集考订史料、考究源流、辨别史料的正确性，借古鉴今。在实际的古籍整理工作中，陈登原坚持以历史文献为依据，征引大量历史资料，注明史料来源，提出问题，在引用的时候"都标明原书卷页，以符古人用古必用原文之意"④。《中国文化史》《中国田赋史》《中国土地制度》《中国田制丛考》等都体现了他"以资料富赡见长，津逮学者良多"⑤ 的治史风格。吕思勉

---

① 陈登原：《中国文化史》（上），商务印书馆，2017年，第51页。
② 陈登原：《中国文化史》（上），商务印书馆，2017年，第32页。
③ 陈伯瀛：《中国田制丛考》，商务印书馆，1935年，"序"第1—2页。
④ 陈登原：《古今典籍聚散考》，华东师范大学出版社，2010年，"凡例"。
⑤ 陈登原：《中国文化史》（一），辽宁教育出版社，1998年，"本书说明"。

在《历史之重演》的叙中说道:"陈君此书,繁征博引,所以正今人之失者,可谓至矣。"①

史料的运用方面,陈登原指出:"一则曰,有所不取也;二则曰,有所必取也;三则曰,取之而必以其真也。"②例如,《中国文化史》中,陈登原采用古文字学的解析方法,在解释文化的含义时,将文化二字分解开来,"文"包含"迹""表"和"敏"三个层次,"化"字也包含"创化""变化"与"进化"三方面,由此"文化"的定义为:"所谓文化,乃系创造而变通,变通而进步,彰明昭著之美迹焉。"在"赋税"的定义上,陈登原依据《说文解字》等古籍,对"赋"与"税"分别定义如下:"税也者,其字从禾。虽曰工商衡虞之入亦在其内,然其主要内容当为谷物。赋也者,从武从贝。车马、兵甲之属,从武者也;入库充赏之物,从贝者也","赋之为义,盖有二训,其一曰:赋,取也……其二曰:赋,献也……"因此,他指出,"凡统治者取于被统治者之物,皆谓之赋","赋"的内容大于"税",偏重军事含义。③

在编辑《国史旧闻》之前,陈登原搜集了大量史料,以读书史料笔记为主要内容。《国史旧闻》从构思到完稿历时近30年,共计180多万字,按照时代先后顺序,摘编历史资料,被誉为"最好的史学笔记"④。在具体的专题方面,陈登原以丰富的史料为证据,辅以史料间的相互佐证和资料出处,加上作者自身的结论判断。《国史旧闻》多以"登原按"的形式对历史事件进行概述总结,从而达

---

① 陈登原:《历史之重演》,商务印书馆,1937年,"吕思勉叙"。
② 陈登原:《中国文化史》(上),商务印书馆,2017年,"自叙"。
③ 陈登原:《陈登原全集》(第11册),浙江古籍出版社,2014年,第3—4页。
④ 陈登原:《陈登原全集》(第16册),浙江古籍出版社,2014年,第25页。

到"辨正事迹""鉴古度今"的目的。例如,陈登原以顾伯举《负喧杂录》、史绳祖《学斋占毕》、祁骏佳《遯翁随笔》中叙述的与纸相关的史事为依据,判定造纸术并非始于蔡伦,在"登原案"中说道:"以上举宋明人旧说,均谓造纸之事,并非始于蔡伦。然古所谓纸,与蔡伦造纸之纸,名同实异,以此说明纸非蔡伦初造,要为似是而非"①。结合民国时期造纸业的情况,陈登原通过列举姚士鳌《中国造纸术输入欧洲考》中造纸术外传历史的记载、《国际贸易指导处公报》和《时事新报》对民国时期造纸业的数据统计,在"登原案"中指出:"以纸之传入欧洲言之,以宣纸质料之佳言之,造纸一事,可以增强民族自信心者,自为无限。至如近世洋纸盛行,国产之纸渐微,则当与帝国主义者侵略中国,并为一谈。以近年国产纸品之质之量,突飞猛进言之,即可知其症结所在也。"②

五、学术贡献

早在 20 世纪 30 年代,陈登原已被人们尊称为历史学家。先生所作著述有文史著作 21 册,学术论文 19 篇,报刊文章 7 篇,另有尚未成集的多种,总字数不下千万字。其中《天一阁藏书考》和《古今典籍聚散考》奠定了他文献学家的地位。

有学者认为,中国藏书文化的研究,自从清末叶昌炽在 19 世纪后期撰《藏书纪事诗》以来,先后出现过两次研究热潮。首次研究热潮形成于 19 世纪末至 20 世纪 30 年代中期,随着日寇侵华战火的弥漫而遽告中止,第二次藏书研究高潮从 1982 年至今。而陈

---

① 陈登原:《陈登原全集》(第 16 册),浙江古籍出版社,2014 年,第 376 页。
② 陈登原:《陈登原全集》(第 16 册),浙江古籍出版社,2014 年,第 378 页。

登原的《天一阁藏书考》《古今典籍聚散考》等著作是第一次研究高潮的标志①，而《古今典籍聚散考》是"我国第一部全面研究典籍聚散问题的专著，在陈登原之前，没有人系统全面地探讨过这个问题"②。可见人们对陈登原文献学论著的地位开始有了更新更高的认识。陈登原从仅仅忠告藏书家克服秘不示人的痼习以挽救一书之命运到全面系统地提出永远解决典籍聚散的方案，体现出作者的历史使命感。我们今天重读陈登原的这些文献学论著，依然能够感受到其中蕴含的深刻的理论意义和现实意义。

第七节　郑鹤声

一、生平

郑鹤声（1901—1989），出生于浙江诸暨，原名松表，号鹤皋，后改号萼荪。先生9岁开始入私塾读书，私塾毕业后考入杭州浙江省第一中学，和兄长郑鹤春成为校友，师从国文教师陈棠、历史教师王梦曾和地理教师钟毓龙。1920年，郑鹤声考入国立南京高等师范学校文史地部，师从柳诒徵先生和竺可桢先生，专攻史学。柳

---

① 天一阁博物馆编：《天一阁文丛》（第2辑），宁波出版社，2005年，第274页。
② 陈登原：《陈登原全集》（第1册），浙江古籍出版社，2014年，"出版缘起"。

诒徵先生和竺可桢先生是郑鹤声一生难忘的良师。柳先生教授中国史和亚洲诸国史，要求学生研读正史。柳先生的严格要求和言传身教促使郑鹤声养成严谨笃实的学风，伴随了郑鹤声学术研究的一生。竺可桢先生教授气象学、地理学等，授课方式活泼，重视野外实习，给郑鹤声留下了深刻印象。在南京高等师范学校期间，郑鹤声还先后担任了学刊《史地学报》的编辑部副主任和总编辑。

1925年，郑鹤声自南京高等师范学校毕业后，赴昆明云南高等师范学校任教，并兼课于东陆大学（今云南大学）。1929年调回南京，任职于南京国民政府大学院编审处。1931年进入国立编译馆专任编审（后改为专任编译）兼第三组主任（后改为人文组主任）。1946年转入国史馆，任纂修兼史料处处长。中华人民共和国成立后，先生改任中国科学院中国近代史研究所研究员。1951年到山东华东大学任教，后不久华东大学并入山东大学，郑鹤声也随之调入山东大学，任历史系教授，兼任中国近代史教研组主任，直至1989年病故。

二、学术论著

郑鹤声的学术研究涵盖清史、中国近代史、中国史学史，中西交通史、中外关系史、中国文献学等领域，撰写的文献学著作有《史汉研究》《中国史部目录学》《中国文献学》《司马迁年谱》等，尤以《中国文献学概要》和《中国史部目录学》最具代表性。

《中国文献学概要》。由郑鹤声、郑鹤春两兄弟合著，写于1928年，1930年由商务印书馆出版，1983年上海书店重印，2001年上海古籍出版社再次重印并收入《蓬莱阁丛书》之中。全书共7章13

万字，分别为导言、结集、审订、讲习、翻译、编纂、刻印，初步概述了文献学的研究对象、研究范围和研究内容。作为我国第一部以"文献学"命名的学术专著，被誉为"中国文献学的开山之作"①。

《中国史部目录学》。1930 年商务印书馆初版刊行，1936 年再由商务印书馆重印。该书对我国史书的渊源、史部的形成、史目正录、史目别录、史部分类学说、史料分类法进行了阐述，强调了史部目录的重要价值。该书是史部目录的专门著作，是研究中国历史的入门书籍，具有重要的学术参考意义。

三、文献学思想

中国传统文献学发展历史悠久，但"文献学"却是 20 世纪初期的学术名词。1920 年，梁启超在《清代学术概论》中首次提出"文献学"的概念："清代史学极盛于浙，鄞县万斯同最称首出。斯同则宗羲弟子也（指万斯同，黄宗羲弟子）。……其后斯同同县有全祖望，亦私淑宗羲，言'文献学'者宗焉。"②虽然"文献学""中国文献学"在梁启超的著述中被多次使用，但当时学界并未出现以"文献学"命名的学术著作。在此背景下，郑鹤声、郑鹤春《中国文献学概要》明确以"文献学"来命名，开启了我国文献学研究的新阶段。

---

① 郑鹤声、郑鹤春撰，郑一奇导读：《中国文献学概要》，上海古籍出版社，2001 年，"导读"第 1 页。
② 梁启超著，朱维铮校注：《梁启超论清学史二种》，复旦大学出版社，1985 年，第 15 页。

（一）文献学的概念与学科体系

郑鹤声引证孔子和马端临的说法，定义文献是指典籍记载与宿贤的言论，声明"本编亦采其谊，结集、翻译、编纂诸端，谓之文；审订、讲习、印刻诸端谓之献。叙而述之，故曰文献学"[①]，将"文献学"概述为结集、审订、讲习、翻译、编纂和刻印几个方面。这样的顺序安排直接体现了郑鹤声对整个文献学研究体系的认识："典籍结集，为文献学上最重大之事业，故首及之。然结集而不施以审订，则无以取精深而用宏，择要而弃微，故审订又次之。既审订矣，而不能'涉其流，探其源，采剥其华实，而咀嚼其膏味'（苏东坡《李氏山房藏书记》），则结集审订皆虚事，仍不能发扬其光辉，故讲习又次之。故结集表也，审订里也，讲习则表里相兼者也。自外学输入，而后有翻译之事业，自印刷发明，而后有编纂之规模，皆吾国文献学上之伟大纪念物焉。并次而论之。"[②] 这一研究体系，将结集作为文献学最重大的事件放于首要研究之位，将审订作为文献学的实质问题，将传播利用文献的讲习作为结集、审订的目的；又把中外文化交流后日显重要的翻译和印刷术发明后影响深远的编纂、刻印一同列入文献学研究体系"并次而论之"，更是突破了传统的古典文献学研究范围，将中国文献学的研究放到了世界文化发展的大趋势、大潮流中考察。

郑鹤声从文献产生与传播的角度出发，建构文献学的学科体系，关注文献的产生、校勘、考证、流传情况，由此形成了一个相对完整的学科逻辑体系。在《中国文献学概要》中，郑鹤声系统总

[①] 郑鹤声、郑鹤春：《中国文献学概要》，上海书店，1983年，"例言"第1页。
[②] 郑鹤声、郑鹤春：《中国文献学概要》，上海书店，1983年，"例言"第1—2页。

结了传统文献学的研究对象、研究目的、研究历史和研究方法，并且融合吸纳现代文献学的新内容，初步奠定中国文献学的研究体系，是对中国现代文献学理论构建的一次开拓性尝试。通过研究文献的发展规律，考察文献的基本特点、产生情况、整理方法和发展历史，郑鹤声尝试建立中国文献学的学科框架，推动了文献学发展的现代化进程。

赵国璋、潘树广主编的《文献学辞典》（1991）对"文献学"的解释是："研究文献的产生、发展、整理和利用的专门学科。在我国通常有两个含义：一是指传统意义上的文献学（或称古典文献学），一是指现代文献学。我国古时称从事文献整理和研究的学者为校雠学家。传统文献学正是在综合校雠、目录、版本诸学的基础上发展起来的，是指研究我国古典文献的源流、特点、处理原则和方法（如分类、目录、版本、辨伪、校勘、注释、编纂、辑佚等）及其利用的一门学科。"[①] 该书的《前言》又说："古典文献学一般指广义的校雠学，即由西汉末年刘向、刘歆所开创，又为历代学者不断发展扩充的，以研究古代典籍的分类、编目、版本、校勘、辨伪、辑佚、注释、编纂、校点、翻译和流通等为主要内容的学科。"[②] 正如张君炎先生所言，郑鹤声所说的文献学"实际上包括了古籍整理和研究中有关目录学、版本学、编纂学、校勘学以及中国书史等许多方面的内容，近似章学诚、张舜徽等所说的'校雠学'"[③]。

值得一提的是，不同于民国时期文献学学者对传统文献的研

---

① 赵国璋、潘树广主编：《文献学辞典》，江西教育出版社，1991年，第186页。
② 张君炎：《中国文学文献学》，江西人民出版社，1986年，第11页。
③ 张君炎：《中国文学文献学》，上海大学文学院，1982年，第10—11页。

究,《中国文献学概要》专列"翻译"篇章,突破了古典文献学的研究范围,体现出近代意义上的文献学内容。虽然将翻译纳入文献学存在争议,但在当时中西文化冲击的背景下,这无疑是文献学研究的创新举措,反映了郑鹤声对中国文献学国际地位的思考。同时,"编纂"也是《中国文献学概要》的独立篇章,该章节论述传统文献的整理,总结《永乐大典》《古今图书集成》《四库全书》等丛书、类书编纂的成就,涉及书史研究的相关内容,实际上是郑鹤声对古籍整理工作的肯定。

郑鹤声强调"古籍结集"的重要价值,以引起公众对于典籍的关注。《中国文献学概要》写于中西文化相互冲撞的1928年。在导言部分,他说道:"我国史学发生之早,典籍之博,学者之注重,实可谓世界各国中首屈一指。欲言远古文化,可由载籍以求之,而非仅由断片古物之推证,而后可知也。"① 他充分肯定中国文献的价值,探索中国文献的渊源,这无疑出于他对中华优秀传统文化的保护和热爱之心。郑鹤声对文献史料价值的重视深受柳诒徵、竺可桢、梁启超诸位先生的影响。郑鹤声在南京高师求学期间,南京高师成立史地研究会,柳诒徵、竺可桢、梁启超任指导员,并出版《史地学报》刊物。郑鹤声就是该学报编辑部的一员。《史地学报》设有史地教育、书报目录、新书介绍等栏目,继承中国传统史学的特点,研究国内外史学理论。受此影响,郑鹤声十分关注传统文献史料,注重梳理中国文献的传播过程,弘扬历史文献的学术意义。在云南高师期间,郑鹤声撰写了诸多中国史学史方面的著作,如《中国近世史》《近世中西史日对照表》等,推动了史学学科的

---

① 郑鹤声、郑鹤春:《中国文献学概要》,上海书店,1983年,第4页。

发展。

郑鹤声《中国文献学概要》是首部以"文献学"命名一部专著、一门学科的专著。"文献学"作为一门学问的名称最早是由郑氏兄弟提出的，这为多数学者所公认。如王余光认为："《中国文献学概要》是第一部直接以'文献学'命名的著作"①，"郑鹤声、郑鹤春写成《中国文献学概要》，1930年由商务印书馆出版，这是我们见到的第一部以文献学命名的著作"②。王玉德说："1933年，商务印书馆出版了郑鹤声、郑鹤春编《中国文献学概要》，这是中国现代第一部以文献学命名的论著，有开创之功。"③ 谢灼华和朱宁也说道："1930年郑鹤声、郑鹤春合著的《中国文献学概要》问世后，首次以'文献学'冠为书名。"④ 李伟超也认为："1930年商务印书馆出版了郑鹤声、郑鹤春兄弟的《中国文献学概要》，是第一部以'文献学'命名的专著。"⑤ 二郑将专著冠以"文献学"之名，在某种程度上，也意味着中国学者对文献的认识已开始从感性认识阶段上升到理性认识阶段，对文献的研究将逐渐进入了系统的科学研究阶段，文献学有望成为一门独立的学科。

郑鹤声在《中国文献学概要》中尝试构建中国文献学的基本研究体系，界定文献学的研究对象、研究范围、研究内容，总结文献学的研究历史、研究目的和研究方法，一方面总结古典文献学的各大研究范畴，另一方面引入现代文献学的新研究内容，更强调世界

---

① 王余光等：《中国文献学理论研究百年概述》，《图书与情报》1999年第3期。
② 王余光：《20世纪中国文献学研究综论》，《图书情报工作》2002年第11期。
③ 王玉德：《张舜徽先生的学术成就与贡献》，《文献》1997年第4期。
④ 谢灼华、朱宁：《20年来我国文献学理论研究综述（1978—1998）》，《晋图学刊》1999年第3期。
⑤ 李伟超：《20世纪中国文献学回顾》，《情报资料工作》2002年第5期。

化的研究眼光和利用科学方法研究文献学的重要性,《中国文献学概要》初步建构起了现代文献学的研究框架:以结集始,继以审订、讲习,辅以外学输入后的翻译,印刷发明后的编纂、刻印,基本涵盖了文献从产生到传播、利用的宏观动态过程。

当然,也有学者认为《中国文献学概要》一书有缺点,如王余光认为《中国文献学概要》一书缺少内在逻辑性,难以构成文献学的学科体系,[①]"有人认为此书实质上是中国文献流布史,没有廓清所谓的中国文献。另外体系结构缺少内在逻辑性,体现了古典文献学脱离'校雠学'之名初期理论研究的片面性和迷盲性,因而该书问世后未能引起学术界的必要的重视"[②]。张大可、俞樟华在《中国文献学》(福建人民出版社,2005年)中为,《中国文献学概要》在理论层面上没有跳出传统校雠学的窠臼,且篇幅过小,没能深入讨论文献学各方面问题,将"翻译"纳入文献学范围而没提到更迫切需要关注的古文今译等问题,都不能不说是缺憾。

必须得承认,以上学者的观点都是有一定道理的,《中国文献学概要》作为一部开创性的专著,不可能十全十美。郑鹤声在20世纪20年代将文献学作为一门专门学科来研究,将古典文献学中各零散研究方向统合纳入现代文献学框架体系之中,并加入新的研究内容和研究方法,本身就具有一定的探索性。作者对文献学研究对象的认识已经突破了各自独立的静态状况而向相互联系、不断发展的动态形式演变。引用郑一奇在《中国文献学概要》导读中的结论:"这是一部中国文献学的开山之作,也是在中西文化冲撞之下,

---

① 参见王余光《中国文献史》(第一卷),武汉大学出版社,1993年,第53页。
② 王余光等:《中国文献学理论研究百年概述》,《图书与情报》1999年第3期。

对中国文献学的世界价值、地位重新审视的创新之作"①,笔者认为这是基本公允的看法,《中国文献学概要》在中国现代文献学研究领域具有不可磨灭的历史地位。

(二)文献学的研究价值

郑鹤声提出,中国文献渊源与价值的研究应该放在世界文化的背景下来考察。原因有二:一是中国文献有极大的渊源与价值,中华文化之完备离不开中华典籍之完美,所以国人"不宜妄自菲薄者矣"②。二是中国文献应当世界化,从而使中国文化世界化,纠正西方人对东方文化的种种错误理解,将中国文化发扬光大。

这两大原因正是《中国文献学概要》的两大思想特色。《中国文献学概要》的成书年代,是中西文化冲撞日益加剧的20世纪初,学术界出现了蔑视民族文化的思潮。郑鹤声先生提笔著《中国文献学概要》,正是为了改变时人"号为学人,而叩以本国文献之要略,瞠目而不知所对者"③ 的可悲状态。郑鹤认为犹如精神之于人,文化和典籍是一国之根本——提倡科学救国,也不能废弃传统文化以及对历史典籍的研究。要认识到中国文献是世界性的宝贵遗产,中国文化在近代以前一直走在世界前列,虽然近代落后了,但国人应有信心重新登上世界学术文化的高峰,绝不该妄自菲薄。

在肯定研究中国传统文献的重要性后,郑鹤声提出,对中国文献的研究应当世界化,这是中国文献长盛不衰、走向世界的必经之

---

① 郑鹤声、郑鹤春撰,郑一奇导读:《中国文献学概要》,上海古籍出版社,2001年,"导读"第1页。
② 郑鹤声、郑鹤春:《中国文献学概要》,上海书店,1983年,第5页。
③ 郑鹤声、郑鹤春:《中国文献学概要》,上海书店,1983年,"自序"第1页。

途。科学的研究方法至关重要,要走出传统的"修身治国""善身淑世"的局限,大胆利用现代科学方法开发整理传统文献,把浩如烟海的文献资料变成采之不竭的宝藏。所以,《中国文献学概要》的工作便是努力建立一个文献学的体系,尝试将传统文献学内容和现代文献学内容融合到同一个理论框架中。

在中西文化冲撞的时代背景下,重新审视中国文献学的世界地位与价值十分必要,郑鹤声认为研究中国固有文献的意义重大,中国人对此应有信心和责任感。他在《中国文献学概要》的例言中明确指出:"本编导言,申明中国文献的地位与世界潮流之趋势,以总其要。"① 又在自序中引《四部丛刊征启》所言"睹乔木而思故家,考文献而爱旧邦",坚定总结道:"求其立国根源,仍不得不求之于本国之文献。"② 而在中西文化相激相荡而卒相合之时期,"今后所谓东方史研究之中心,显然将集矢于中国"③,创造中华文明的中国人,该勇于承担"负有发挥之光大之继长而增高之责任与使命"④,该"因此趋势而使中国学术成世界的研究"⑤,该"有学术之觉悟,当思中国文化之整理与推求,以公之于世"⑥。

20世纪20年代,郑鹤声对于中国传统文献的评价、定位和将中国文献学融入世界文明的努力在今天看来仍具有远见卓识。郑鹤声坚持中国传统文献的重要价值并将其提升到世界文明遗产的高度,顺应时代发展潮流主动将目录学、校雠学等传统文献学相关研

---

① 郑鹤声、郑鹤春:《中国文献学概要》,上海书店,1983年,"例言"第1页。
② 郑鹤声、郑鹤春:《中国文献学概要》,上海书店,1983年,"自序"第2页。
③ 郑鹤声、郑鹤春:《中国文献学概要》,上海书店,1983年,第5页。
④ 郑鹤声、郑鹤春:《中国文献学概要》,上海书店,1983年,第2页。
⑤ 郑鹤声、郑鹤春:《中国文献学概要》,上海书店,1983年,第6页。
⑥ 郑鹤声、郑鹤春:《中国文献学概要》,上海书店,1983年,第6页。

究统合入现代文献学的框架之内,提倡利用科学方法整理开发我国浩如烟海的文献典籍,这些精辟的论点令人肃然起敬,对后人启发良多。

(三)中国古典文献学的总结

文献学在中国源远流长,但中国古代无所谓"文献学",只有从事研究、整理历史文献的学者(过去称之为校雠学家)。20世纪初,由于"西学东渐"的影响,中西方文化合流,文献环境的变化催生了"文献学"这一现代学科概念的诞生和学科结构的逐步成型。而一个学科的发展,首先离不开一定的积累。作为有长期文献学经验性研究积累的国度,中国文献学可谓有丰富的历史遗产,包括浩如烟海的文献准备和历代传承的经验总结。郑鹤声花了大量篇幅和精力总结、梳理中国古典文献学,一一阐述中国传统校雠学、目录学、版本学等重要内容,总结了古典文献学的研究对象、范围、内容和方法,在古典文献学的框架基础上进行拓展,大胆引入翻译和刻印等古典文献学甚少论及的内容,并将之与结集、审订、讲习、编纂等内容并列,突破了古典文献学的研究范围,既强调了中国文献学对世界文明的重大贡献,又结合了中西文化交流等时代特色,此外,"刻印"等章节还触及文献载体等新内容,具有一定前瞻性。

郑鹤声指出,中国文化经典的整理工作是一项繁复又高难度的工作。他推崇孔子,不认同老子对古籍放任自流的态度,认为孔子结集六经是和印度佛典第一次结集同等重要的世界文化史大事。孔子是中国文化的中心,没有孔子删订典籍,便没有中国古代文化。孔子之后的二刘校理,背景是孔子删订多年后,诸家思想庞杂,需要第二次的审订。刘向、刘歆在校理工作中自觉实践搜罗并甄别的步骤，代表了校雠学的高峰，是中国古典文献学上最有系统、最精密的整理。乾隆审校是刘氏之后最大规模的审校活动，但郑鹤声认为该次校审从性质到方法带有浓厚的政治色彩，并认为修《四库》之功不只纪昀一人，而是众馆臣各集所长的共同研究成果。

郑鹤声在佛教文献方面有着独到的见解。他指出，自唐以后印度无佛学，其传在中国；他国所传佛学皆小乘而中国独大乘；中国佛学宗派非袭印度而是自创；中国佛学兼有哲学之长，因此，他自豪地认为"中国不受外学则已，苟受矣，则必能发挥光大，而自现一种特色"①。

在《中国文献学概要》导言中，郑鹤声提出需要从世界文化的背景下研究中国文献学，要将传统和现代文献学统合，而翻译即是连接两者的良好桥梁。书中第五章开篇提出："我国对于他国知识之要求，盖有两度，一为隋唐以前之印度文化，二为明清之欧西文化。此二种文化，前者已告一段落，后者则日新无已……"②郑鹤声认为，科学翻译事业始于明季，至今（成书年代）前进未已，以佛教典籍翻译和近世科学著作翻译为两大高潮，指出"翻译"既与古典文献学密不可分，也是现代文献学研究的重点，意在承前启后，有机联系古典文献学与现代文献学。

郑鹤声认可编纂的价值，他指出："自印刷之术行，而书籍之纂辑者众。兼收四部，汇为巨帙，或为类书，或为丛书，极盛于明清之代，而复兴于今，诚文献学上之大功业也。"③他认为，印刷术

---

① 郑鹤声、郑鹤春：《中国文献学概要》，上海书店，1983年，第105页。
② 郑鹤声、郑鹤春：《中国文献学概要》，上海书店，1983年，第141页。
③ 郑鹤声、郑鹤春：《中国文献学概要》，上海书店，1983年，第173页。

的发达与否关系文化学术甚巨，五代后雕版通行导致"校刊不精""读书不勤"实是中国学术界的一大变动，故唐以前多通儒；并指出中国印刷术对欧洲影响巨大，而中国铜活字传自高丽一说并无依据，从而肯定了中国发明的印刷术对世界文明的贡献。

郑鹤声认为，中国古代文献的著录与分类分别对应于传统的目录学、分类学知识，书籍著录重沓繁复，不可究诘。因此，在《中国文献学概要》中，郑鹤声以《汉书·艺文志》《隋书·经籍志》《宋史·艺文志》和《四库全书总目》为据统而计之，分别介绍了这四次大规模著录的背景、内容和具体类目，关注各次著录之外典籍的散佚损失情况，论述自三代至六朝的书籍"五兴五衰"，总结中国数千年文献的结集、分类、收藏和散佚情况，介绍古代文献目录学的基本知识，为有志研究中国古代文献之人提供入门途径，同时提及西欧各国中古以来藏书归王室和教会保管并提供给市民观览，有利于保存和利用文献，呼吁中国也建立图书馆等公共文献机构，让学术走平民式的发展道路，"一国学术之资料，直与一国人共之"①。

四、目录学思想

"史部目录学"原为郑鹤声在大学开设的课程，意在为学生研究史学提供基本的入门知识。1930年，该课程的讲稿由商务印书馆出版，是为《中国史部目录学》一书。在《中国史部目录学》一书的自序中，郑鹤声讲道："为学之道，首在得门径……目录学者，读书之

---

① 郑鹤声、郑鹤春：《中国文献学概要》，上海书店，1983年，第38页。

门径,而史部目录学,则又是读史之门径也。"① 这不仅是郑鹤声对史部目录学的看法,也可以看成郑鹤声对文献学研究的基本态度。

郑鹤声将史部目录划分为正录、别录、变录三种类型。正录史目以《隋志》为依据,经籍志、艺文志、《四库书目》、《书目答问》均归此类,其分类"少不过十,多不逾十六";别录以《遂初堂书目》《补五代史艺文志》《千顷堂书目》等为代表,其分类"少则为三,多至三十有七";变录以江苏省立国学图书馆的图书总目、全国总书目为代表,其分类或根据前人书目或参考西式目录,以求两全之法。

郑鹤声在《中国史部目录学》中指出,目前为止的中国史部目录学大致可分三派:一是师承《隋书·经籍志》的史目正录;二是自成一家的各种史目别录;三是正在摸索中的代表新式图书分类方法的史目变录(在初版中郑鹤声先生称之为"史目今录")。

郑鹤声认为《隋书·经籍志》是史目正录的典范。隋以前,从刘歆编《七略》以《世本》《战国策》等并入《六艺略春秋》;到荀勖撰《中经簿》始分甲、乙、丙、丁四部,以子部先于史部;再到李充重分四部,以经为甲部、史为乙部;直到《隋书·经籍志》,史部在目录学中的位置才正式确定。这一过程中,史部从不独立到独立,位次从后到前,成为仅次于经部的一大类。之后《崇文总目》等目录编排方式大都可以追溯到《隋书·经籍志》。正所谓"正录者,以《隋志》为依据,上自唐宋诸史经籍艺文志,下逮《四库书目》《书目问答》皆属之"。至于别录,则是历代目录学研究学者"颇改前例,自出胸臆"的成果,从宋代尤袤的《遂初堂书

---

① 郑鹤声编:《中国史部目录学》,商务印书馆,1933年,"自序"第1页。

目》到清朝顾櫰三的《补五代史艺文志》，各有高下，且分类多变。史目变录（今录）是今人根据前录加以厘定以配合新式图书分类需要的成果，尚处于探索期。

郑鹤声认为，我国是世界上史料最丰富的国家，除去实物史料，即使是书面史料，也是汗牛充栋，历史工作者经常有不知如何入手的困惑。而我国史料虽多，但只要借助一定的分类方法，就能得其门径而入。然而，史料的分类方法也是多变而不统一的，这就需要明其源流，才能继续摸索前进。这是郑鹤声作《中国史部目录学》的初衷。

作为一部专科目录学著作，《中国史部目录学》遵循渊源、形成、分类、展望的路径，为专科目录学的发展与著述编撰提供了一个相对合理的研究思路，并通过辑录我国古代目录的史学类表和史学家的史部分类学说，展现我国史籍研究的演变过程，具有相当的实用价值。

后人对《中国史部目录学》一书评价甚高。王锦贵将该书奉为"中国第一部历史文献目录学"[1]。陈耀盛认为："近代目录学研究开始于总结我国古典传统目录学成就和引进西方目录学……还出现了专科目录学论著，如……郑鹤声《中国史部目录学》等"[2]，"郑鹤声首创《史部目录》，填补了学术空白"[3]。可见，郑鹤声的《中国史部目录学》不但是我国第一部历史文献目录学专著，也是我国近代目录学总结古典传统目录学和引进西方目录学后开创的专科目录学代表作之一，填补了学术空白。

---

[1] 王锦贵主编：《中国历史文献目录学》，北京大学出版社，1994年，"前言"第2页。
[2] 陈耀盛：《中国目录学学术思想史论纲》，《图书馆杂志》2002年第5期。
[3] 张大可、俞樟华：《中国文献学》，福建人民出版社，2005年，第167页。

五、史料编纂

《史料学讲义》也名《中国史料目录举要》，是郑鹤声先生在1958年为山东大学历史系学生授课用所编的教材。全书内容分七章。第一章是通史史料，先概说中国史料的总体状况。第二章到第七章是断代史史料，从先秦古代史料讲述到明清史料，一一详细介绍历朝历代的史料情况，分别讨论各时期的史料来源和分类。

史料学有两类：一类是史料学通论，专门讨论搜集、鉴别和运用史料的一般规律；另外一类是具体的史料学，专门研究某一历史时期，或是某一史学领域史料的来源、价值和利用。《史料学讲义》作为教科书的一种，包含了以上这两类史料学内容。全书条分缕析，较为详细地论述了中国历朝历代的史料情况和利用方式，还涉及区别史料真伪、查明史料来源、考订史料版本、校勘史料文字和考订史料内容等多方面研究方向。

当然，《史料学讲义》的成书年代较早，所以郑先生对于史料的论述断代到清末，也即《史料学讲义》其实是中国古代史料学的讲义，研究的是古代史料，不涉及报刊、年鉴等新的史料类型。

郑先生治学一向不惧于当"史料派"，所以对于史料的搜集极为重视，认为史料不具备，就无法进行研究工作，而离开史料所讲的历史不是信史。郑先生教授史料学这门课程，编写《史料学讲义》一书，正是将史料学视作历史学的一个基础学科，专门考察史料，目的是研究史料的源流、价值及其利用，为学生提供从史料入手研究历史的门径。

此外，郑鹤声先生还撰写了一系列的史学名家年谱，计有：包括《司马迁年谱》《班固年谱》《袁枢年谱》和《杜佑年谱》。这些年谱都是郑先生应何柏丞先生主编《中国史学丛书》之邀所撰写的,配合郑鹤声先生《正史研究》,是郑先生不懈搜集史料的心血结晶。除此之外,先生还编写了《荀悦年谱》、《徐光启年谱》和《刘知几年谱》,但都不幸毁于上海"一·二八"战火。

郑先生在《司马迁年谱》的小序中说道:"占中国历史上极重要之位置如汉司马迁,后人读其书者众矣,然未尝有能详知其为人,而为之年谱者……"①所以先生搜集资料、考据文献,编撰系列史学名人年谱,使人们在读史的同时能进一步了解前辈史学家的生平经历、思想观点、治史方法和风格,更深层次地解读历史。

先生秉着一贯踏实考证的作风编撰此系列年谱。以《司马迁年谱》为例,先生编此年谱,基本以王国维先生的《太史公疑年考》为主要参考基准。先生谈到,选择王先生的底本是经过慎重考证的,对王先生的《太史公疑年考》基本信任是基于"王氏治学,考核尤精"②。对于与王国维先生考证有出入之处,郑先生一方面慎之又慎,认为:"与余所见虽稍有出入之处,亦为辨证。非别有正确之发现,不敢立异,徒兹纷扰"③;另一方面,郑先生也指出王国维先生对于《太史公自序》和《报任安书》等第一手史料重视不足,而"考据一人之事迹掌故,得之于当时人或当地人者,最为可据"④,所以在编撰过程中,先生格外重视对这些第一手史料的研究。此外,先生还积极挖掘新的可信史料,如司马迁家乡陕西韩城

---

① 郑鹤声:《司马迁年谱》,商务印书馆,1956 年,"小序"第 1 页。
② 郑鹤声:《司马迁年谱》,商务印书馆,1956 年,"小序"第 2 页。
③ 郑鹤声:《司马迁年谱》,商务印书馆,1956 年,"小序"第 2 页。
④ 郑鹤声:《司马迁年谱》,商务印书馆,1956 年,"小序"第 3 页。

县的地方志等，作为研究的有力依据。对于其他学者关于司马迁生平的论证，郑先生也以实事求是的态度进行考证，一方面参考研究，一方面果断摒弃了"颇多夺理"的部分，坚持从文献资料出发有理有据地探讨司马迁的生平。

1956年《司马迁年谱》重印，先生为重印版做了单独的导言，进一步言明编撰年谱的目的：颂扬司马迁的爱国精神和史学家气节，学习司马迁的治史方法。这部重印版的《司马迁年谱》还收录了先生于1956年撰写的《司马迁生年问题的商榷》一文，文中针对郭沫若先生等学者对司马迁生卒年等问题不同于王国维的新观点发表了看法，从文献证据出发，一一反驳了郭沫若等学者所持新观点的论据，阐述了自己之所以坚持王国维先生论断的依据。

作为一名历史学家，郑鹤声先生在史学方面最宏大的著作是洋洋洒洒二十余册的《正史研究》。该书将二十四史的源流派别撰述要义一一介绍，各史自成一册，是正史研究的一种门径书。1926年由云南高等师范学校油印作为讲义。同时郑鹤声还撰写了《正史汇目》，前后共5册，亦由当时的云南高师油印出版，1928年被上海商务印书馆收入《郑氏史学丛书》出版。《正史汇目》是郑先生为帮助研究正史的历史学者理清正史源流、了解正史分类方法所作，有教学讲义的性质。同时，该书也是配合郑鹤声先生《正史研究》系列著作的参考用书，起目录导引的作用。

《史汉研究》是郑鹤声先生《正史研究》的一种，先生在该书的绪言中说："余今讲学淮南，劝学者必读正史。因取自史记至明史，每史各撮其旨要，折衷昔贤议论，详其本末，号为《正史研究》，凡二十余册。卷帙太繁，不及俱付排印。兹单就《史》《汉》

二史，刊布于世，而另名曰《史汉研究》云。"①

在《史汉研究》中，先生将中国二十四史中的前两史《史记》和《汉书》的源流派别、宗旨要义一一介绍，并评价、比较两者的异同。该书分为三部分：第一部分是《史记》研究，详细讨论《史记》的传略、组织、补遗、源流、条例和制作；第二部分是《汉书》，分传略、组织、源流、条例和制作五方面讨论；第三部分是史汉比较，从总述、体例、增删和叙事四个角度切入讨论。

《史汉研究》继承了传统历史文献学注重校勘、考证、训诂、评注等方面的特点，吸收、汲取诸多先辈学者的研究成果，被后人认为是20世纪正史研究中"有影响的著作"②。

六、学术贡献

郑鹤声是构架我国现代文献学理论框架、开拓历史文献专科目录学的先驱。郑鹤声与其兄郑鹤春合著的《中国文献学概要》是中国第一部以"文献学"命名的专著，书中总结了古典文献学的主要内容和成就，引入翻译和刻印等传统文献学没有的内容，融合古今，基本勾勒出中国文献学理论研究的框架，确定中国文献学研究的范畴、内容和方法，以世界眼光看中国文献学，在中国现代文献学研究史上有开拓性意义。郑鹤声用"文献学"来命名一门专门学科，标志着中国的文献学研究开始进入系统的科学研究阶段。郑先生所尝试构建的文献学理论框架涵盖了至今为止大部分文献学研究领域。

---

① 郑鹤声：《史汉研究》，商务印书馆，1930年，第17页。
② 张新科、王刚：《20世纪史记学的发展道路》，《淮阴师范学院学报》（哲学社会科学版）2000年第1期。

郑鹤声先生所编撰的《中国史部目录学》是中国第一部中国历史文献目录学专著，内容结构超越了清代学者局限于文献篇目与版本的目录学，将史部目录学发展为揭示历史文献目录源流和发展规律的一门学科，填补了学术空白。《史料学讲义》则系统阐述中国史料的概况、分布和特点，为历史学者从史料出发研究历史提供了门径。

郑鹤声为中国现代文献学所作的贡献是不容置疑的，他一方面秉持着踏实的学风倡导当"史料派"，孜孜不倦研究中国古典文献，为后来学者开辟研究门径；另一方面大胆开拓现代文献学的研究范畴和内容，呼吁要将中国文献学世界化，提升中华文化的整体地位，推动了中国现代文献学理论研究的发展。

第八节　王欣夫

一、生平

王欣夫（1901—1966），名大隆，字欣夫，号补安、补庵，江苏吴县（今江苏省苏州市）人，生于一个颇有读书、藏书传统的家庭。王欣夫的父亲王祖询，建有二十八宿研斋藏书，收藏宋本《陶渊明集》、宋小字本《通鉴纪事本末》、涵芬楼影印《四部丛刊》的《陈伯玉集》等三十余种宋元善本。① 王欣夫早年受业于吴江著名文学家金松岑，18岁以后，转从吴县名儒曹元弼学习经学，成为曹门造诣最深的弟子。曹元弼曾命王欣夫整理编辑其兄曹元忠的遗稿，并在临终前将其书稿《古文尚书郑氏注笺释》《孙氏尚书今古文注疏校补》传给王欣夫。学成后，他曾先后任教于苏州女师、上海圣约翰大学，"平居课徒，余力拥书万卷，精研朴学，实事求是"②。1952年院系调整后调到复旦大学中文系，于1957年至1960年间讲授文献学课程。1966年因患肺炎去世。

二、学术论著

王欣夫在目录学、版本学、校勘学方面颇有造诣，撰写或编纂整理的著作有《文献学讲义》《蛾术轩箧存善本书录》《许庼学林》《四库全书总目提要补正》等，其中以《文献学讲义》为其代表性著作。

《文献学讲义》。该书为王欣夫在复旦大学讲授文献学课程时编写的讲义，于1959年12月定稿。王欣夫原有意出版此讲稿，但由于各种变故一直未能出版。20世纪80年代以后，有些院校（如南京大学中文系）曾翻印此讲义作为教学参考教材。后来王欣夫的学生、复旦大学中文系徐鹏教授整理了该讲稿，并于1986年2月正式出版。2016年，上海古籍出版社将其纳入"名家说——上古学术萃编"再行刊印。全书征引了相当丰富的材料，对目录、

---

① 周退密、宋路霞：《上海近代藏书纪事诗》，华东师范大学出版社，1993年，第78页。
② 三浦理一郎：《王欣夫先生与他的古代文献学》，《复旦学报》（社会科学版）1999年第2期。

版本、校雠三方面的源流演变以及主要代表人物和重要著作，从历史发展的角度作了较为全面的叙述。

三、文献学与目录学的界定

王欣夫认为，元代马端临《文献通考》所包括的内容是广义的"文献学"，但"广义的'文献学'是无法在课堂上讲授的；然而，既称为'文献学'，就必须名副其实，至少要掌握怎样来认识、运用、处理、接受文献的方法。这方法要能够执简御繁，举一反三，譬如一把多种形状的钥匙，可以开启多样形式的锁。书籍既是智识的宝库，对它怎样开启，进一步怎样发掘、整理，就是一个重要问题"。[①]据此，他将文献学的内容定为目录、版本和校雠。他同时指出，目录、版本、校雠是三位一体的，不论先后。目录是用来揭示文献材料的，版本用于检查材料的可靠性，校雠则是整理材料的方法。

从王欣夫对文献学的界定来看，他将文献整理涉及的内容作为文献学的主要研究内容，这与张舜徽先生在20世纪40年代出版的《广校雠略》中提出的广义校雠学的内容架构是一致的。根据王余光教授所言，"古典文献学派的学者们认为，文献学即是研究古籍整理的各项内容。在传统的古籍整理工作中，尤以目录、版本、校勘三项为重要"[②]。可知王欣夫对于文献学的看法并没有超越古典文献学派的范畴，因此，他通常被视为古典文献学派的代表人物之一。王欣夫虽然提出了广义文献学的概念，但并没有对文献学作出

---

① 王欣夫：《文献学讲义》，上海古籍出版社，2005年，第3页。
② 王余光：《中国文献史》（第一卷），武汉大学出版社，1993年，第53页。

一个广义的架构。这也许源于他并不想陷于学术问题名义上的虚文之争，而是注重于实质内容的揭示，所以他更多的是从目录、版本、校雠这三项内容涉及的相关定义与方法来阐述文献学。

在《文献学讲义》中，王欣夫对狭义的目录学进行了阐述，对目录涉及的具体问题进行了说明。他探讨了"目录"二字的本义，指出"目"为一书的篇目，"录"为合篇目和叙的总称。在界定目录学问题上，首先，王欣夫认为应综合前人的四种说法——纲纪群籍的目录家目录，辨章学术、考镜源流之史家目录，鉴别旧椠、雠校异同之藏书家目录，提要钩玄、治学涉径之读者目录，这样才得全面。其次，王欣夫指出了目录学在指导读书、判断古书真伪、考古书分合、定古书类型、访求阙佚、考亡佚书方面的重要作用。再次，王欣夫对目录分类从七略到四部的历史演变、目录的体例进行了阐述；最后，他以丰富的材料、清晰的历史脉络，分述史家目录、补史目录、官家目录、私家目录、地方著述目录、专科分类目录的发展、代表人物及代表作品。应该说，王欣夫为我们提供了掌握目录学的方法和途径，为目录学的研究者们提供了丰富翔实的资料。

王欣夫第一部文献学领域的论著为《黄荛圃先生年谱补》，该著作是对清代江标所撰《黄荛圃先生年谱》的补正。1988年，中华书局将两者合并为《黄丕烈年谱》出版。1933年至1940年间，王欣夫先后出版了《荛圃藏书题识续录》四卷、《荛圃杂著》一卷（1933），《思适斋书跋》四卷、《补遗》一卷（1935），《思适斋集补遗》二卷、《再补遗》一卷（1936），《荛圃藏书题识再续录》三卷（1940），合称为《黄顾遗书》。至此，关于黄丕烈与顾千里的题跋始近完备，为学者研究这两个清代著名藏书家和校勘家提供了比较完整的资料。

四、版本学思想

王欣夫认为,版本学的产生源于刻石、镂金、甲骨、竹简、木版、帛素、纸、雕版印刷这些不同文字载体、书写印刷形式的更替变化。[①] 因此,在《文献学讲义》中,他按照甲骨、金石、简牍、写本、宋版本、辽金元版本、明版本、清版本的历史发展顺序,介绍不同时代版本的形式、特点、代表作品及相关研究资料。如在介绍宋刻本的特点时,他就从其版式、行款、宋刻版口的各种专名、宋刻本的避讳、字体、版心高广几方面来说明。在版本鉴别问题上,他借鉴了前人的经验之谈,如叶盛、屠隆论鉴别宋版的方法及孙庆增论鉴别的方法,指出书贾作伪的常用手段和选择善本的方法。

王欣夫本身从事着大量的古籍整理工作,在版本鉴别方面有相当丰富的经验。他曾发表一篇约两万字的论文《郭沫若先生〈管子集校叙录〉之商榷》,从版本学的角度批评《管子集校叙录》中的两个问题,结论颇具说服力。

王欣夫对古籍文献有浓厚的兴趣,他不仅勤于搜集,使其不致散佚,而且致力于刊刻传布,使其发挥作用。他整理编纂稀见古籍的行为在典籍保存与传播方面的贡献是不可忽视的。

王欣夫很早就注意搜集乡贤著述,《松崖读书记》即为其1929至1938年间辑录"东吴三惠"(惠周惕、惠士奇、惠栋)评校古籍的语录与札记而编成,共2卷14册。先生曾自述曰:"余幼读书家塾,发楹书得《后汉书补注》,题元和县学生员惠栋撰,心识之。

[①] 参见王欣夫《王欣夫说文献学》,上海古籍出版社,2000年,第71页。

长而受经于曹叔彦师，知定宇以生员而为一代汉学之宗，并熟闻惠氏四世传经之事。乃遍求其书读之，不足，则益求其手校善本。于时南北藏书家常以秘籍相假，而阅肆搜求，亦颇有得。喜其于校勘文字外，多独抒心得，零玑碎璧，俯拾即是。于是仿张海鹏刻《惠氏读说文记》之例，每种案条辑录，汇为一编，一九三八年五月，写定拟刊。人事变迁，垂成而中辍者屡矣。"[1] 王欣夫对于古籍的喜爱从中可窥一斑。该书编纂所据版本，"除自藏外，多假之同好执友，如常熟瞿氏启甲、熙邦父子铁琴铜剑楼、江安傅氏增湘双鉴楼、杭县叶氏景葵卷庵、吴兴刘氏承干嘉业堂、常熟丁氏祖荫缃素楼、上元邓氏邦述群碧楼、吴县潘氏承谋彦均室、至德周氏暹自庄严堪、贵池刘氏之泗玉海堂、吴县顾氏则奂过云楼及江苏国学图书馆、上海涵芬楼"[2]，十分可信。

  王欣夫在稀见抄稿本的整理与出版方面颇费心力，成果甚丰。他与赵诒琛等从1935年开始访求海内诂经、注史孤本，分任校定整理之责，以干支为书名，自乙亥至辛巳共印行七部《丛编》，收书70余种，其中59种附有他题的跋文。

  王欣夫收藏并抄写了相当数量的书籍。他将书斋定名为"蛾术轩"，取自《礼记·学记》"蛾子时术之"，以喻勤学之意；同时，又因清代学者王鸣盛撰有《蛾术编》，所以兼具仰慕清代朴学之意。从1960年起，王欣夫择藏书精华，开始编纂《蛾术轩箧存善本书录》，共27册：庚辛稿（1960—1961），6册；辛壬稿（1961—1962），6册；癸卯稿（1963），6册；甲辰稿（1964），6册；未编

---

[1] 王欣夫撰，鲍正鹄、徐鹏标点整理：《蛾术轩箧存善本书录》（下册），上海古籍出版社，2002年，第1316页。
[2] 漆永祥：《王欣夫先生〈松崖读书记〉蠡测》，《图书与情报》2004年第6期。

年稿（1965），3册。共著录图书1000多种，版本共计975种。所著书宋元刻本3种，其余多为清刻本和抄本。[①] 著录图书大致按经、史、子、集四部排列，各篇《书录》后附原书作者、批校者、收藏者等的题跋。同时该书载有许多藏书家或名人的印章，并对不少印章进行了精到的考订。《蛾术轩箧存善本书录》后经徐鹏、鲍正鹄整理，由上海古籍出版社出版，170余万字。该书以著录稿本、抄本、校跋本及过录本居多。其中，稿本共有156种，多为清代或近现代学者的著作；抄本459种，很多抄本是根据作者的手稿抄录，有些底本流传极稀或已散佚，仅靠抄本流传，具有极高的文献价值；校跋本312种，附有前人的批校、题跋；过录本104种，过录他人校跋过的书。《蛾术轩箧存善本书录》对书的传授源流、版本异同、内容得失以及作者、批校者、抄写者、收藏者等的生平行事进行了详尽的考察，具有重要的目录学、版本学、校勘学参考价值。

五、校雠学思想

王欣夫指出，校雠即校勘。在校雠问题上，他为后人提供了校雠方法、校雠可依据的材料、不同时代校雠家校雠方法与校雠典型事例的详尽解释说明。这部分内容的丰富与详尽，与他生平大量的古籍整理与校勘工作有着必然的因果联系。

王欣夫认为，校雠学是一门重要的科学，学习校雠学的目的不只是"接受文化遗产和科学研究的基础"，而应该从这一步"前进

---

① 参见三浦理一郎《王欣夫先生与他的古代文献学》，《复旦学报》（社会科学版）1999年第2期。

至万里远程"。① 从这种基点出发，王欣夫对校雠者必备的知识及条件要求也相当高，认为校雠者必须具备众本，并一定要"掌握文字、训诂、音韵三方面的知识……这三方面的修养，又并不是从校雠本身可以求得，而必须更多地读古书，和更好地吸收前人研究的成果，才能创造性地发挥它的作用"。②

在校雠方法上，王欣夫说明了校雠方法的派别、死校法和活校法的含义，并以众本合校、本书互校、上下文互校、同类书互校等范例来说明校雠可以依据的材料。同时王欣夫以代表人物的校雠学理论和典型作品的校雠为例，对汉、汉晋、南北朝唐、宋元明、清、现代几个不同时期的校雠学进行阐述。如在说明汉晋人的校雠学时，他主要以许慎、郑玄、高诱、荀勖、束晳为代表；而在说明郑玄的校雠学时，又以郑对《诗笺》《周礼注》《仪礼注》《礼记注》的校雠为例。现代学者如鲁迅、郭沫若、马叙伦、杨树达、闻一多、陈垣等在校雠学方面的成果也为他所注意，并记叙于《文献学讲义》一书中。

六、学术贡献

王欣夫终其一生，为古籍文献的搜集、整理、传布付出了艰辛的努力，也取得了卓然有效的成果。大量的古籍阅览、鉴别、整理的实践，他形成了自己融目录、版本、校雠三者于一体的古典文献学思想与方法。在其文献学课程讲义中，他分别对目录、版本、校雠的相关概念进行定义，对这三部分内容的发展源流进行梳理，尤

---

① 王欣夫：《王欣夫说文献学》，上海古籍出版社，2000年，第194页。
② 王欣夫：《王欣夫说文献学》，上海古籍出版社，2000年，第194—195页。

其是在方法的问题上进行详细的阐述，又辅以丰富的资料与示例，为初学者进入义献学领域提供了一条便捷的途径，也为文献学研究者提供了丰富的资料和清晰的知识路线。目录学、版本学、校雠学研究者都能从中大受裨益，古典文献学研究者亦能从中获取丰富的材料与实证。

第三章

民国文献学学者（三）

第一节 谢国桢

一、生平

谢国桢（1901—1982），字刚主，晚号瓜蒂庵主，出生于河南安阳。早年入北京汇文学校预科学习，志在考入北京大学的文科，但连续三年投考未果。后得吴闿生帮助，学习诗古文辞，介绍其担任家庭教师。1925年考入清华学校国学研究院，名列榜首，师从梁启超、王国维、陈寅恪诸先生，从事历史尤其是明清史和目录学的研究，这也是谢国桢多年来一直遵循的学术道路。1926年，谢国桢从清华大学结业后，随梁启超赴天津，并担任其子女梁思达、梁思懿的老师①。次年，在梁启超的介绍下，至南开中学担任中文教师。梁启超先生逝世后，谢国桢至北平图书馆担任编纂兼金石部收掌，在此期间写成《晚明史籍考》一书。1932年，经胡适、傅斯年介绍，担任国立中央大学教师。次年因协助编纂《河南通志》，返回北京图书馆供职。1937年，任职于长沙西南联合大学图书馆。1938年，返回北平典守北京图书馆的金石图书，同时在北京大学史学系任教。抗战胜利以后，任教于北平临时大学。1946年，受范文澜、杨秀峰之托，在上海为华北大学购置图书。1948年，经钱穆先生介绍到云南大学讲学。1949年北平解放后到华北大学政治研究所学习，同年任教于南开大学历史系，教授明清史、目录学等课程。1957年调任至中国历史研究所，继续明清史的研究。后任中国社会科学院研究生院教授、国务院古籍整理出版规划小组顾问等职。

二、学术论著

谢国桢精于明清史、目录学、金石学，笔耕不辍，著述丰富，撰写《晚明史籍考》《江浙访书记》《史料学概论》《清开国史料考》《明清之际党社运动考》等著作，其中《晚明史籍考》《史料学概论》为其代表作。

---

① 参见陈洪主编《南开学人自述》（第一卷），南开大学出版社，2016年，第127—134页。

《晚明史籍考》。1933年由北平图书馆出版。1964年谢国桢对原书进行增订,由中华书局发行,改名为《增订晚明史籍考》,1981年由上海古籍出版社重新出版发行,此外还有2011年华东师范大学出版社版。该书搜集明万历年间至清康熙年间有关明清之际史事的史籍文献1140余种,未见620余种。有学者认为这部增订后的著作解决了种类繁多的晚明野史的分类、目录、版本上的困难,评价这部书"确为晚明史料的指南,是史学工作者不可或缺的重要参考书"[①]。

《史料学概论》。该书以谢国桢早年在北京师范大学等院校授课的讲稿为基础,后期进行了修改与增订,1985年由福建人民出版社出版发行,2014年由北京出版社再版发行。全书共8章,分别为"史部书籍的来源和形成""目录学的发展及其流派""周秦至魏晋南北朝史学源流""隋、唐、宋、元重要史籍介绍""明清重要史籍介绍""史料学的邻近学科:金石学和地理方志学""史部类书、丛书、校勘、辨伪和辑佚书""史学研究方法和工具书的使用方法"。该书系统介绍了史料的来源、发展历史、学科特点、邻近学科、历代史籍源流、处理史料的原则与方法,并简要叙述了古书辨伪、校勘、辑佚方面的知识,材料丰富,内容充实,为读者研究历史文献提供了基本的参考工具。

三、目录学思想

谢国桢曾在多篇文章中论述目录学的性质,例如:"为了整理

[①] 赵守俨:《赵守俨文存》,中华书局,1998年,第284页。

浩繁的典籍，人们把书目进行综合排比，分门别类，渐渐形成了一门专门的科学，这就是'目录学'。"①"精心研究，用科学的方法加以整理，条分缕析其部类和编目，这就是目录之学。""目录学的出现是相当古远的，自从有史料的存在，就出现了目录之学。"②"目录学就是'九流七略'之学，肇源于汉班固撰《汉书·艺文志》和唐魏征撰《隋书·经籍志》。到了宋代郑樵撰《通志》二十略，实集其大成。"③

以上说法从不同角度对目录学进行了阐释。在目录学的起源、发展和性质上，谢国桢将目录学的发展看作为一个术发展的动态过程，叙述了目录学的发展框架：起源方面，目录学始于《汉书·艺文志》的编撰工作，至《通志》为集大成之作；发展方面，目录学从典籍整理和书目的分门别类中发展而来，逐渐形成了专门的学科；性质方面，目录学采用科学的方法条分缕析、整理编目。源于对史料的考察，在目录学的发展史上，目录学家也是史学家。章学诚提出"辨章学术，考镜源流"的主张，以"六经皆史"的思想来撰写《校雠通义》；范文澜将《七略》视为"一部极可珍贵的古代文化史"；陈垣将目录学比作历史著作的账本；余嘉锡也曾言"目录者学术之史"④。在目录学家看来，目录学与史学密不可分，结合史学研究，谢国桢将目录学与史学典籍整理关联起来，提出版本目录学源于"史志"⑤，

---

① 李万健、赖茂生编：《目录学论文选》，书目文献出版社，1985年，第236页。
② 谢国桢：《史料学概论》，福建人民出版社，1985年，第10页。
③ 谢国桢：《江浙访书记》，生活·读书·新知三联书店，1985年，第346页。
④ 余嘉锡：《目录学发微　古书通例》，上海古籍出版社，2014年，第25页。
⑤ 参见谢国桢著，谢小彬、杨璐主编《谢国桢全集》（第七册），北京出版社，2013年，第636—638页。

版本目录学为史学史①的观点。这一观点与上述目录学家的观点有相似之处，但谢国桢更直观地指出了目录学与史学的密切联系。

通过考察明清时期的目录学著作，谢国桢将目录学者分为四个派别，分别为：

（一）搜辑群书的目录派。如鲍廷博所编《知不足斋丛书》、顾修所编《读画斋丛书》等，把古今经、史、子、集的图书综合刊刻，汇辑于一部丛书之中。这些丛书专辑内容罕见的书籍。

（二）版本派。如黄丕烈《士礼居丛书》、黎庶昌《古逸丛书》等，以仿刻宋元旧刊本为主。所仿古书中虽有错字，也不改正，客观地保存原书的真像，以就正于读者。故这一派有"佞宋"之称。

（三）校雠派。如卢文弨《抱经堂丛书》、毕沅《经训堂丛书》等，专门刊印校正过的古书，对于读书人较为有实用价值，改变了"佞宋"本的专重版本而不重内容的风气。

（四）辑刻专著派。如纳兰成德《通志堂经解》、阮元《皇清经解》等丛书，专把经部每类书籍辑刻于一部丛书之内。此外，《浙江图书馆丛书》《麓山精舍丛书》专记方舆地志和中西交通往来，毛晋《汲古阁六十家词》、朱古微《彊村丛书》专载词文诗集等。②

明代胡应麟将藏书家分为好事家和赏鉴家；清代洪亮吉从版本考察的角度，将藏书家分为考订家、校雠家、收藏家、赏鉴家、掠贩家等。与谢国桢同一时代的李小缘将目录学者划分为：目录学

---

① 参见王重民《中国善本书提要》，上海古籍出版社，1983年，"谢国桢序"第9—11页。
② 谢国桢：《明清时代的目录学》，载李万健、赖茂生编《目录学论文选》，书目文献出版社，1985年，第238页。

家、版本学家、校雠学家和界于三者间的新旧俱全者,强调校雠学与版本学的功用在于使学者能够辨别材料并作为研究之用,但反对一味酷嗜版本。谢国桢参考了以往学者的分类,将目录学者分为四个派别,尤其推崇版本派和校雠派,既注重图书原样的保持,也重视图书的实用价值,体现了藏书是为用的观点。梁启超曾言:"著书足以备学者顾问,实目录学家最重要之职务也。"① 由此可见,相对于明清两代,民国时期的文献学学者更加重视目录的实际功效,将目录看作为学者治学的门径,如《书目答问》《经典常谈》等著作的问世成为了普通读者入门经典书籍的启蒙读物。

分类与编目作为目录学的重要内容,历来受到学者的重视。谢国桢在文献整理的实践基础上,提出旧式线装书籍要根据内容酌情改编分类法的主张,这在他的《晚明史籍考》《明清笔记谈丛》等著作中均有所体现。

谢国桢《晚明史籍考》的编纂始于其跟随梁启超求学和工作期间,完成于北平图书馆工作时期。"凡历公私藏书之所约十数处,费时阅四年,而初稿始成。"② 该书完成后,经过当时的馆长袁同礼的促成,由北平图书馆正式出版。③ 朱希祖对这部著作给予了高度评价,他说:"此编之作,既自开辟门径,亦以灌溉朋侪……岂得以目录之学少之哉!亦岂得以目录之学限之哉!"④ 当代有学者认为,《晚明史籍考》是在实践层面对中国目录学"辨章学术,考镜源流"的传统的发扬,在20世纪30年代,它具有影响深远的从理

---

① 梁启超:《佛家经录在中国目录学之位置(附表)》,《图书馆学季刊》1926第1期。
② 谢国桢:《增订晚明史籍考》,上海古籍出版社,1981年,"自序"第16页。
③ 参见谢国桢《明清之际党社运动考》,中华书局,1982年,"初版自序"第1页。
④ 谢国桢著,谢小彬、杨璐主编:《谢国桢全集》(第二册),北京出版社,2013年,第370页。

论总结到实践的突破和示范意义。① 20 世纪 50 年代末，谢国桢开始对《晚明史籍考》加以增订，增订后共著录了有关明清之际史事的史籍 1140 余种，未见 620 余种，篇幅增加了大约三分之一。

20 世纪六七十年代，谢国桢在有限的条件下，开始利用余暇阅读自己收藏的明清笔记，摘抄其中的重要资料，并撰写解题，介绍作者生平和原书内容。他将其中的 40 余种重要笔记汇集起来，集结为《明清笔记谈丛》一书，交付上海中华书局，于 1960 年出版。谢国桢认为不能完全遵照传统的四部分类法，他赞同赵万里先生依据实际内容进行图书分类的方式："北京图书馆赵万里先生所编的《北京图书馆善本书目》，对于旧的分类略有调整，把子部的杂家一部分古籍归入史部杂史类，其讲文学的归入集部诗文评内，或传奇小说类，体例较为明确，可以备用"②。因此，在《明清笔记谈丛》中，谢国桢根据明清野史笔记的内容，将图书分为了十个类别：记农业生产的作品；记手工业、商业的作品；记政治制度、朝章典故、社会经济、土风民俗的作品；记农民起义的作品；记少数民族的作品；记历史地理、自然地理的作品；记对外关系、对外贸易的作品；通记历史文献、人物传记的作品；记科学技术、工艺美术的作品；记文史哲学家、人物传记的作品。③ 以此为标准，谢国桢对明清两代的野史笔记进行了分类，为整理明清野史文献提供了分类参考依据。该书出版后，产生了较大的反响，"自出版以来，颇为海内外学人、读者所注意"，起到了引导学者关注和利用笔记

---

① 黄镇伟：《谢国桢事辑》，《文教资料》1988 年第 1 期。
② 谢国桢：《史料学概论》，福建人民出版社，1985 年，第 18 页。
③ 参见谢国桢《明清史谈丛》，上海古籍出版社，1981 年，"重版说明"第 2—5 页。

材料研究学术问题的作用。①

关于文献史料的整理和传播,谢国桢强调要重视其价值性。他多次提到要对史料进行区别整理,扬弃与史事不合之处,"搜集和整理史料,鉴别其真伪,批判地接受其有价值的东西,为史学研究服务"②。具体的做法有:善本和罕见的书籍应编印传播,以供教学科研工作者研究、文史哲爱好者阅读;专业和专科研究的图书应编制图书目录或选辑,方便读者查找;普通应用之书应选择编印;普及通俗类读物,应"(1)选取古书中的精华;(2)编成历史性的传记,以文艺性的笔墨写成传记文学;(3)古书的今译,如东魏杨衒之《洛阳伽蓝记》等书,删繁就简,采取其精华有趣味、有意义的故事,编成现代的语体文,增进了人们历史的常识,必然受到读者的欢迎"③。这在谢国桢的文献整理实践中多有体现。

1938年,谢国桢受中华教育文化基金会孙洪芬指派,回北平典守北平图书馆文献。④ 他参加了由东方文化事业委员会资助并组织的《续修四库全书总目提要》编撰工作。谢国桢认领和撰写了大量提要。而由于他十年前曾对丛书下过极大功夫,因而他所撰的提要中丛书比重很大。《续修四库全书总目提要》一稿尘封于中国科学院图书馆古籍书库30余年。该馆古籍部于1980年着手整理,历时16年,于1996年由齐鲁书社印行了稿本的影印本。谢国桢所撰

---

① 参见牛建强《广域的史料观念:谢国桢对明清笔记小说价值之认识》,《史学集刊》2003年第4期。
② 谢国桢:《史料学概论》,福建人民出版社,1985年,"序言"第1页。
③ 谢国桢:《我对于古籍整理不成熟的意见》,《文献》1982年第1期。
④ 参见黄镇伟《谢国桢事辑》,《文教资料》1988年第1期。

写的提要见于该稿本的第 29 册、第 30 册、第 31 册和第 37 册。[①]谢国桢其他较重要的专类解题目录有《清初三藩史籍考》和《清开国史料考》。《清开国史料考》著录了已知和未见清开国史料约 230 种，为清朝开国史研究廓定了基本的资料范围。

四、版本学思想

谢国桢认为，"版本之学即为古籍留真之学"[②]，版本目录学也可称作为"史学史"，是"考证学术传刻版本的异同，辨明学术发展的源流，是研究各项学术必要的途径"[③]。版本目录学的研究范围包含书籍的页数、行款、尺度大小、刻书人姓名、装订形式等内容。具体的研究顺序是：首先应考辨刊刻区域、时间，即书籍最初刻本情况，其次应考察版本流传情况，再次应校勘刻本文字异同，区分平水、宋蜀、建昌等版刻。谢国桢指出，版本之学的研究，首先应当获得书籍的祖本，然后加以校雠，因为"一字之别，即有重于兼金，毫厘之差，有谬于千里者，然宋本亦有监本、家刻、书棚本之分，间有帝虎亥豕之误"[④]。

为使读者了解我国古籍典藏情况，谢国桢本着"古为今用"的原则，实地调查江浙地区图书馆所藏珍贵善本情况和特色馆藏，并对重要古籍进行了详细的描述，如南京图书馆馆藏南宋大字本《诗

---

① 参见牛建强《广域的史料观念：谢国桢对明清笔记小说价值之认识》，《史学集刊》2003 年第 4 期。
② 谢国桢：《〈自庄严堪善本书目〉序》，《文献》1984 年第 3 期。
③ 谢国桢：《〈中国善本书提要〉序》，《中国图书馆学报》1984 年第 2 期。
④ 谢国桢：《〈自庄严堪善本书目〉序》，《文献》1984 年第 3 期。

集传》《圣朝破邪集》,扬州图书馆馆藏《东洲几上语》(《枕上语》)、《通鉴续编》,苏州图书馆馆藏《杜陵诗史》《香泉志》。这在他的《江浙访书记》中有所体现。例如,谢国桢对上海图书馆馆藏珍本《皇朝仕学规范》的介绍为:"宋张镃编。按是书为结一庐朱氏旧藏,缺序目及作文作诗二类,嘉兴张廷济用宋椠本,影钞完足,有四明袁氏静思斋志朱文牌子,楼廉夫白文印,每半页十行,行二十五字,纸白版新,刻字秀丽悦目,为宋刻中之珍品"①,对书籍的作者、行款、装订形式、行数、字数、纸张和版本情况进行了具体说明。

谢国桢提出,版本目录学的研究应该"如实地反映史实,整理资料,部署编排,如将兵式的整理得井井有条,丝毫不乱",否则便是"虽遇奇珍美箭,犹如废材也,而易于交臂失之"②。同时他提出要更加关注图书的价值,不赞同藏书家只论版本优劣、"奢谈版本,而驰骋于皮相之论,外观之美者"③的观点,因为"书籍本来贵乎有用,专重版本那就有些轻重倒置"④。

谢国桢指出,版本学并非"书皮之学"。版本学研究者通过书籍的行款、字数、刻工姓名等,鉴别图书的刊刻年代、真伪情况,能够为读者研究学问提供必不可少的便利条件。近代学者赵万里、郑振铎、徐森玉诸位先生通过采访搜辑海内外善本、孤本、碑刻拓片,汇藏在北京图书馆,通过版本学知识考订图书年代,鉴别图书真伪,以供人民群众阅览,其功绩不可泯灭。谢国桢喜爱读书、购

---

① 谢国桢:《江浙访书记》,生活·读书·新知三联书店,1985年,第145页。
② 谢国桢著,姜纬堂选编:《瓜蒂庵小品》,北京出版社,1998年,第219页。
③ 谢国桢:《江浙访书记》,生活·读书·新知三联书店,1985年,第295页。
④ 谢国桢:《明清时代版本目录学概述》(下),《齐鲁学刊》1981年第4期。

书，每有空隙时间便至图书馆、书肆访求善本孤本图书，涉猎内容广泛，文史哲经、天文地理等领域无不涉及，积累了丰富的图书鉴别经验。在具体的版本考订实践中，谢国桢根据字体、序跋、藏书印章等多方面鉴别图书版本优劣。

在版本考订上，谢国桢曾撰写多篇文章，论述中国古代刻本的基本情况，以刊刻字体、图书序跋等为依据，辨别图书的版本情况。谢国桢对明清时期的书籍版刻字体颇有研究。他曾专门撰写《明清时代版本目录学概述》一文，指出明代初期刊刻书籍沿用宋末元初仿赵孟𫖯精楷写刻的字体，明永乐年间《永乐大典》采用红格大字体精抄缮写，引发刊刻书籍和精抄缮写书籍的风气，尤以明嘉靖万历年间和清康熙乾隆年间的写刻书籍最为精美。自洪武到正德以前，刊刻书籍的字体由写刻精楷渐变成为方整的软体字，刻本形式主要为墨口本和黑鱼尾，所用纸张为较粗的白棉纸和黄色的纸张。自明正德以后到嘉靖万历时期，山西、苏州、松江地区的手工业和商业繁荣，刊刻事业发达起来，家刻本、抄校本、活字本、书坊刻本均有所发展。清康熙初年，刊刻书籍多数采用方体字印制。乾嘉以来，写刻书籍"由精写进而为仿宋元刻原书的影宋元写刻本"。咸丰、同治以后，刊刻书籍转变为"规规矩矩的方体字镂刻的版本"，但"也不失为严谨整饬，循规矩步，方整清晰的风格"。①谢国桢指出，如能掌握刊刻书籍的这些特征，就可通过字体辨别明清时期的刻本情况。此外，谢国桢还根据序跋中所述作者信息、刊刻经过、图书内容等判断书籍的版本信息。如谢国桢在著录南京图书馆藏《惧谋录》时，依据该书"嘉庆四年四月既望，超录"的叙

---

① 谢国桢：《明清时代版本目录学概述》（上），《齐鲁学刊》1981年第3期。

述，判断具体的传抄年代。① 扬州图书馆藏《东洲几上语》（《枕上语》）的封面钤有四库馆印，"盖即四库之底本"。②

1927年，谢国桢由梁启超推荐进入北平图书馆编纂部，参加馆藏丛书目录的编辑。在此期间，他仿照朱彝尊《经义考》的体例，为1500余种丛书撰写了解题，并采录原书叙跋，写出了《丛书考》书稿。可惜的是，《丛书考》一直未能出版。20世纪50年代上海图书馆编辑《中国丛书综录》，谢国桢就把这部旧稿寄给顾廷龙，供其参考。③

1942年，他写成《丛书刊刻源流考》一文。在这篇文章中，谢国桢高度评价明代刊刻丛书："三古遗书，汉唐子集，原书罕见，若隐若亡，经明人刊刻，赖以得存。或记史料，或志乡贤，昔人不易经见之书，今则可置诸几席之间，其功不可胜量"，并将元明至近代所刊丛书分为六类：汇刻（即古今著述）；类刻亦可名曰专刊（即经、史、子、集诸部）；辨伪辑佚；自著；郡邑；族姓。而在考究丛书版本时，他认为要明确的事项有：丛书传刻之源流、编者之主名、丛书之版本、丛书内容之缺落及原本之罕传、丛书内容之谬误、丛书宜明去取。④

谢国桢的丛书刊刻理论来源于他的古籍整理实践。他一生编辑善本、史料丛书数种，对明清史籍的保存和流传、明清史专题研究作出了贡献。如《北京图书馆善本丛书》第一集（收明代边防史乘

---

① 谢国桢：《江浙访书记》，生活·读书·新知三联书店，1985年，第35页。
② 谢国桢：《江浙访书记》，生活·读书·新知三联书店，1985年，第39页。
③ 参见谢国桢《江浙访书记》，生活·读书·新知三联书店，1985年，"代序"第1—3页。
④ 谢刚主：《丛书刊刻源流考》，《中和月刊》1942年第12期。

十二种)、《清初史料四种》(收清朝开国史料四种)、《瓜蒂庵藏明清掌故丛刊》(收明清笔记稗乘十种)。其中,《瓜蒂庵藏明清掌故丛刊》是谢国桢从自己珍藏的明清笔记中择其精华汇辑而成的,由上海古籍出版社于1983年影印出版。"同他的史学论著比较起来,纂辑资料已是他治史的余事了。"① 这些"余事"体现了谢国桢无私的学术精神,为明清社会经济研究提供了稀见的珍贵资料。

除上述与其史学研究密切相关的方面以外,谢国桢还参与其他领域的文献整理工作。如朱启钤于1931年邀请谢国桢为营造学社编撰《营造书目》,他为了完成《晚明史籍考》和《明清之际党社运动考》而未能应此约请。② 但他仍参加了营造学社的有关学术活动,如1933年他在《中国营造学社汇刊》第四卷第一期上发表了《〈营造法式〉版本源流考》一文,叙述了《营造法式》一书迭经宋、明、清历代的著录和传刻情况。③ 谢国桢还参与地方文献的整理。他编纂有《河南通志稿·艺文志》和《黑龙江通志稿·艺文志》。④ 1961年他在《北京日报》上发表了《从〈宛署杂记〉等书谈到编印北京文献》一文,略叙历代重要的北京地方文献的轮廓,简要评述各自价值,并对北京地方文献的汇集、整理、出版提出了设想。⑤

---

① 李世愉、林存阳主编,中国社会科学院古代史研究所清史研究室编:《〈清史论丛〉四十年论文选编》(下册),社会科学文献出版社,2021年,第978页。
② 参见谢国桢《明清之际党社运动考》,中华书局,1982年,"自序"第1页。
③ 参见谢国桢《瓜蒂庵文集》,辽宁教育出版社,1996年,第11—22页。
④ 参见陈洪主编《南开学人自述》(第一卷),南开大学出版社,2016年,第127—134页。
⑤ 参见谢国桢《瓜蒂庵文集》,辽宁教育出版社,1996年,第87—92页。

五、学术贡献

谢国桢是卓有成就的文献学家。他毕生致力于明清史学的研究以及明清史料文献的整理,成果累累,半个多世纪以来一直为史学界所重。他的史学研究和文献整理是紧密地结合在一起的,可以说他的史学成就是根植在他广博坚实的文献学研究的基础之上的。《晚明史籍考》是谢国桢目录学思想的实践成果,《史料学概论》是谢国桢文献学思想的理论阐释。无论是在文献学整理研究还是在文献整理工作中,谢国桢都以充足的史料为依据,对文献学有着深入的见解,并为我国珍贵文献的整理作出了重要贡献。

第二节　王重民

一、生平

王重民(1903—1975),字有三,曾化名鉴[①],生于河北省高阳县西良淀村。1920年毕业于高阳县高等小学,同年考入保定第六

---

① 注:有些传记文字上称王重民原名鉴,后改名重民。参见刘修业《王重民教授生平及学术活动编年》,载王重民《冷庐文薮》,上海古籍出版社,1992年,第880页。

中学。1924年考入北京高等师范学校（后改名为北京师范大学），师从陈垣、杨树达、高步瀛、黎锦熙等人。其时北平图书馆馆长袁同礼在师大讲授目录学，深感王重民学习刻苦而生活处境艰难，便介绍他到北平图书馆兼职。1929年王重民毕业后不久即任职于国立北平图书馆，次年任北平图书馆编纂委员会委员兼索引组组长。

1934年8月，王重民以"教育部派考察图书教育"官员的身份，被派往法国巴黎国家图书馆，搜集与研究我国流失海外的图书资料：一是敦煌遗书；二是明清间天主教士华文著述；三是太平天国史料；四是古刻旧抄四部书罕传本。[①] 在巴黎图书馆工作期间，1935年夏，王重民曾往德国柏林普鲁士图书馆搜集中国古书罕见本与太平天国文献。1936年，曾往梵蒂冈图书馆阅读明清之间来华天主教士的译著书籍。1937年4月在巴黎与刘修业女士结婚。次年，王重民与向达同赴英国伦敦博物院图书馆阅读该馆所藏的敦煌卷子。1939年，王重民受美国国会图书馆远东部主任恒慕义邀请，前往美国为该部鉴定一批中国善本书，并写成提要1600多篇。此前，北平图书馆因形势所迫，于1935年将本馆所藏部分图书南运，其中5000余种善本书籍运往上海[②]，后上海被日军占领，这批古书受到威胁。1941年，王重民受中国驻美大使胡适与北平图书馆馆长袁同礼的委托，由美返沪，视情况将这批善本书运往美国国会图书馆保存。由于善本太多，不能全运，王重民从中精选2720种，

---

① 参见辛希孟《我国目录学史上又一瑰宝——读王重民先生撰〈中国善本书提要〉》，《图书情报工作》1984年第3期。

② 注：这批书可能先被装成246箱，寄存在上海商业银行仓库内，后转移至法租界汶林路民房内存放。除运往美国的古籍外，尚余149箱。参见北京图书馆业务研究委员会编《北京图书馆馆史资料汇编（1909—1949）》，书目文献出版社，1992年，第433、786页。

装成 100 箱，以待抢运。同年 5 月，王重民返美。年底，这批古籍善本秘密运往美国，存放在国会图书馆。此后，王重民对这批古籍进行了整理并作提要，制成缩微胶卷。在美期间，王重民还几次往美国普林斯顿大学葛思德东方图书馆，鉴定该馆所藏善本书，并撰写了 1000 种提要。

1947 年 2 月，王重民夫妇由美返国，仍任职于北平图书馆，并在北京大学中文系兼职。此前，王重民曾向当时的北大校长胡适建议设立图书馆学系，以造就高深人才。王重民回国后，因条件尚不具备，先在北京大学中文系办图书馆学专修班，1947 年 9 月开始招生。

1948 年底，北平图书馆馆长袁同礼离开北平，馆长之职由王重民代理。1949 年初，北平解放，王重民被任命为北京图书馆副馆长。同年，北京大学图书馆学专修科从中文系独立出来，王重民兼任主任。1952 年，王重民辞去北京图书馆职务，专任北京大学图书馆学专科主任。1956 年，教育部决定在北京大学成立图书馆学系，学制四年，王重民任系主任。1959 年王重民借调至中华书局，参加《永乐大典》的整理工作，1960 年回系继续任教，1963 年开始招收中国目录学史方向的研究生。1974 年参加《史纲评要》一书的鉴定与整理工作。1975 年 4 月 16 日，王重民先生自缢于颐和园。

二、学术论著

王重民在目录学、版本学、校勘学、敦煌学、历史学、索引编纂等方面均有深入研究，撰写的著作有《普通目录学》《中国目录学史论丛》《校雠通义通解》等，编纂的目录学著作有《中国善本书提要》《敦煌遗书总目索引》《清代文集篇目分类索引》《国学论文索引》等，其中《中国目录学史论丛》《校雠通义通解》《中国善本书提要》是王重民在文献学领域的代表性著作。

《中国目录学史论丛》。1984年由中华书局出版。本书收录了王重民1962年在北京大学中文系古典文献专业授课时所编写的《中国目录学史》讲义，以及目录学论文6篇（《〈永乐大典〉的编纂及其价值》《〈千顷堂书目〉考》《〈明史·艺文志〉与补史艺文志的兴起》《论〈四库全书总目〉》《章学诚的目录学》《清代两个大辑佚书家评传》），另附《王重民著述目录》。该书按照历史时间顺序，叙述中国目录学的产生与发展过程，介绍历代重要的图书书目，分析了各时期目录学的发展特点，从理论上总结了目录学各方面的实践经验，是研究中国目录学史的重要参考书目。

《校雠通义通解》。本书由章学诚著，王重民通释，原作于1956年，1987年9月由上海古籍出版社出版。该书运用现代语言，随文释义，参考诸家观点，对《校雠通义》中的目录学理论与方法进行了通解式的解读，全面梳理了章学诚的目录学思想。另附章学诚目录学论文5篇（《和州志艺文书序例》《和州志艺文书辑略》《论修史籍考要略》《史考释例》《史籍考总目》）、《章学诚大事年表》。有学者称赞该书："王氏以其渊博的学识与平实的态度，来为章著逐章作解，一身得兼章氏的功臣与读者的良师，这是章氏之幸，更是读者之幸。"[①]

《中国善本书提要》。1983年由上海古籍出版社出版。该书所

[①] 章学诚著，王重民通解，傅杰导读，田映曦补注：《校雠通义通解》，上海古籍出版社，2009年，第4页。

收录书目为王重民在北京图书馆、北京大学图书馆和美国国会图书馆所经眼的中国古籍善本书4400余种（包括补遗100余种），以清康熙以前的校刊本、抄本为主，包含六朝唐写本、宋刻本60余种，金、元刻本100余种，影抄宋元刻本、明抄本150余种，明朱墨印本100余种，所收录内容有书名、卷数、册数、每半叶行数、每行字数、板框高下大小、牌记等，更撰写有提要，考证图书的版本源流、作者生平事略、内容与研究价值。书后附《书名索引》《撰校刊刻人名索引》《刻工人名索引》和《刻书铺号索引》。本书是检索古书书目的工具书，具有较高的学术价值。

三、目录学思想

（一）目录学的基本含义与范畴

从目录学的本义出发，王重民将目录学定义为"一种研究图书目录编制的理论和方法的科学"，即目录学的主要研究对象是图书目录。考虑到文化发展与图书形式的演变，目录学的研究对象会随之改变，为适应时代发展需要，王重民重新对目录学作了概念诠释："一门编制和研究印刷品的索引、目录和评述的理论和方法的科学。"[①] 此种表述反映了王重民与时俱进的学术思维。"目录种类问题研究的实质，就是从目录的内在特征来认识目录。"根据目录的内在特征、功用等特点，王重民从四个方面来划分目录种类，分别是：

[①] 王重民：《普通目录学》，载书目文献出版社编《图书馆学目录学资料汇编》，书目文献出版社，1984年，第231页。

1.按功用区分目录,有统计登记性的、通报性的、推荐性的、参考性的。

2.按目录内著录的图书内容来区分有:普通目录、专科目录、个人著述目录、地方文献目录,以及"目录之目录"。

3.按目录内著录的图书的出版年代来区分有:新书目录和旧书目录。

4.按目录内著录的图书的出版地区分有:全国性的和地区性的。[①]

虽然以上分类方法相对全面地概括了目录的种类,但王重民也指出,目录有多种分类方法,应根据场合来划分和理解,不能完全绝对化。

作为宣传知识的学科,目录学的意义在于评定出版物、为读者提供阅读指南,因此王重民将目录学的意义主要归纳为科学研究工作、经济建设、图书出版发行、图书馆事业四个方面,从宏观层面表述目录学的重要作用,强调学科要继承历史优良传统,服务于社会发展。王重民曾说道:"比章学诚稍前的有王鸣盛、金榜,比章学诚稍后的有黄丕烈、顾千里、龚自珍,都承接着刘向、刘歆、班固、郑樵的传统,把这门学科(指校雠学)正名为目录学,我们今天也称之为目录学。"[②] 在北京大学信息管理系任教期间,王重民开设"目录学概论""普通目录学""历史书籍目录学""中国目录学史"等课程,自编《目录学概论》、《目录学引论》、《普通目录学》

[①] 参见王重民《普通目录学》,载书目文献出版社编《图书馆学目录学资料汇编》,书目文献出版社,1984年,第241—242页。

[②] 王重民:《论章学诚的目录学》,载李万健、赖茂生编《目录学论文选》,书目文献出版社,1985年,第359页。

(与朱天俊合著)、《中国目录学史》等教材,为目录学构建了基本的学科框架。这些讲义和教材虽然有的已经散佚,但从课程设置、图书目录中可以窥见王重民先生对目录学理论的思考。例如,《目录学引论》主要内容包含目录学的对象与任务、目录的功用、目录的种类和形式、我国四部目录的发展和内容、中华人民共和国成立以来我国目录学的发展概况、书目工作方法论等内容;《普通目录学》依捷尼西叶夫原著改编,共五部分,分别是导言、我国目录学的发展、苏联目录学的发展和状况、中华人民共和国成立后目录学的发展和现状、图书馆内的目录参考工作,系统论述目录学研究对象和任务,既有对目录学科的理论阐述和对目录学工作方法的解释,也有对目录学史的回顾。

(二)目录学史研究

民国时期,随着西方编目思想的引入,目录学家中出现了传统与现代两个主流派别,传统目录学家偏向于理论研究,注重传统目录学的研究,兼顾现代理论;现代目录学家偏向于方法研究,注重新技术的应用。王重民作为北京大学图书馆学系的创始人,在编纂文献目录的同时,更加关注目录学的学术走向,在研究传统目录之余,也兼顾现代书目理论的实践操作。这在他的《中国目录学史论丛》中有所体现。有学者评论该书:"王重民的《中国目录学史论丛》以年代为序,以论述见长,史论紧密结合,叙述条理通俗,是中国目录学史的上乘之作,代表了新中国前30年目录学研究的最高水平。"由于王重民对古典目录学的研究和对新时代目录学的探索，他也被誉为"新中国目录学第一人"。①

在《中国目录学史论丛》中，王重民注重采用历史考据方法研究学问。例如，他把《明史稿·艺文志》与《经义考》详加比证，得出"清代和近代的许多学人，多骂王鸿绪偷《明史》，没人骂他偷《经义考》的。这个案子总算作得很巧妙，所以直到今天才破案"②的结论。再如，他指出，"章学诚的错误，发生在'校雠（目录）之辨源流'与图书资料之向前发展的矛盾问题中"③，肯定章学诚对于互著别裁之法的总结，也表示此法并非章学诚首先发明。

"目录是著录、揭露和评论图书的工具，是宣传图书和考查图书的工具"，"目录学就是阐述编制和使用目录工具的理论和方法的科学"。④ 目录学以典籍为研究对象，文化典籍的丰富才能促进目录学的发展，目录学的作用才能愈加显著，此为目录学的发展规律。王重民以图书的起源作为考察起点，指出目录产生的时代和条件，把奴隶制社会和封建社会初期分别作为我国目录学的胚胎时期和发展时期。在多个论述中，他强调目录学产生的原因在于文献利用的需要，即文献积累了一定数量后需要开展查考、登记、著录等工作，"我国在奴隶制社会时期，史官们把记录当时政治、经济和文化的图书、文献都集中保藏。为了检查和使用上的方便，他们排列在一定的次序上，编定出相适应的数码，逐渐得出了固定的方式和规律，并且另外编成单据，这就产生了简单的著录图书文献的目录"，"由于目录学是以文化典籍为研究的对象，必须有了丰富的文

---

① 柯平：《王重民与姚名达的目录学思想比较研究》，《图书与情报》2003年第4期。
② 王重民：《〈千顷堂书目〉考》，《国立北京大学国学季刊》1950年第1期.
③ 王重民：《中国目录学史论丛》，中华书局，1984年，第262页。
④ 王重民：《中国目录学史论丛》，中华书局，1984年，第1页。

化典籍，在阶级斗争中、在学术思想的辩论中、在图书文献的整理和宣传的实践中，才能促进目录学的发展"。① 在王重民看来，目录源起于文化典籍的增长和学术发展需要。他综合考量了目录学产生和发展的历史因素，将影响目录学发展的因素概括为三个方面：社会环境的稳定、文化科学的进步、学者著述的增多。因此，在目录学发展的前期阶段，孔子学派校书、诸子百家著书立说"是我国古代目录学在形成过程中的重要发展阶段，是在系统目录建成以前发展阶段中的重要发展形式"②。

王重民对于目录学史的划分经历了从五阶段到六阶段的变化。1957年，王重民在南京"省市图书馆工作人员进修班"时将我国目录学史划分为五个时期：1. 从远古到公元前第一世纪末年《七略》的完成，为我国目录学从发生到建成的时期；2. 从公元第一世纪到第七世纪，即从《七略》完成以后到《隋书·经籍志》，为从六分法到四分法的时期；3. 从第七世纪到1840年，为四分法时期；4. 从1840年到1949年，为形变到质变时期；5. 1949年以后，为学习苏维埃目录学到我国建立新目录学的时期。而在1962年《中国目录学史》讲义中，王重民把我国目录学史划分为六个阶段，分别为：从远古到西汉末年为古代上古时期、东汉至隋为古代中古前期、唐、宋、元为古代中古后期、明清至鸦片战争为古代近古时期、鸦片战争至五四运动为近代时期、五四运动以后为现代时期。

对比以上两种时期划分方法，可以看出：五阶段的主要划分依据为重要图书的编纂与图书分类法；六阶段的主要划分依据是社会

---

① 王重民：《中国目录学史论丛》，中华书局，1984年，第2、5页。
② 王重民：《中国目录学史论丛》，中华书局，1984年，第7页。

政治经济背景，更多地考虑到了社会时代因素，综合考察图书目录的产生与发展经过。两种历史时期划分法的主要区别在于唐代至清代时期，以图书分类法（四分法）来整体概述这一时期目录学的发展特点虽有其合理性，但这一时期文化发展和图书出版形态各有差异，尤其是明清时期较前代的变化尤为明显。因此，王重民修正了对于此阶段目录学史的划分方法，这体现了他更加系统全面的历史时期分类思想。

王重民将目录学史置于宏观的社会背景中进行考察，结合时代政治、经济、文化特点以及目录学史重要事件，研究目录学史与社会发展的双向影响。他把书籍制度史、藏书史、编目工作史贯穿于目录学史全过程，以书籍形制、内容为主要依据，体现公私藏书的互通作用，辅以编目理论与方法，全面展示目录学史的发展历程，同时重点关注主要目录学家及其著作，例如郑樵、章学诚，总结目录学的主要思想理论观点。

王重民关注分类法理论对中国目录学发展的推动作用，他明确指出："若说我国目录工作在整个封建社会时期都是走在了世界的前面，其主要原因应该归功于分类学。"[①] 因此，他高度评价郑樵对分类法的贡献："郑樵建成的新的分类体系是最杰出的一种。他把分类表发展到第三位类，建成一个更系统更详细的分类表，是我国分类学史上的一大突进。可惜后人没有继续发展，直到西方资产阶级的分类表输入，才建成了更完整的体系。但郑樵实际上已经进入那种完整体系的大门，郑樵的开创之功是我们永远不能忘记的。"[②]

对于目录与校雠的关系，王重民认为，"'校雠'二字是有它的

---

① 王重民：《中国目录学史论丛》，中华书局，1984年，第164页。
② 王重民：《中国目录学史论丛》，中华书局，1984年，第165页。

积极意义的。刘向在编目以前，先要做校雠工作，校定新本，这是我国图书发展的历史阶段所造成的。这一工作是校书而不是编目，但后人常把刘向的校书和编目混为一谈，或以校雠学包括目录学，都是不对的"①。他指出，"章学诚的'校雠心法'正代表着这一时期我国目录学方法和理论中的最高成就"②。他对于章学诚的目录学思想极为推崇，并将其目录学的贡献概括为如下方面：

> 章学诚的新的目录学思想体系正反映着我国封建社会末期目录学的新变化，使一向为封建政府校书编目服务的目录学方法理论，开始走向研究、讨论和编制专科目录、参考目录的方向。
> ……
> 在编写和讨论《文史通义》的过程中，在其他种种目录的实践中，他正确地认识了图书资料与学术研究的关系，目录与图书资料的关系，和编制参考目录、专科目录的新的方法理论，使他在我国目录学史上占有很高的地位。兹分为三个方面阐述如下：
> 1.图书资料、学术研究与目录的关系　目录的对象是图书；目录的任务是揭露图书资料的内容，给学术思想研究提供正确的材料。……我以为章学诚在提出"六经皆史"的命题之下，又说："六经皆先王之政典也"，"六经皆掌故"，"六经皆器"，"政典""掌故""器"都是史，也都是图书资料。章学诚认为学问与图书资料的关系，就如"道"与"器"的关系。他说："《易》曰：形而上者谓之道，形而下者谓之器。道不离器，犹影不离形"。又说："夫子曰：下学而上达，盖

---

① 王重民：《论〈七略〉在我国目录学史上的成就和影响》，载李万健，赖茂生编《目录学论文选》，书目文献出版社，1985年，第262—263页。
② 王重民：《论章学诚的目录学》，载李万健，赖茂生编《目录学论文选》，书目文献出版社，1985年，第359页。

言学于形下之器，而自达于形上之道也"。这样，他就打破了封建经典的偶像，也提高了图书资料的价值。

......

2.目录学的系统思想　这里所谓系统思想是指章学诚依我国图书资料的历史发展，用社会进化和学术思想发展的观点，系统地阐述了我国目录学史中编制目录的方法、理论和观点。

......

章学诚还在《宗刘》篇内给几个新兴的图书品种，如历史书籍、文集、书钞、诗文评等拟作了类序，以示"讨论流别"之义，以提高目录的学术思想性。这都是章学诚的目录学系统思想中极重要的地方。

3.图书分类著录的辅助法——互著与别裁　在分类著录的过程中，一书著录在一类好像是不可动摇的规律；但为了使各类书的内容互相发生联系，非到图书的分类著录发展到一定高的水平，是不容易被人发现的，所以互著别裁法的发现标志着分类法的进一步提高。章学诚对于互著别裁的阐述，并企图使这一先进方法在分类著录中普遍使用起来，是他在我国目录学上的另一大贡献。①

王重民专门撰写了《校雠通义通解》一书，对章学诚的文献学思想作了系统的阐述，表明"辨章学术，考镜源流"的学术价值，对中国自古以来的目录学思想做了全面梳理。《校雠通义通解》除了对原书进行勘误注释外，还对各章节所论述的目录学理论进行评议，概述章学诚的学术渊源和主要观点，附录部分为《章学诚目录论文选》《章学诚大事年表》等相关文献，以实现知人论世，帮助读者充分

---

① 王重民：《论章学诚的目录学》，载李万健、赖茂生编《目录学论文选》，书目文献出版社，1985年，第359—365页。

了解章学诚的思想主张和学术价值。①

王重民对目录学史的研究不仅在于对官修目录的全面评介,更在于对特种目录、专科目录等进行了重点考量。例如,他不仅高度称赞《七略》《别录》的历史意义,考察汉代官修目录的政治文化背景,强调汉代"建藏书之策,置写书之官"的作用;同时也兼顾了佛教目录、私人藏书目录的编纂特点和时代因素,使得专科目录成为目录学史研究的重要组成部分。

作为我国第一部系统目录,《七略》的编纂根植于西汉王朝封建制度的稳定、学术思想和教育制度的形成、图书目录事业的相继发展。《七略》"不但能够系统地著录、揭露并评论古代的重要文化典籍,还反映了当时的学术思想体系和流派。因为这样的编纂方法和形式是和学术思想史、科学技术史相结合着的目录方法和形式,在今天的系统目录和参考目录中,还继续起着良好的作用。所以《七略》建成以后,就成为我国目录工作中的典范和阅读古代文化典籍的指南"②。

对于《隋书·经籍志》《汉书》《出三藏记集》等著作,王重民对其背后的社会背景、文化变迁、学术思潮、图书形制、印刷技术等进行了充分的阐述,以理清中国目录学发展的历史全貌。例如,在叙述僧祐《出三藏记集》时,他的评价是:"僧祐的《出三藏集记》是采取了我国目录学方法中以反映各种参考资料,扩大解题或提要作用的一部富有创造性的专科目录,后来马端临的《文献通考·经籍考》、朱彝尊的《经义考》,又变通了僧祐的做法,发展成为辑录体的解题目录,使这一编辑方式,在我国古代(元代以后)和近

---

① 参见傅振伦《王重民〈校雠通义通解〉评介》,《图书情报工作》1988年第6期。
② 王重民:《中国目录学史论丛》,中华书局,1984年,第28页。

代的各种参考性目录中,起了很大的作用。"①

他先是肯定《出三藏记集》在专科目录发展史上的重要地位,然后指出该目录未建立佛经的系统专科目录。这一不足之处促使南北朝佛经目录学家都开始致力于佛经目录分类体系的建立,由此推动了《华林佛殿众经目录》《众经目录》等佛经目录的问世。

他对唐宋时代目录学发展特点进行了目录的功用、分类原理、著录方法和提要或解题的编写和运用方法四个方面的概括。目录功用方面,王重民引用毋煚《古今书录》自序中的话,"将使书千帙于掌眄,披万函于年祀,览录而知旨,观目而悉词,经坟之精术尽探,贤哲之睿思咸识,不见古人之面,而见古人之心"②,表明目录在指示治学门径、反映文献渊源流变方面的作用;分类原理方面,他将我国封建社会时期目录工作的发展归功于分类学,唐宋时期出现了以陈振孙为代表的四分法修正派和以郑樵为代表的开创派;著录方法方面,提要和著录书名和撰人的方法有所改进,如欧阳修重修《新唐书·艺文志》,将撰人姓氏一律提在书名之上,改变了我国传统的著录方法;提要或解题的编写和运用方法方面,他概括为两个时期——中古前期(编写提要的衰微时期)、中古后期(提要的兴盛与繁荣时期),"唐宋时代所以成为我国目录学史上提要学最发达的时期,是由于不但序录体的提要有很大的发展和提高,传录体特别是辑录体也都有长足的发展与进步"③。

对于《永乐大典》《千顷堂书目》《明史·艺文志》《四库全书总目》等历史上重要的目录著作,王重民撰写专文进行叙述,例

---

① 王重民:《中国目录学史论丛》,中华书局,1984年,第72页。
② 王重民:《中国目录学史论丛》,中华书局,1984年,第164页。
③ 王重民:《中国目录学史论丛》,中华书局,1984年,第167页。

如，他指出：

《永乐大典》的价值主要表现在两方面：(1) 它是一部类书，在类书编纂史上，它把中国古类书的编纂形式发展成为百科全书的形式。(2) 它是一部内容特别丰富的大类书，构成为十五世纪初年的一个藏书库，成为后来辑佚工作的资料渊海，其中的一些资料，为封建统治阶级所排斥，不是封建时代一般类书所具有的。

我国是字典类书、百科全书等工具书发达较早的国家，在发展过程中，由字典和类书发展成为百科全书，中国又是最早的国家。《永乐大典》是一部巨大的百科全书，它在促使字典和类书的编纂形成为具有完整性的百科全书的发展过程中，具有很重要的意义。①

关于地方志的主张，王重民不仅编写有《永吉县志》《无极县志》《中国的地方志》，并对方志理论多有研究，是位颇有成就和影响的地方志专家。他将中国地方志发展分为四个阶段：最早的全国性的区域志（公元前4世纪—公元1世纪）、地记（公元1世纪—6世纪）、图经（公元6世纪—12世纪）、地方志（公元12世纪—20世纪）。

王重民认为，清乾嘉时期编修方志的方法有三个派别：章学诚派、考据学派、地方封建集团编纂的方志。王重民指出，章学诚提倡忠孝节烈，戴东原推崇"名僧"，地方封建集团侧重表彰自己的作为和家世，但无一例外，都未超出其阶级立场，未跳出阶级立场的束缚，从人民的立场出发。

王重民指出，地方志记录了本地的人民生活、天然资源、遗文

---

① 王重民：《中国目录学史论丛》，中华书局，1984年，第178—179页。

逸事等材料，内容丰富，比较真实地反映了历史生活面貌。地方志保存的材料有：1. 有关农民革命的史料，如中国史学会编纂的《中国近代史资料丛刊》和广东省文史研究馆编的《三元里人民抗英斗争史料》；2. 少数民族史料；3. 经济史料；4. 物产资料，如北京图书馆编《祖国二千年前铁矿开采和锻冶》《中国古今铜矿录》；5. 科学资料，如地震史料、气象史料等；6. 人物传记，如《南浔镇志》《潮州府志》中对人物的记载；7. 文化艺术文献，如对金石、艺术、歌谣、农谚、诗文的记载。①

随着时代的发展，王重民的学术研究也适应着社会的变化。在《关于试用两种简单推荐书目的讨论》一文中，王重民主要讨论了《书目通报》和《读书计划》两种推荐书目，作为20世纪五六十年代的流行书目，这两种书目的问世顺应了苏联图书情报学传入的热潮，反映出王重民对于新方法的重视与思考。②

（三）目录学实践

王重民强调，从事目录学史研究不能忽视书目工作实践。王重民一生编写了大量的书目、索引和题跋，以身力行，在索引编纂、古籍尤其是敦煌遗书整理方面作出了突出贡献。

1947年10月29日，王重民在给胡适的信中说："近十年来，编了国会图书馆的善本一千五百种，北平图书馆的二千七百二十种，普林斯敦的一千种，欧洲的天主教书三百五十种（大致明刻本）。北大的又将近三百种了。总的来说，没有《千顷堂书目》二

---

① 参见王重民《中国的地方志》，载地方史志研究组编《中国地方志总论》，中国地方史志协会、吉林省图书馆学会，1981年，第8—10页。
② 参见王重民《关于试用两种简单推荐书目的讨论》，《浙江图书馆刊》1954年第1期。

分之一，也有五分之二了。在最近三五年内，还希望能编北大的一千五百种，故宫的一千五百种，北平图书馆的两千种，除去重复，将不难有七千种或七千五百种。以往的书目，著录过了一千种的很少，《四库全书》仅三四五〇种，连《存目》也不过一〇二三〇种。几年以后，再能往南方游历几次，很希望到死的时候，能够到一万种明以前刻本书，这就是我的梦想了。"① 由此可以看到王重民当年古籍著录工作量之巨大。

王重民主持或参与编纂的索引主要有《国学论文索引》以及《清代文集篇目分类索引》《老子考》等，它们一直受到学术界的重视。他领导北平图书馆同人编撰《清代文集篇目分类索引》时，要求大家先细读《清代学术概论》《书目答问》和《四库全书总目提要》著录的清人文集之部，以便了解清人文集全貌。② 王重民在1944年5月5日致胡适的信中表示，他与章学诚的性情相合，"重民自问：无实斋之见识，有实斋之博览，二十年来，都是作的绍兴师爷的工夫。作学生的时候，看了一百多种杂志，编出两本《国学论文索引》(第三、第四册为内子续编)。毕业后看了四百二十八种文集，编为篇目索引。出国后，看了五千敦煌卷子，一千二百金石拓片，一千五百部天主教书，近又看了二千九百部善本书了，也曾提出一些菁华，将来或能应用。去冬今春，看了三四百部明本方志，顺手辑出了两百多个《永乐大典》纂修人，觉得当时所征取的

---

① 北京大学信息管理系、台北胡适纪念馆编：《胡适王重民先生往来书信集》，国家图书馆出版社、安徽教育出版社，2009年，第485—486页。
② 参见刘修业《王重民教授生平及学术活动年表（附〈著述目录〉）》，《图书馆学研究》1985年第5期。

人，下至医卜星象、和尚道士，实比四库馆广大得多"[①]。20世纪20年代，索引编纂思潮传入中国，王重民着眼于索引实践，采用西方编制法和中国传统分类体系，编纂《国学论文索引》。《国学论文索引》于1929年印行出版，包含1912年以后刊行的杂志10余种、论文3000余篇，是20世纪三四十年代中国学术界公认的三大索引之一。此后，他编纂《清代文集分类篇目索引》，依事而编，分为学术文、传记、杂文三方面，显示了他不拘泥于现实、勇于创新探索的学术研究作风。

古籍题录方面，王重民先后为美国国会图书馆、北京大学图书馆、北平图书馆所藏善本古籍撰写了5620篇提要，详细记录了这些古籍的版本特征、流变，作者、编校者及刻工等情况。这5000余种提要在王先生去世后，由刘修业整理成《中国善本书提要》与《中国善本书提要补编》。王重民先生在文献目录学领域的其他论著，先后汇编成《图书与图书馆论丛》《冷庐文薮》两种文集出版。其中特别值得注意的是，王重民先生在海外搜集的太平天国文献与明清间来华天主教士的译著书籍。

《中国善本书提要》收录善本书4400余种（包含补遗），由此共写成提要4400余篇，包含宋、元、明刻本及校抄本等善本书提要4000余篇。稿件由刘修业、杨殿珣诸先生分类编排、审定原稿、加以整理，编成《中国善本书提要》。《中国善本书提要》的编纂特点有：一是著录各书序跋，记述书籍的版刻特征（卷数、册数、行款、尺寸、刻工姓名、装帧形式、板框、题名、牌记、序跋等），撰写书籍的内容提要，考辨版本源流，详尽介绍作者、编校者、翻

[①] 北京大学信息管理系、台北胡适纪念馆编：《胡适王重民先生往来书信集》，国家图书馆出版社、安徽教育出版社，2009年，第310页。

刻者等情况，反映刻本产生的物质条件，介绍各书的研究价值，并附书后索引，以使读者能够了解图书刊刻经过和流传情况。例如根据北京图书馆馆藏嘉靖甲寅（1554）赵维垣序，证明叶德辉《郋园读书志》中所著录《春秋繁露》十七卷为嘉靖时期四川布政使司所刊刻，并非叶氏所说的明初刻本。二是在校勘过程中，参校诸本，考辨异同，以求最大程度还原图书本来面目。例如，王重民曾对章学诚《校雠通义》进行注解，撰有《列子校释》《庄子校释》《敦煌群书校补》等。三是纠正前人著录失误之处，补充缺遗部分，如订补《四库全书总目》，纠正补遗《天一阁书目》《明史·艺文志》《千顷堂书目》《万卷堂书目》等。

傅振伦先生称王重民为目录学大师，以为他也是洪氏所谓考订家、校雠家。对《中国善本书提要》，杨殿珣的评价为：

第一，备著各书序跋，以考刊刻源流。详核著者事迹，用作读者探讨本书之助。

第二，参校诸本，考其异同，求得接近本书之原来面目。

第三，传本不多之书，为述其书之原委。内容特殊之书，则举其要点。

第四，正前人著录之失，补前人著录之缺。①

《中国善本书提要》涉及史学、图书学、印刷史、文学等多方面内容，为便于检索，特附《书名索引》《刻工人名索引》《刻书铺号索引》《撰校刊刻人名索引》等，充分发扬"辨章学术，考镜源流"的目录学优良传统，最大程度还原图书撰写刊刻前后的社会风

---

① 王重民：《中国善本书提要》，上海古籍出版社，1983年，"杨殿珣序"第3—6页。

貌和学术思潮，是一部规模较大的版本目录学著作，同时也是了解善本书籍产生、流传、出版情况的工具书。

在敦煌学特别是在敦煌遗书的整理与研究方面，王重民堪称学识最为全面与博大，某些方面亦最为专精，作出了里程碑式的贡献。①

王重民在《英伦所藏敦煌经卷访问记》中记叙当时情景："有关敦煌学史料，竟被伯希和辑录而去，且被封闭在木匣中几达三十年。言念及之，感慨万端。"② 他的寻访活动重点在于寻访流落到海外的中国古籍文献。"余来巴黎，瞬将周岁又八阅月矣。假中，曾北游柏林，西至伦敦，与公私收藏家接谈。知余访书所应注意之点，约有四端：一曰敦煌遗书，二曰明清间天主教士华文著述，三曰太平天国史料，四曰古刻旧钞四部书罕传本……然余第一步所最致力者，厥在敦煌佚书，故所记亦较他项为多。"③ 著名国学大师姜亮夫记录道："当初王重民先生在巴黎编目，有天晚上，我回旅馆休息了，深夜一点多钟，他来敲我的门，说发现了一个大宝贝，这就是皇侃的《论语注》。过去我只在目录上知道有这部书，却从未见到。王先生有图书馆钥匙，我们两人立即跑到图书馆去看，高兴得不得了，并且拍成照片寄到国内商务印书馆，要他们印出来。商务印书馆果然立即印了出来，有几位老先生，像章太炎老先生见到这部书，连说可贵，一生再没见过这么好的书。"④ 王重民整理的文献主要包含四个方面：一是敦煌文献。著录被伯希和盗劫的敦煌遗

---

① 参见白化文《王重民先生的敦煌遗书研究工作》，《北京图书馆馆刊》1997年第3期。
② 王重民：《敦煌遗书论文集》，中华书局，1984年，第5页。
③ 王重民：《冷庐文薮》，上海古籍出版社，1992年，第777页。
④ 姜亮夫：《敦煌学概论》，北京出版社，2004年，第66页。

书，编写《敦煌古籍叙录》《敦煌变文集》《敦煌曲子词集》《补全唐诗》《敦煌遗书总目索引》《敦煌遗书论文集》《伯希和劫经录》等，记录各家所编敦煌遗书的各类书目索引、内容范围，评论编撰方法得失，这些文献后来成为研究敦煌学的重要参考资料。二是太平天国史料。太平天国失败以后，部分资料被外国人偷运出国，国内缺乏太平天国研究的相关资料。在巴黎图书馆和剑桥大学图书馆，王重民见到太平天国所刻图书，包含政府文件、自定历书、宣传性诗歌等，以及《资政新篇》《太平天日》等。为了保存这些珍贵文献，他抄录、拍摄文献，撰写《记巴黎国家图书馆所藏太平天国文献》《剑桥大学图书馆所藏太平天国文献》，一共介绍47种文献，极大地推动了对太平天国的历史研究。三是明清时期天主教士华文著述。撰写有《海外希见录》《罗马访书记》。四是古刻旧抄四部书（经、史、子、集）善本。在美国国会图书馆工作期间，王重民编写了《美国国会图书馆所藏善本书录》，收录图书1600多种并附提要。

以敦煌文献为基础，王重民分析了敦煌变文的文化历史意义，他在《敦煌变文研究》一文中曾说道："变文的产生，是汲取了古代民间文学各种创造体裁的结晶，而发展成为更艺术、更美丽、更善于表达歌唱自己思想的工具。自从有了变文，人民大众得以更好地使用自己的语言，自己的思想，来表达自己的思想感情，创造自己所喜闻乐道的故事。所以变文是地道的人民文学。"① 他在研究变文的发展过程中，揭示典籍与文化传播的关系，阐述变文的典籍特征，肯定了变文在中国文学发展史中的地位。

---

① 王重民：《敦煌变文研究》，《中华文史论丛》1981年第2期。

四、版本学思想

在版本研究方面，王重民关注版本变化对文献学研究的影响，他仿照朱彝尊《经义考》和谢启昆《小学考》的体例编撰《老子考》，在朱、谢二人的基础上增添版本部分，著录相关著作接近500种，详细记录其为何种刻本，并注明未见未刊者。

这在《中国善本书提要》中多有记载，他不仅记述了历代刻书坊和刻书工匠的基本概况，还对铜活字印书史料、古籍善本翻印有所研究，通过版本变化的具体例子来表现文献的发展演变情况。除了版本之外，王重民也关注书籍形态的历史发展，在1926年，他发表《刀笔考》一文，证明简牍时期书刀的功能是用于消除简牍的书写谬误，并计划从简牍考、缣帛考、墨考等方面来研究古代书籍史的问题。他以此为出发点，先后撰写《释墨》《说装潢》《释书本》《套版印刷法起源于徽州说》，通过考辨古籍文献，对制墨工艺、印刷技术、纸本装潢等文献相关的生产工具和生产材料等物质形态进行深入研究，从而将印刷技术、版本发展与文献历史相结合，探索文献生产前的历史话题，实现了多方面的融合研究。

王重民高度称赞印刷术对于社会历史的促进作用："我国的印刷术比欧洲早五百年，所以中国的中古时代，好像比欧洲的中古时代文化高，而没有黑暗时代，别的原因虽说也有关系，而印刷术的发明，应该是重要原因之一。"[①] 同时，王重民也对刻本与写本的历史更替作了分析："天地间的事理，往有一利就有一弊，全盛之后

---

① 王重民：《冷庐文薮》，上海古籍出版社，1992年，第20页。

一定是要衰败的。印刷术又是其中的一个例子。刻本把写本代替了，算是出版事业上的一个大进步……可是古代写本渐渐消灭……"①

以上叙述反映了王重民辩证看待印刷术的历史观点。对于刻本和版本的关系，王重民客观看待，说道："我们今日所见到的，不过是宋人传下来的一两个本子；这一两个本子，经过元代、明代的翻刻，我们虽说得了几个元本，几个明本，其来源仍然是出于宋人传下来的那一两个本子。……所以校来校去，还是校的一个本子，不过据宋本以证元本之误，据元本、宋本以证明本之误而已。"②

除此之外，王重民还以版本目录学为示范，从宏观角度上对敦煌文献进行研究，他认为"敦煌古籍里面的四部书是特别具有普遍和广泛的用途"③。他十分注重研究典籍的类序、类例、叙述和部次，索引互著之间的关系，以及目录学即类求书等方面的运用性特征，他总结道："敦煌四部书反映了中国四部书发展的时代特色，也反映着敦煌地方文化发展的情况。"④

五、学术贡献

目录学史的撰写需要作者对史料进行深度挖掘，通贯古今，涉及方法论、认识论、历史观等多维视角，既有学科发展特点的探究，也有历史发展规律的展望。王重民在北京大学开设目录学相关

---

① 王重民：《冷庐文薮》，上海古籍出版社，1992年，第20页。
② 王重民：《冷庐文薮》，上海古籍出版社，1992年，第20—21页。
③ 王重民：《敦煌遗书论文集》，中华书局，1984年，第58页。
④ 王重民：《敦煌遗书论文集》，中华书局，1984年，第18页。

课程，把目录学传统理论、中国目录学史融入目录学课程体系中，培养了目录学人才，推动了目录学历史与现代目录学理论的结合，对新中国的目录学学科发展产生了深远影响。

对于王重民先生的学术成就，此处引用白化文教授的一个总结性评论："王先生的学术确实是博大精深，在目录学、版本学、校勘学和敦煌学、史学和索引编纂等方面，王先生都达到了他那个时代所能达到的最高水平。说他是中国近现代目录学和敦煌学的代表人物，绝非过誉；说他是中国现代学术论文索引编纂的奠基人，也是公认的事实。"[①] 王重民也是一位热诚的教育家。他是北京大学图书馆学系的创始人，这个系从附属专修科到独立专修科，从专修科到招收本科、研究生的系建制，每一步的发展都凝聚着王重民的努力与智慧。他制订教学计划，延聘名师，为图书馆学系的壮大奠定了基础。他先后开设了一系列新课程，主要有"普通目录学""中国目录学史""目录与书刊评介""历史书籍目录学""中国目录版本学""中国书史""中国工具书使用法"等，并编写相关教材，在中文系古典文献专业和图书馆学专业授课。他对中国图书馆学的发展，有着不可磨灭的贡献。

---

① 王重民：《冷庐文薮》，上海古籍出版社，1992年，"序"第3页。

第三节　姚名达

一、生平

姚名达（1905—1942），字达人，号显微，笔名史蜂、大任、力行、圣楠等，出生于江西省兴国县城南竹坝村。1912年，姚名达入读兴国达德小学。1918年，姚名达考入县立中学。1924年，姚名达入读南洋公学国学专修科。南洋公学带有明显的西式教育色彩，姚名达所接受的教育由封建传统逐步转型为新式教育。姚名达在南洋公学求学期间较多地接受了西式的"实用"教育，注重理论与实践相结合，这对姚名达日后的学术取向影响深远。1925年7月，姚名达凭借其扎实的国学根基被正式录取为清华国学研究院第一届新生，受业于梁启超先生。在导师梁启超的谆谆教导下，姚名达"发愤专治史学，读中外学史书"[①]。1929年梁启超去世，姚名达深感"明灯失去了，不能不自行摸索前进"[②]，遂离开母校清华。

---

① 黄心勉：《姚名达传略》，载中正大学校友会海峡两岸校友联合组编《浩气壮山河——原国立中正大学抗日战地服务团纪实》（上册），江西高校出版社，2010年，第1页。
② 姚名达：《中国史学史讲义（遗稿）》，载清华大学国学研究院主编《姚名达文存》，江苏人民出版社，2012年，第216页。

这期间，江西省众多学校争相聘邀姚名达回赣任教，均被其婉言谢绝。姚名达说道："余必得世界大图书馆入而学焉。"① 1929年3月，在何炳松的引荐下，姚名达来到上海商务印书馆就职，任商务印书馆编译所编辑兼特约撰述，被总编纂王云五任命为分编纂，参与《万有文库》第一集的编纂工作。1932年年底，离开商务印书馆，之后受聘于暨南大学专任教授，并继续兼任私立复旦大学教授。其"所授学程为本国东南洋史地。著作本史国学史，南洋史，中外大事年表，本国社会经济史"②。除教授课程，姚名达还亲自参加指导两校学生的自治会、学术研究会，并发动主持救国会。1933年3月8日，姚名达以执教期间所得薪水和稿酬为资金，以此前创办的女子书店为发行机构，创办了中国历史上极具影响力的女性刊物——《女子月刊》，为女性提供智识上的服务，为抗日提供宣传的平台。1940年9月任国立中正大学文法学院文史系副教授，讲授"国史综析"课程。1942年6月发起组织"国立中正大学战地服务团"，亲任团长，率38名师生奔赴抗日前线。1942年7月7日，姚名达壮烈牺牲，时年37岁，被称为"抗战捐躯教授第一人"③。

二、学术论著

作为民国时期一位卓有建树的文献学家，姚名达著作等身，其主要学术专著有《目录学》《中国目录学史》《中国目录学年表》《邵念鲁年谱》《朱筠年谱》《刘宗周年谱》《程伊川年谱》以及为胡

---

① 巴怡南：《先夫姚显微事略》，《国立中正大学校刊》1942年第1期。
② 姚慕达：《人物推荐：姚名达先生》，《芒种》1935年第4期。
③ 2002年，为纪念姚名达殉国60周年，雷洁琼亲笔题词："抗战捐躯教授第一人"。

适订补的《章实斋先生年谱》等。其中，《目录学》《中国目录学史》《中国目录学年表》三部专著奠定了姚名达在20世纪30年代中国目录学界的重要地位。

  在姚名达的三部目录学专著中，成书时间最早的是《目录学》。姚名达于1929年11月首作《目录学》，为完成该书的撰写，姚名达搜集了两百多种参考书，殚精竭虑，通宵达旦创作，无奈原稿和参考书均毁于"一·二八"淞沪抗战的战火中。战后，姚名达重写《目录学》，1933年12月，《目录学》被上海商务印书馆列入当时极具影响的《万有文库》中，正式出版。姚名达将《目录学》定位为"专门研究目录学的著作，给一般图书馆的馆员和读者做一只开门的钥匙用的，所以对于目录的任何方面都简略地讲到了"①。他自述其作《目录学》的动机："有书而无目录，不知读何书好。有目录而编得不好，不但不知书在何处，而且不知书是何等的书。所以必须先把目录学治好，然后才可把目录编好；必须目录编得好，书籍才用得着。这就是我们要编这部《目录学》的理由。"②《目录学》全书分为"原理篇""历史篇""方法篇"，计20章。"原理篇"对有关目录学的理论问题进行了阐述：涉及目录学的定义、目的、功用和种类，目录学与各种科学的关系，目录与目录学的流派。"历史篇"论述了中国目录学的起源和发展，展望了今后目录学的发展趋势。从《七略》到《四部》，从西洋目录学的输入到中西目录学的合流，姚名达娓娓道来。在叙史和论史的过程中，姚名达本着客观的态度对我国历史上有代表性的目录学家进行了评价。此外，姚名达还特辟"佛经目录"和"道藏目录"两章专门论述我国历史上

---

① 姚名达：《目录学》，商务印书馆，1933年，"自序"第2页。
② 姚名达：《目录学》，商务印书馆，1933年，第11页。

的宗教目录。"方法篇"对分类法、编目法、索引法、标题法（即主题法）等目录学方法进行了说明，并提出了自己的见解。在"方法篇"之后，姚名达按"必须阅读者"和"可供浏览者"附录了目录学的参考书目。《目录学》一书以内容全面、简明扼要见长，尤其注重目录方法的研究，是目录学史上全面系统论述目录学理论和方法的最早著作之一，被誉为我国第一部新的目录学著作。① 在姚名达看来，《目录学》只是一部"入门级"的学术专著，他曾自评《目录学》一书存在的不足："名达自维业愧专门，学无创获，旧著《目录学》舛漏百出，方滋内疚。"② 针对其具体篇章，他说："其历史篇仅撷述少数特别目录学家，亦有年表，并嫌漏略。然其年表之体例等于不分栏者，即因惩于《史学年表》之不易排版也。"③ 整体而言，姚名达对《目录学》一书不甚满意，但该书在学术界仍然得到了一定的认可。王国强认为，《目录学》是 20 世纪 30 年代我国目录学领域极具代表性的学术专著，该著作在学术成就、研究方法和学术取向上均对 20 世纪的中国目录学产生了广泛影响。④ 他肯定该书"以其对中西目录学的合理吸收，自成一家言；持论的平和，叙述的浅易，给姚名达带来巨大的声誉"⑤；全根先盛赞《目录学》"理论、历史、方法"三部分组成的"论、史、法"研究模式是对目录学系统的论述，使得该书成为我国第一部新的目录学著作。⑥

---

① 参见全根先编著《中国近现代目录学家传略》，国家图书馆出版社，2011 年，第 338—339 页。
② 姚名达：《中国目录学史》，商务印书馆，2014 年，第 1 页。
③ 姚名达：《中国目录学年表》，商务印书馆，1940 年，"导言"第 5 页。
④ 参见王国强《20 世纪 30 年代中国目录学的历史地位》，《图书与情报》2000 年第 1 期。
⑤ 王国强：《20 世纪 30 年代中国目录学的历史地位》，《图书与情报》2000 年第 1 期。
⑥ 参见全根先编著《中国近现代目录学家传略》，国家图书馆出版社，2011 年，第 338—339 页。

严佐之评价《目录学》一书"全然借鉴现代人文社会学科建构的阐述模式,可见这位出身清华园的年轻学者对外来新学的积极态度"①。

《中国目录学史》与《目录学》的命运一样,初稿同样毁于"一·二八"事变日军的炮火,战后重写。1935年冬,姚名达受商务印书馆王云五委托著述《中国目录学史》,此书于1937年第二次告竣,次年,由上海商务印书馆作为《国学小丛书》系列之一印行出版。《中国目录学史》一书凝聚了姚名达的心血,其虽是一部学科史专著,但姚名达在编写体制上并没有采用当时较为通用的断代手法,即将中国目录学的发展从古到今划分为几个时期并论述每个时期的发展特点,而是以"篇"为主题,将全书分为"绪论篇""溯源篇""分类篇""体制篇""校雠篇""史志篇""宗教目录篇""专科目录篇""特种目录篇""结论篇"十个主题。《中国目录学史》是民国时期最早一部以"目录学史"命名的著作,因其出版年代较晚,对同时代的目录学著作多有吸收。该书在史料运用、开创意义、时代价值上都堪称目录学领域的一部佳作。在史料运用上,《中国目录学史》所用史料极为丰富,既包含对甲骨文的推演,又有对历朝各代文献资料的考辨。张春菊认为"无论从考证搜集精详创新,还是从行文气势研究方法等方面,都堪称为姚名达的代表作和国内目录学界的代表作"②;管叔原评价该书是对中国目录学史上的一次最深最广的资料发掘③;王咨臣认为《中国目录学史》"对有

---

① 姚名达撰,严佐之导读:《中国目录学史》,上海古籍出版社,2011年,第3页。
② 张春菊:《生为人杰殁亦雄——目录学家姚名达生平传略》,《江西图书馆学刊》2004年第2期。
③ 管叔原:《介绍姚著〈中国目录学史〉》,《图书馆学刊》1981年第4期。

关的校雠、书志、历史、教育、语文、考证诸书，莫不详为论列"①；高路明盛赞"全书体大思精，重点突出，资料翔实。并对所涉及的目录、著作注明出处，使得《中国目录学史》同时具备很强的资料性和实用性"②。就开创意义而言，严佐之在为《中国目录学史》撰写的导读中说道："姚名达《中国目录学史》是近代西学东渐以来第一部以'中国目录学史'命名，全面、系统研究中国目录学发展历史的学术专著。与传统的、具有一定目录学史性质的著作相比，显然受到西方现代学科理论建构的影响；与同时代的兼有目录学史内容的著作相比，则以纯专科学术史研究迥然而别。谓之开创，未为过也。"③ 就时代价值而言，1957 年，王重民为《中国目录学史》撰写《后记》："姚名达先生《中国目录学史》的编写与出版将近二十年了，今天我们来翻印它，是由于它本身到现在还有一定的功用和价值。在过去几十年内，关于'中国目录学史'的专著和论文不下二三十种，不论在采辑资料方面，或在编写内容方面，都应该以姚先生这部著作为最好。"④ 1993 年，王咨臣在其《姚名达年谱》（初稿未刊）中评价此书"系统地整理了中国古代目录学的遗产，总结了中国古代目录学的丰富经验，至今虽已五十年，但仍不失重要的参考价值"⑤；2014 年，当商务印书馆再次重印《中国目录学史》时，请高路明撰写了一篇述评，此时距《中国目录学史》首次出版已经 75 年有余，高路明仍指出："姚名达的《中国目

---

① 王咨臣、姚果源：《姚名达年谱》（成稿未刊）。
② 姚名达：《中国目录学史》，商务印书馆，2014 年，第 391 页。
③ 姚名达撰，严佐之导读：《中国目录学史》，上海古籍出版社，2011 年，第 2 页。
④ 姚名达：《中国目录学史》，商务印书馆，1957 年，第 407 页。
⑤ 王咨臣、姚果源：《姚名达年谱》（成稿未刊）。

录学史》是一部体大思精、具有里程碑意义的著作……在这七十多年的岁月里,有关目录学的著作不断涌现,但是从对中国古代目录的论述与总结来看,若论全面、系统、详细、资料丰富,至今还没有一部著作可以超越姚著。"① 这足以说明姚名达作品的质量之高和在目录学领域的地位之重。

《中国目录学年表》是一部简明记载中国目录学史的工具书。该书将中国目录学史上的人物、事件、年代用简明的表格形式表现出来,将复杂的目录学事件化繁为简,使人能够一目了然。《中国目录学年表》首次出版时间虽为1940年5月,但其成书时间却远早于此。姚名达哲嗣姚果源保存有一本《中国目录学年表》,导言末有显微亲笔:"此书完成于二十六年秋,值抗战之始,迨二十九年十月四日乃于泰和市中得之,时在中正大学。回首杭州著述倏逾三载,而三年来迄无成绩可言,深可愧也。"② 可知此书在1937年秋即已告竣。此外,《中国目录学年表》的成书过程还存在一段小插曲。按照姚名达的本意,《中国目录学年表》只是《中国目录学史》的一部分,姚名达起初并没有计划将《中国目录学年表》独立出版,而是将其置入《中国目录学史》作为其中的一个篇章,但碍于篇幅限制,《中国目录学年表》最终独立成书。《中国目录学年表》采用传统史学的年表编撰体式,用年岁贯穿中国目录学史事。该年表"断始于秦始皇帝三十四年,截止于中华民国二十五年底"③,其体例仿《史记》十二诸侯年表,"以经纬线条,区分类别,各有所明……理纷纭为条贯,使学者得以'观古今于须臾,抚四海

---

① 姚名达:《中国目录学史》,商务印书馆,2014年,第379页。
② 姚名达著,姚果源编:《姚名达文选与书影》(成稿未刊)。
③ 姚名达:《中国目录学年表》,商务印书馆,1940年,"本书内容"。

于一瞬'"①。由此观之,《中国目录学年表》的体例并不复杂。按照姚名达自己的说法:"名虽年表,实似本纪。问其体例,读文可知,无庸一一赘陈也。"②姚名达"既不欲顺时断代为混合之论次,又不欲杂厕无关要义之关系史事于各主题篇中,故特用正史之本纪体例,取自古至今有关于目录学之零星史事,依年代之先后,逐件系年"③。《中国目录学年表》是一部资料翔实、查考便利、内容严谨的工具书。在资料运用上,姚名达自言,"此篇悉属原料,从千百书中钩稽而出,考定排比,费时最多。书成自观,殊觉乏味"④,其"与目录编纂有密切关系之校书、藏书、求书,乃至大部书之编纂,典书官制之沿革,藏书馆阁之兴废,亦择要叙入"⑤,足见该书资料之宏富。在性能功用上,姚名达指出:"然欲确知某一史事之时代及其过程,则舍是莫由;苟能一气读毕,对于中国目录学之发展,亦可隐约得一概念;专家用作参考,必可免翻检之烦;且读各主题篇时,必有随手比照,增加领略之功。"⑥由此可知其具有易查、便览等特点。在内容来源上,姚名达自述该书"无一字无来历,故每事皆注出处。一事出于数处者,则逐句分别注明"⑦,并且对书中的引用秉持严格的科学精神:"书非目击,事非有据,概不著录。明知不免挂一漏万,未敢信口雌黄。"⑧足见姚名达治学态度

---

① 姚名达:《中国目录学年表》,商务印书馆,1940年,"导言"第1页。
② 姚名达:《中国目录学年表》,商务印书馆,1940年,"导言"第6页。
③ 姚名达:《中国目录学史》,商务印书馆,2014年,第17页。
④ 姚名达:《中国目录学史》,商务印书馆,2014年,第17页。
⑤ 姚名达:《中国目录学年表》,商务印书馆,1940年,"本书内容"。
⑥ 姚名达:《中国目录学史》,商务印书馆,2011年,第17页。
⑦ 姚名达:《中国目录学年表》,商务印书馆,1940年,"本书体例"。
⑧ 姚名达:《中国目录学年表》,商务印书馆,1940年,"本书内容"。

之严谨。相比于姚名达的其他两部目录学专著,《中国目录学年表》因其工具书的性质一直以来并未引起学术界的足够关注。严佐之给予该书一定的重视,认为《中国目录学年表》的"史料丰富和通贯"①,对于读者了解中国目录学史大有裨益,并且能够使读者在全面把握中国目录学的渊源后,"先知全史梗概,然后逐篇研究"②。

三、目录学思想

(一)通权达变的时代视野

学术的发展带有明显的时代烙印和特色。姚名达认为目录学既随着学术的进步而进步,又受着时代的限制③,而"过去目录的方式,当然不适用于现在"④。余嘉锡《目录学发微》将目录划分为三个种类:1."部类之后有小序,书名之下有解题"的目录;2."有小序而无解题"的目录;3."小序解题并无,只著书名"的目录。⑤ 姚名达考虑到宋元以后"有小序而无解题者"的目录十分罕见,遂抛开"小序",按照目录的体制划分为:1."纯书目";2."纯解题";3."兼书目及解题"。⑥ 严佐之评价姚名达的划分标准"是从宋元以后目录实际出发重新树立的区划标准,很有道理,大

---

① 严佐之:《〈中国目录学史〉导读》,载姚名达《中国目录学史》,上海古籍出版社,2011年,第2页。
② 姚名达:《中国目录学年表》,商务印书馆,1940年,"导言"第5页。
③ 参见姚名达《目录学》,商务印书馆,1933年,第147页。
④ 姚名达:《目录学》,商务印书馆,1933年,第149页。
⑤ 余嘉锡:《目录学发微 古书通例》,上海古籍出版社,2014年,第3—4页。
⑥ 姚名达:《中国目录学史》,商务印书馆,2014年,第15页。

有必要"①，同时感叹"这一主张并没有得到后世目录学者的充分重视"②。正是因为对"古为今用"指导原则的坚持，姚名达将先贤阮孝绪之"分类应适应时代环境"甄视为对目录学的贡献；其对前辈章学诚"目录的分类应根据时代的变迁而更改"的思想亦十分推崇，并由此提出目录学的时代性特征。在姚名达看来，时代的进步使得近代目录学所面向的群体发生了很大的变化，这就要求目录学理论和方法的与时俱进。

姚名达的目录学思想带有鲜明的时代特色，他反对抱残守缺的心态，指出"欲自立于现代，亟宜广求知识于世界，而不应抱骷髅以寻欢也"③，"如今人治目录学者，对于新兴的学科贸然不加注意，仍然颠倒于经、史、子、集四部中，则一生一世不能发现新事物，不能跳出古人已做好的圈中，因此，在现在研究目录学，舍古人已经指示出的途径外，尚须自己找途径"④。故现代目录学"废书本而用活页，此体式之异也。废四部而用十进，此分类之异也。循号码以索书，此编目之异也"⑤，是时代的使然。

王国强就此评价姚名达："这样的心态及做法，构成了 20 世纪中国目录学的主流；它不仅指示了中国目录学的发展方向，而且成为'继承''发展'的典范。这种开放式的目录学观念，可以适应任何时代，也给后人留下了最大的思考和发展空间，更适应了中国政治、学术、文化的主流。"⑥ 从学术史的角度对姚名达进行了精准

---

① 姚名达撰，严佐之导读：《中国目录学史》，上海古籍出版社，2011 年，第 10 页。
② 姚名达撰，严佐之导读：《中国目录学史》，上海古籍出版社，2011 年，第 10 页。
③ 姚名达：《中国目录学史》，商务印书馆，2014 年，第 329 页。
④ 姚名达：《目录学》，商务印书馆，1933 年，第 28 页。
⑤ 姚名达：《中国目录学史》，商务印书馆，2014 年，第 56 页。
⑥ 王国强：《20 世纪 30 年代中国目录学的历史地位》，《图书与情报》2000 年第 1 期。

定位。

（二）中西融会的地域观念

东西方文化是截然不同的两种文化，东方文化注重整体，善于从整体的角度去把握事物。西方文化侧重分析，通常强调从局部入手，化整为零。这种文化观念的差异同样体现在中国古典目录学与西方现代目录学中，最典型的莫过于郑樵的"会通"思想。郑樵主张通记古今有无之书，学术源流不言自明。王惠民认为郑樵是"把历史作为一个整体去考察，从千头万绪的历史现象中，描绘出各种事物从古到今的发展过程"①，而这无疑是对中国文化注重整体思想的演绎和诠释。因此，在对比东西方目录学的利弊短长过程中需要将东西方的文化差异考虑在内。中国古代目录学强调"辨章学术，考镜源流"的功用，正是基于东方文化从整体上把握学术源流的观念。姚名达洞察中西文化的差异，其在《中国目录学史》的"体质篇"与"分类篇"中谓"皆所以勘同析异，明变求因，上下古今，分别学派，合数十家为一段，不复胪列条别。所用体例，盖如正史之书志，以事为主，不以人或书为主，重在大势而不重在个体"②。再如，姚名达在《目录学》一书的自序中，言"这又是'万有文库国学小丛书'的一部，而我们又是中华民国的国民，所以不能不着重本国，切合本国来说话了"③。姚名达虽然认为"杜氏十分法之合乎自然的规律，已差不多被大部分人所承认，而其在全世界图书馆

---

① 王惠民：《郑樵目录学思想初探》，《上海高校图书情报学刊》1994年第2期。
② 姚名达：《中国目录学史》，商务印书馆，2014年，第18页。
③ 姚名达：《目录学》，商务印书馆，1933年，"自序"第2页。

中势力的伟大，亦已不须加以叙述"①。但他指出杜威的十进分类法不能单独在中国图书馆中应用，因为中国大部分的书都非杜氏分类法所能包括②。由此观之，姚名达是站在本土的立场来观照西洋目录学，这种在东西文化差异基础上探讨中西目录学的贯通观念实属难能可贵。

（三）知人论世的学术关怀

姚名达明确表示目录学是一种专门的学术，是一门独立的学科。他曾言："书籍日多，学问日分，目录之学竟渐脱离校雠学而宣告独立，这亦是势所不得不然。"③ 他说："万事万物，莫不有名，即莫不有目录；然多随意编次，不成学术。独图书之目录，发生甚早，发展甚速，其为学者所研究且成为一切学术之纲领也，尤迥异于他项目录，故独成为专门之学术焉。"④ 姚名达对章学诚"否定目录学"的学术论点表示出莫大的学术关怀与理解，即姚名达虽然不认可章学诚"以校雠学取代目录学"的观点，但并没有急于否定章学诚的观点，而是尝试理解章学诚所处的时代背景和学术环境。他明确表示"我们应该不要忽略了这一位学者的意见"⑤，并指出："自乾嘉以前，一般学者只承认有目录这样东西，不承认目录这种学问，这种学问只叫作校雠之学，不叫作目录之学。本来，在晋宋以前，目录都由校雠而来，先有校雠而后有目录，所以只有校雠之学而少校雠专门之书，只

---

① 姚名达：《目录学》，商务印书馆，1933年，第143页。
② 姚名达：《目录学》，商务印书馆，1933年，第143页。
③ 姚名达：《目录学》，商务印书馆，1933年，第8页。
④ 姚名达：《中国目录学史》，商务印书馆，2014年，第4页。
⑤ 姚名达：《目录学》，商务印书馆，1933年，第8页。

有目录之书而少目录专门之学。到后世，书籍日多，学问日分，目录之学竟渐脱离校雠学而宣告独立，这亦是势所不得不然。但乾嘉时代，一般目录学家只知道注意'篇卷参差，叙例同异''惟争辨于行墨字句之间，不复知有渊源流别'，当然是不识轻重，逐流忘末，怪不得章学诚要大肆讥讪了。"①姚名达认为"著录书名""分门别类"仍是一般目录学家治目录学的通病，这不仅存在于章学诚所处的乾嘉时代，这种情况在"当代"仍然存在，这并非目录学的真正目的。姚名达所具备的学术关怀以及"知人论世"的方法与"开放包容"的心态，足以彰显其高尚的学术风范。

（四）理性公正的批判精神

姚名达对中国古代目录学的理性批判主要表现在两个方面：一是合理看待中国古代目录学与西方现代目录学的"较量"；二是公正评判中国古代目录学与中国现代目录学的"比力"。

在中国古代目录学与西方现代目录学的"较量"中，姚名达并不认为西方现代目录学完胜中国古代目录学，而是指出"其优于西洋目录者，仅恃解题一宗"②。姚名达认为中国古代的佛教目录"堪称完备"③。姚名达能够充分考虑变化的时代背景和迥异的地域文化，合理分析中国古代目录学的流弊。例如，针对中国古代目录的不便检索，姚名达给出了合理的解释："此因藏书者多不公开，寻书者多属熟手，故无需研求易寻易得之法。"④姚名达充分考虑到我

---

① 姚名达：《目录学》，商务印书馆，1933年，第8页。
② 姚名达：《中国目录学史》，商务印书馆，2014年，第355页。
③ 姚名达：《中国目录学史》，商务印书馆，2014年，第355页。
④ 姚名达：《中国目录学史》，商务印书馆，2014年，第355页。

国古代目录学面向的阅读群体主要是私人藏书家和读书人，他们对于所求书籍往往了如指掌，自不必要借用便于检索的目录来寻求书籍，他们重视的是对于学术源流的探求。这种解释在一定程度上化解了东西方目录学的优劣之争，因面向群体不同，故所起的功用自是不一。再如，姚名达指出："西洋古代之分类法亦不知以号码代部类，其弊正与我国目录相同。直至十九世纪，因受工业革命之影响，新书出版之速度日增，旧法之类目不能收容，近代化之图书馆到处兴起，新目录学之研究渐精。"① 这在一定层面化解了中国古代目录学与西方现代目录学因时代背景不同所导致的胜负之争。

在中国古代目录学与现代目录学的"比力"中，姚名达没有全盘否定中国古代目录学。他说："严格论之，现代目录之稍进于古录者，惟在索书号码之便利与专科目录之分途发展耳。目录之内容，分类之纲领，究未适合书籍之需要也。"② 严佐之认为这里的"严格论之"正是姚名达"用新法衡量旧法，用现代目录学结构比照传统目录形态"③。由此可见，姚名达在一定程度上肯定了中国现代目录学的优势，同时也指出其"究未适合书籍之需要"④。

（五）融会贯通的史学色彩

姚名达的目录学研究以史学为发端。其自幼对史学兴趣浓厚，他将史学研究贯穿于自身学术研究历程的始末。这种史学思想的成长对于姚名达目录学思想的产生、发展有着深刻的影响。王国强曾说：

---

① 姚名达：《中国目录学史》，商务印书馆，2014年，第128页。
② 姚名达：《中国目录学史》，商务印书馆，2014年，第356页。
③ 姚名达撰，严佐之导读：《中国目录学史》，上海古籍出版社，2011年，第22页。
④ 姚名达：《中国目录学史》，商务印书馆，2014年，第356页。

中国目录学有一重要背景,这种背景对传统中国目录学的深远影响至今未被学界认识。由于传统中国学科界限不明,由于目录学一直在史学的浓厚范围中打转,所谓目录学家,多是普通文史学者,他们首先从文史角度体认目录学,缺乏对目录学本体的体认;他们往往看到目录学与一般学术的共性,而无以了解目录学之成为目录学所具有的个性(特殊性);他们对目录学的关怀源于对一般学术的关怀。这种理解和体认的偏差对目录学造成诸多消极影响。①

张春菊认为,姚名达在史学视野下治目录学是其目录学研究最突出的特点。实则同上述"普通文史学者"相比,姚名达目录学研究的史学色彩并不浓厚。王国强也只是论及姚名达的目录学研究带有一定的史学色彩,②但史学背景不仅没有限制姚名达的学术视野,而且推进了其目录学研究的进展:一方面,史学研究是姚名达目录学研究的兴趣点,激励姚名达不断深化目录学历史的研究;另一方面,史学背景为姚名达目录学研究奠定了扎实的学术基础。在从事目录学研究的过程中,姚名达尤为重视对目录学历史的研究,并将其不断深化。姚名达在《目录学》中单辟"历史篇"简述中国目录学的发展历史,其《中国目录学史》可视为一部目录学领域的专门史,其《中国目录学年表》可视为一部编年史。在三部著作中,他旁征博引,大量史料的运用反映出姚名达扎实的史学功底。

四、学术贡献

姚名达站在当时目录学理论的发展前沿,对中国古代目录学进

---

① 王国强:《"辨章学术考镜源流"之再评判》,《图书与情报》1994年第1期。
② 参见王国强《20世纪30年代中国目录学的历史地位》,《图书与情报》2000年第1期。

行系统总结，对中国目录学现状展开积极回应，并深切关注中国目录学的长远发展。从微观来说，姚名达针对目录学理论、方法和历史提出了一些富有建设性的观点，并深化和拓展了我国目录学研究的方法和思路。他提出的要建立符合时代发展和具有地域文化特色的目录学理论体系的构想，在一定程度上反映出中国目录学逐渐走向成熟。从宏观来说，姚名达对目录学的贡献在于其对中国现代目录学的开创，柯平称姚名达为"中国现代目录学之父"[①]。

在民国时期的学者群体中，姚名达是为目录学的现代学术转型作出卓越贡献的代表。他积极尝试将西洋目录学与中国目录学相融合，以一个学者的理性思维，批判中国古代目录学中的"落后"成分，同时立足于中国文化传统深入挖掘和吸取其精华，借鉴西洋目录学的理论方法，将其加以改良，使之最大程度适用于时下的文献整理。这种包容开放的学术理念在整个学术文化领域都是值得学习和借鉴的。20 世纪 30 年代的中国目录学有其崇高的历史地位,[②] 姚名达作为这一时期"兼容东西学问者"的代表，有力推动了目录学的发展。

[①] 柯平：《王重民与姚名达的目录学思想比较研究》，《图书与情报》2003 年第 4 期。
[②] 参见王国强《20 世纪 30 年代中国目录学的历史地位》，《图书与情报》2000 年第 1 期。

第四节　赵万里

一、生平

赵万里（1905—1980），字斐云，别号芸盦、舜盦，浙江海宁人。少时入嘉兴浙江省立二中学习，后考入东南大学（今南京大学）国文系，师从当时著名的著名戏曲理论家、词曲作家吴梅（字瞿安）先生学习词曲。1925 年，赵万里到北京清华国学研究院，拜王国维先生为师，担任王先生的助教，研究史学、文学、金石、戏曲、目录学、版本学等。1928 年，赵万里到北平图书馆（今中国国家图书馆前身）工作，曾担任中文采访组、善本考订组组长、编纂委员、购书委员会委员等职，兼任故宫博物院图书馆和文献馆专门委员、中央研究院历史语言研究所特约研究员（后为通讯研究员），并兼职在北京大学、清华大学、辅仁大学、中国大学等学校讲授目录学、校勘学、版本学、词史、中国史料目录学、中国雕版史、中国戏曲史等课程。1949 年以后，担任北京图书馆（今中国国家图书馆）研究院、善本特藏部主任，曾受聘为中国图书馆学会名誉理事、全国古籍善本总目编委会顾问，担任过第三届全国人大代表。

二、学术论著

赵万里在古籍整理、善本采访、版本目录学方面颇有研究，主编的著作有《中国版刻图录》《北平图书馆善本书目》《海宁王静安先生遗书》《校辑宋金元人词》《汉魏南北朝墓志集释》《薛仁贵征辽事略》等，其中以《中国版刻图录》《北平图书馆善本书目》最有代表性。

《中国版刻图录》。赵万里主编，1960年由文物出版社影印，选取唐代至清代有代表性的善本图书500种662幅书影；1961年增订再版，收录自唐至清的代表性善本书籍和版画版画550种，图724幅；并在每幅图下配以版刻等方面的说明。全书共分为三部分：一是刻版，收录唐、五代、宋金、元、明、清各代刻版书影460种，图598幅；二是活字版，收录明清两代活字版书影40种，图50幅；三是版画，收录宋、元、明、清版画50种，图76幅；另附中国版刻概况和版刻目录图录及说明。《中国版刻图录》介绍了各书的刻印渊源、行款格式、历代流传情况，简要阐述中国版刻的发展过程，系统反映了中国的雕版印刷成就，是研究版本学、书史、图书学领域的重要参考工具书，也是中国版本学研究的里程碑式作品。

《北平图书馆善本书目》。赵万里主持编纂，1933年由北平图书馆刻印。全书按照四部分类法，著录1933年入藏的馆藏善本3700余种，以宋、元、明刻本居多，详细记录其书名、卷数、作者、版本等信息。在此基础上，北平图书馆后又编成《北平图书馆善本书目乙编》和《北平图书馆善本书目乙编续目》。此三部书目全面反映了北平图书馆所藏善本图书的详细情况。

三、目录学思想

赵万里精通版本目录之学,并有着多年的实践经验,曾重整范氏天一阁藏书、抢先整理涵芬楼善本书目、慧眼识别洪武原刊之太和正音谱残卷。① 周叔弢先生曾说过:"斐云版本目录之学,既博且精,当代一人,当之无愧。我独重视斐云关于北京图书馆善本书库之建立和发展,厥功甚伟。库中之书,绝大部分是斐云亲自采访和采集,可以说无斐云即无北京(图书馆)善本书库,不为过誉。斐云在地下室中,一桌一椅未移寸步,几十年如一日,忠于书库,真不可及。"②

赵万里曾在多所大学讲授史料目录学、目录学的课程,虽然笔者并未见到完整的讲义,但从现存的讲义纲要和相关文章中,可以大致归纳出基本的目录学理念。

关于版本学、校勘学、目录学的关系,赵万里曾说道:"治吾国经史考证之学,首当注意者,自须推版本、目录、校勘诸学。而目录学又为治任何学问之先导"③,"版本学为目录学之先河,而校勘学又与版本学相辅而行"④。由此,赵万里明确了三者的关系:即

---

① 参见陈燮君、盛巽昌主编《二十世纪图书馆与文化名人》,上海社会科学院出版社,2004年,第293—296页。
② 冀淑英:《冀淑英文集》,北京图书馆出版社,2004年,第163页。
③ 清华大学国学研究院主编,付佳选编:《赵万里文存》,江苏人民出版社,2016年,第111页。
④ 清华大学国学研究院主编,付佳选编:《赵万里文存》,江苏人民出版社,2016年,第145页。

版本学为目录学的先河,而目录学则是治任何学问的先导。在目录学的范围上,赵万里从广义角度出发,认为目录学的研究对象包含线装书、一切地下材料及古代美术、艺术遗物。赵万里的《目录学十四讲纲要》涵盖了丛书、类书、群经、古文字音韵书、前四史、先秦诸子、《诗经》、《楚辞》、汉魏六朝文学、唐代文学、宋词、南北曲、小说等诸多类别,且开设有金石学、史料目录学等课程。但他也指出:目录学没有正确参考书,重要新奇的材料,非目验无以征信。

因此,赵万里更加重视史料的作用,他将史料划分为直接史料与间接史料。以时间为标准,史料有直接与间接之分。"当代人所撰传记、谱牒、志乘、诗文、奏札及实录、起居注、日历,皆直接的史料也。隔代人或去古远者所纂通史或其他性质史籍,则间接的居多"[1]。间接史料来自直接史料,被赵万里称为"二重史料",二重史料需要由经史学家或目录学家加以审定,适用于直接史料衰亡之时。同时,赵万里还提出:史料又可分为纸上材料与地下材料。纸上材料是指一切载籍,属于目录学的研究范畴。地下史料是指宋元以来出土的地下文物。地下材料属于直接史料,包含甲骨、碑碣、陶器、漆器、古简牍、丝织品、青铜器、壁画佛像等,是金石学的研究范畴。

赵万里关于"二重史料""纸上材料""地下材料"的论述来源于恩师王国维先生提倡的"二重证据法"。在实际的图书采访、版本鉴别中,赵万里也注重两种史料的相互结合。如《中国版刻图录》中《文选五臣注》的解释为:"卷三十后有'钱唐鲍洵书'字,

---

[1] 清华大学国学研究院主编,付佳选编:《赵万里文存》,江苏人民出版社,2016年,第144页。

杭州猫儿桥河东岸开笺纸马铺钟家印行二行。案绍兴三十年刻本释延寿《心赋注》卷四后有'钱塘鲍洵书'五字，与此鲍洵，当是一人。如以鲍洵一生可有三十年左右工作时间计算，则此书当是南宋初年杭州刻本。猫儿桥本名平津桥，在府城小河贤福坊内，见咸淳临安志。卷中宋讳桓、构等字均不缺笔，则因南宋初年避讳制度未严之故。绍兴初思溪王氏刻《新唐书》，北宋英宗以下讳均不避，即其一例。又考建炎三年升杭州为临安府，因推知此书之刻当在建炎三年前。总之，此书虽未必为北宋本，定为南宋初年刻，当无大误。"[1] 赵万里综合考证题字之人鲍洵、刻书地猫儿桥以及地方志中的记载，推断《文选五臣注》的刊刻时间为南宋初年刻本。

四、版本学思想

赵万里学识渊博，涉猎广泛，尤其在版本学方面研究最为专精。在北京图书馆善本部工作期间，赵万里翻阅大量的善本书籍，并实地走访，查看珍贵的善本、孤本图书，积累了丰富的版本鉴别经验。

"比较版本学"一词由赵万里提出，见于他的多篇文章中，如《散曲的历史观》中言"从比较版本学上，确定了《刘知远传诸宫调》是南宋中期金章宗前后平阳书肆的产物"[2]，《〈四部丛刊续编〉的评价》中言"其实这半页十行行二十九字的古本《韵补》是元刻

---

[1] 北京图书馆编：《中国版刻图录》（第1册），文物出版社，1990年，第8页。
[2] 赵万里著，冀淑英等主编：《赵万里文集》（第2卷），国家图书馆出版社，2011年，第229页。

而非宋椠,在比较版本学里早已论定的了"①,"审定版本的方法,到近几年才慢慢地利用比较版本学,确定了几条客观的原则。目的不仅要解决时间问题,连空间部分也有长足的进步。这和研究青铜器时代的方法差不多"②。

由此可知,赵万里所说的"比较版本学"是"审定版本的方法",属于版本学中的方法,遵循客观的原则,意在通过各版本之间的相互比较参照,解决版本审定中所涉及的时间空间问题,即版本的年代和地域。"比较版本学"是赵万里对考古学的借鉴,也与民国时期出土材料的增多有关。随着新材料的涌现和方法的创新,前人所鉴定的文物年代可能会有所改变。这种情况同样适用于古籍版本鉴定。虽然赵万里并未对"比较版本学"进行详细的概念描述,但可以肯定的是,他强调通过对比,纠正版本研究中的错误认知,以保证版本鉴定的科学性。如关于《刘知远传诸宫调》,赵万里有着详细说明:"《刘知远诸宫调》,我们定它为金刻本,而且肯定它是山西平阳一带书坊刻本,即所谓'平水本'('平水'是平阳附近一条河名)。这是因为这书的纸质、版式、刊工刀法和字体,和故宫天禄琳琅旧藏的金刻本《曾子固先生集》、潘氏滂喜斋旧藏的金刻本《云斋广录》、内阁大库旧藏的《五音集韵》等书都非常相似,和元初平水本《证类本草》《通鉴详节》也相彷彿。"③

从这段话中可知,赵万里根据书籍的纸质、版式、刊工刀法和

---

① 赵万里著,冀淑英等主编:《赵万里文集》(第 2 卷),国家图书馆出版社,2011 年,第 572—573 页。
② 赵万里著,冀淑英等主编:《赵万里文集》(第 2 卷),国家图书馆出版社,2011 年,第 573 页。
③ 赵万里著,冀淑英等主编:《赵万里文集》(第 2 卷),国家图书馆出版社,2011 年,第 86 页。

字体，判定图书的基本年代，将其与多种金刻本对比，由此判定具体的刊刻年代。纸质、版式、刀法、字体等都是比较版本学中的判定标准。如赵万里《南行日记》记载："唐写本《太上洞玄灵宝无量度人上品妙经》（道经）残卷：前缺数行，行十七字。乌木轴。纸润墨鲜，和我过去在上海见到的唐会昌三年苏州虎丘山藏写本《出三藏记集录》近似。字体厚重，朱丝栏，又和北宋海盐金粟山大藏经，有相似的地方。这是晚唐江南写经独特风格，和敦煌写经迥不相同。"① 由此可见赵万里对不同版本特点的归纳，足见其版本鉴定功力之深。

除此之外，刻工也是赵万里进行版本鉴定的重要因素。通过考证刻工所处的年代、属地判定古籍版本的大致时期，这是版本鉴定的客观依据。这在赵万里的多篇论述中均有所体现，如《中国版刻图录》中关于《乐府诗集》的版本记载："刻工徐杲、徐昇、徐颜、陈询、姚臻、余永、余竑、李度、朱明、朱礼、朱祥、周彦、时明、葛珍、包端、胡杏、毛谏等四十余人，皆南宋初期杭州良工，因推知此书当是绍兴间杭州地区刻本。"② 关于《广韵》的版本记载："刻工徐杲、余永、余竑、姚臻、徐颜、王珍、丁珪、陈锡、包正、孙勉、阮于、徐茂、徐昇、徐高、毛谅、顾忠、梁济、徐政、陈明仲、陈询等，皆南宋初叶杭州地区良工。因推知此书当是绍兴间浙刻本。行款版式与上海图书馆藏南宋中叶杭州地区刻本相似，彼本乃清康熙间张氏泽存堂刻本与《古逸丛书》本之祖本，即据此本翻版。"③

---

① 赵万里：《南行日记》，《文物》1962年第9期。
② 北京图书馆编：《中国版刻图录》（第1册），文物出版社，1990年，第10—11页。
③ 北京图书馆编：《中国版刻图录》（第1册），文物出版社，1990年，第9—10页。

历史学家黄永年先生认为："本世纪在版本学研究上的重大突破，应是理清楚版本的发展演变，从而找到各个时期、地区以至官刻、家刻、坊刻的特征，使版本鉴别真正成为一种科学……能系统地讲述版本发展演变的首推赵万里。"①

赵万里撰有《从简牍文化说到雕版文化——记载文字的工具发展简史》《中国印本书籍发展简史》《古代的版刻》等多篇学术论著，以不同的视角叙述中国版刻的发展历史和发展特点。赵万里肯定印刷术的价值，他指出，中国历代刻版书籍、活字版书籍和版画是宝贵的民族文化遗产。早期的刻版印刷术是传播文化的有效工具，促进了歌曲、日历、韵书、佛像、佛教经典的流通。10世纪初到14世纪，私人和书坊刻书增多，唐宋诗文、元曲戏剧、说唱脚本等作品的大量出版推动了诗歌、戏剧、说唱文学的发展。14世纪后期，官刻、私刻、坊刻书籍品种增多，纸墨精美，刻印精良，由此，学术参考书、大型丛书类书、文学艺术书籍、科学技术用书营销全国。②

依据记载文字的主要工具形态，赵万里将中国文化的发展时期分为三个阶段：先秦到汉、晋是简牍文化时代；魏晋到唐五代是卷轴文化时代；中唐到清末是雕版文化时代。③ 赵万里在《中国印本书籍发展简史》中则将中国版刻图书的发展总结为"未有雕版以前的写本""雕版的兴起和唐五代的刻本""宋金元雕版概况""活字印刷术的发明和明清活字本""木刻画和彩色套印技术""近代印刷

---

① 黄永年：《文史存稿》，三秦出版社，2004年，第592页。
② 参见清华大学国学研究院主编，付佳选编《赵万里文存》，江苏人民出版社，2016年，第129—134页。
③ 参见赵万里《从简牍文化说到雕版文化——记载文字的工具发展简史》，《文物参考资料》1951年第2期。

术的兴起和发展"六部分，论述每一时期的版刻特征、历史背景、代表性人物和作品、盛行区域、版刻技术等，通过列举大量历史典故，以丰富翔实的内容，简要阐明中国版刻的发展历史。

20世纪20年代至50年代，赵万里在清华大学、辅仁大学等多所高校讲授目录学、版本学等课程，从汉代到清代，以时间为线索，以刻本为中心，赵万里对版刻书籍的起源、刻书的概况与特征、刻本的优劣与影响等进行了全面概括。明代，雕版印刷技术有了较大的进步，活字印刷得到应用，刻书区域、类型、品种等都远胜于前代。因此，明代的版本研究在《版本学纲目》中占据了接近一半的篇幅。明代文渊阁藏书、经厂刻书、《永乐大典》、藩府刻书、坊间刻书、抄本书、家刻书、活字本等都有所涉及。[①]

在北平图书馆任职期间，赵万里不仅遍观馆藏各种珍贵古籍，更是访得珍本无数，有着丰富的版本鉴别经验，更是成为学界公认的版本鉴别专家。如谢国桢所说：(古籍的版本)"经他的鉴别，就如同打了一张保票一样。哪个是真，哪个是假，便了如指掌"[②]。在赵万里主编《北平图书馆善本书目》之前，有缪荃孙编写的《清学部图书馆善本书目》，收录当时北平图书馆的善本图书，后有夏曾佑、张宗祥对该书目进行修正。由于新购书籍、馆舍合并等因素，图书馆善本书籍数量增多，并出现了归属错乱、版本不明的情况，因此需要重新编目。赵万里在参考前人书目的基础上，以审慎的态度、科学细致的方式，通过咨询专家学者或考察客观条件，对原有书目进行修改，正如他在说明中所言："无不以审慎之态度出之。

---

① 参见赵万里著、冀淑英等主编《赵万里文集》（第1卷），国家图书馆出版社，2011年，第191—192页。
② 谢国桢：《怀念版本学家赵万里先生》，《文献》1982年第2期。

一二人之意见不足凭,必就正于专门名家,或检得客观之条件,始敢写定。此新目之特色,而为阅者不可不知也。"①

《北平图书馆善本书目》对馆藏善本书库所藏图书进行重新鉴定,包含明刻志乘 500 余种、明刻明代别集 780 余种、旧本元明剧曲 200 余种,既有公私藏家未记录之孤椠名刻,也有"正史类之宋元本,唐别集类之活字本,传记类之宋抄本"②,充分体现了赵万里的版本鉴别功力。2011 年,《北平图书馆善本书目》由人民文学出版社再版,在出版说明中,编辑部给予了高度评价:"一九三三年《北平图书馆善本书目》是版本研究告别主观性版本鉴定,迈向客观性版本研究的金字塔式的里程碑"③肯定了该书目的重要学术价值。

赵万里有着丰富的访书经验,对于未见过的古籍,必记录其行款、序跋、刻工、藏印等信息,曾撰写《舜盦经眼书录》《海源阁遗书经眼录》《南行日记》《皖南访书记》等文,以及内阁大库书、昭仁殿景阳宫藏书、上海涵芬楼、南京国学图书馆、浙江省立图书馆、平湖葛氏守先阁、吴县吴氏百嘉堂、零散的宋元刻本写本、明清刻本、抄本的经眼录等若干篇。④ 从这些学术著述中,可以看出他对版本研究的独到见解。例如对于建阳刻本,赵万里指出:

建阳为宋时东南文化中心,建本行销西方,远及高丽、日本。清初朱竹垞诗云:"得观灵谷山头水,恣读麻沙里下书"。查初白诗云:

---

① 仓石武四郎编拍,赵万里撰集:《旧京书影》,人民文学出版社,2011 年,第 914 页。
② 仓石武四郎编拍,赵万里撰集:《旧京书影》,人民文学出版社,2011 年,"出版说明",第 11 页。
③ 仓石武四郎编拍,赵万里撰集:《旧京书影》,人民文学出版社,2011 年,"出版说明",第 10—11 页。
④ 参见冀淑英《冀淑英文集》,北京图书馆出版社,2004 年,第 159 页。

"西江估客建阳来，不载兰花与药材。点缀溪山真不俗，麻沙村里贩书回"。当时书业活跃情况，可以想见。①

建阳在明代未受到损失，仍然刻了很多书，列国、三国、水浒等多种小说书，戏曲刻有《西厢记》《琵琶记》等，还有笑话书，通俗民间百科（书柬、契约、应酬程式一类书）。估计明朝建本刻书比宋元时多。近几十年安徽徽州一带流散出来的书，大部分是建阳刻本，过去目录家不著录这类书。明末天启年间建阳还在刻书。据说在清初有好几次失火，把所有书店都烧光了。勤有堂余氏刻的书被乾隆帝发现后，曾派人到建阳细心查明回报，找着一个余家后代，证明早已不开书店了。②

对于下落不明的古代重要文献资料，赵万里注重书目的作用，并撰写《古刻名钞待访记》一文，列举唐时蜀刻本唐人诗文集和杭州朱氏结一庐藏书等重要文献的著者、主要内容、版本流传等情况，以便学者访书，为科学研究服务。例如，赵万里对南宋中期蜀刻本《孟子注》的说明是：

《孟子注》是南宋中期蜀刻本，它和故宫天禄琳琅的《礼记注》、上海图书馆的《春秋经传集解》残本、日本静嘉堂文库的《周礼注》（秋官二卷）残本，行款版式相同，当是同时同地所刻，前人所称"蜀大字本"，就是指此等书。这本《孟子注》听说原为一奉系政客所有，后来转赠给张作霖，九一八事变后，遂告失踪。《张乖崖集》《谢幼槃集》都是潘氏滂喜斋旧藏，听说近年为一姓孙的人得到，不知确否。

---

① 赵万里：《南行日记》，《文物》1962年第9期。
② 郑炳纯：《赵万里谈古籍版本》，《中国典籍与文化》1994年第1期。

总之，这些书我们一定要探寻它的下落，不能听其流散，造成损失。①

在鉴别古籍版本、校勘古籍的过程中，赵万里意识到古籍保护的重要性，并主张爱护古籍，保持古籍原本的装帧特点，不能轻易破坏原装。不单是宋元时代的蝴蝶装，就是明清时代的原装，也不能轻易破坏。②在赵城金藏展览的座谈会上，赵万里提出古籍修复要"整旧如旧"："过去本馆装修的观点是将每一书完全改为新装。此办法始而觉得很好，其后则发现它不对一本书有它的时代背景，所以自（民国）廿三年后决定不再改装，以保持原样。"③他将这一指导原则应用于《赵城金藏》的修复工作之中。《赵城金藏》属于金代雕版佛经，由金代女子崔法珍以个人力量化缘募款雕版，约完成于1173年，藏于山西赵城县广胜寺，于1933年被世人发现。因雕刻于金代，发现于赵城，故被人称为《赵城金藏》，是中国国家图书馆的镇馆之宝之一，为佛学研究提供了珍贵的历史资料。由于经历了战火的劫难，至1949年收归北京图书馆之时，《赵城金藏》已出现了纸张粘连、破损霉变的情况，迫切需要专业的修复。经中央政府拨款、华北高等教育委员会董必武、周扬同志的批示，《赵城金藏》的修复工作被提上日程，并专门调用有经验的琉璃厂师傅。赵万里在负责主持《赵城金藏》修复工作之时，本着"整旧如旧"的原则，量才适用，精心规划，历时近17年，最终在1965年完成修复，使得这本4300多卷的孤本秘籍得以按照原来的样式，

---

① 赵万里：《古刻名钞待访记》，《文物》1959年第3期。
② 参见冀叔英《忆念赵万里先生》，《文献》1982年第2期。
③ 北京图书馆史资料汇编（二）编辑委员会编：《北京图书馆馆史资料汇编（二）：1949—1966》（2上），北京图书馆出版社，1997年，第478—485页。

重现在世人面前。赵万里所提倡的"整旧如旧"的原则也被广泛地应用于文物修复工作中。

五、校勘学思想

作为与版本学相辅而行的学科,校勘学同样是赵万里的研究领域。赵万里校辑古籍历时数十载,成果颇丰,有《校辑宋金元人词》《元一统志》《析津志》等专门的校勘著作,也有《唐写本文心雕龙残卷校记》《说苑校补》等校勘文章。

关于校勘的方法,陈垣的"校书四法"对校勘工作进行了全面的总结。赵万里在校勘学的研究中沿用此四法,并有自己的特点。在《校勘学纲要》中,赵万里将校勘学总结为材料论、方法论两方面。材料论关注校勘学采用的参考资料,如古彝器文字、近世出土的碑铭石刻、类书、历代石经,以及校订诸经注疏、诸史、先秦诸子、唐人诗集、元曲、元明散曲等古籍时涉及的新材料;方法论则有死校法、活校法。[①] 由此看出,赵万里更加关注校勘过程中所使用的参考材料,这也在他的校勘著作中有所体现。

《校辑宋金元人词》共收录校辑词人70家、词1500余首。在该书中,赵万里在每词之下注明引用来源、各本异文,每书注明卷数,以确保文字准确、校勘严格。中国当代词学家唐圭璋先生评价该书"既补晚清诸家汇刻词集之遗,又一扫清以来词选真伪不分、妄增妄删之弊。关于宋代各地刻词之情况,所引书之版本来源,俱叙述详尽,指陈明确,有条不紊,有卷可查,丰富词学之知识,显

---

① 参见赵万里著、冀淑英等主编《赵万里文集》(第2卷),国家图书馆出版社,2011年,第357页。

示科研工作之谨严,其影响极其深远"①。在该书中,赵万里不仅大规模采用辑佚的方法,辑佚图书必详细列举出处,更是考证了词集的版本流传、真伪情况、文字讹误等情况。每部词集单独设立子目,在提要中介绍词人和词作情况,所辑篇目的版本来源,如赵万里对辛弃疾词版本做了大致的说明。辛弃疾词可考的版本有三种:一是《直斋书录解题》所记载的长沙坊刻一卷本(今已失传);二是信州刻十二卷本,传世有元大德己亥(1299)广信书院刊本(此本流传最广)、明嘉靖间大梁李濂重刻本、毛氏汲古阁刻本、宜春张氏刻本;三是《文献通考》所记载的四卷本,天津图书馆藏吴文恪《四朝名贤词》本共分甲、乙、丙、丁卷,与信州本互有出入,故认定此本为四卷本。赵万里根据《花庵词选》《阳春白雪》《全芳备组》《草堂诗余》等书所引辛弃疾词的内容来校勘四卷本和信州本,发现与信州本不同之处与四卷本相同,且所记载的均未超出四卷本的范围。因此,赵万里断定,四卷本是当时的通行版本。而法式善从《永乐大典》录出的佚词仅有《菩萨蛮》等5首见于四卷本,其他的28首均未见记载。所以,赵万里推测,辛弃疾词必定还有其他的刻本。② 在对李清照《漱玉词》的校勘中,赵万里指出,《漱玉词》的分卷多寡不一,《直斋书录解题》作一卷,《花庵词选》作三卷,《宋史艺文志》作六卷,但元代以后均失传。今所见的版本为虞山毛氏《诗词杂俎》本临佳王氏四印斋本,都不是宋代的本子。毛本说是据洪武三年(1370)抄本入录,但《浣溪沙》等词不似女子所作,与其他词的风格有异。光绪年间,临桂王氏校刻宋元人词,开始以《乐府雅词》所载23首为主,旁搜宋明选本说部又

---

① 唐圭璋:《读词三记》,《南京师院学报》(社会科学版)1982年第4期。
② 参见赵万里辑《校辑宋金元人词》,国家图书馆出版社,2013年,第355—356页。

得 27 首，但真假杂出。赵万里指出，毛本和王本俱不足取。因此赵万里在辑录时并未全部收录，而是综合毛王二本、近人所辑《漱玉词》，共收录李清照词 60 首，其中 17 首词为误题，列入附录，且在词后写上案语，对词的真伪进行考证，如《如梦令·谁伴明窗独坐》"案此向滈乐斋词，《词统》以为李作失之"，《菩萨蛮·绿云鬓上飞金雀》"案此牛峤词见《花间集》四，《词统》以为李作失之"。①

《大元大一统志》由孛兰肹、岳铉等主事，成书于元成宗大德七年（1303），为元代官修全国地理书，共计 1300 卷。全书继承唐代《元和郡县图志》、宋代《太平寰宇记》等书体例，按建制沿革、坊郭乡镇、里至、山川、土产、风俗形势等分类记述。明代以后，《大元一统志》久无全本。赵万里《元史·史地理》志为纲，根据《永乐大典》中所载，把将元刻残帙、常熟瞿氏抄本、吴县袁氏抄本和群书所引，汇辑成《元一统志》两册，历时 20 余年（开始于 1944 年，成书于 1965 年），由中华书局于 1966 年出版。"此书存，则无数宋、金、元旧志俱随之而存，此书亡，则宋、金、元旧志亦随之而亡。此书学术上之重要性，于此可见一斑。"② 在该书中，赵万里采用对校、本校、他校、理校等方法，对佚文来源进行比勘，核对书中引文和原文出处，辨析真伪，添加注释，校正了大量的讹误之处。如卷一《大都路·建置沿革》"宛平县"条"唐武德二年改辽西郡为燕州"句的解释为："二年原误十二年。唐书地理志：建中二年为朱滔所减，因废为幽都县。大明清类天文分野书：建中

---

① 赵万里辑：《校辑宋金元人词》，国家图书馆出版社，2013 年，第 314—316 页。
② 孛兰肹等撰，赵万里校辑：《元一统志》，中华书局，1966 年，"前言"，第 1 页。

二年为广宁县,后朱滔罢燕州,立幽都县。今据正。"①

《析津志》由元代熊梦祥著,是目前最早专门记述北京历史地理的著作,对北京的沿革、属县、城垣街市、河闸桥梁、名胜古迹、山川风物、物产矿藏等都有着翔实记载,是研究北京地区历史的珍贵资料。可惜原书早已失传。缪荃孙在纂修《顺天府志》时曾采用《永乐大典》中《析津志》的遗文。北京图书馆辑录《析津志》的工作始于20世纪30年代中期。在赵万里的主持下,辑录工作历时近6年的时间,其主要来源有四种:《永乐大典》、《日下旧闻考》、徐维则铸学斋藏本《宪台通纪》、通学斋主人孙殿起转让的《顺天府志》残卷等。②谢国桢先生评价道:"清末缪荃孙修《顺天府志》时,曾由《永乐大典》中辑出《顺天府志》七卷,实就是《析津志》,但尚未能完备,君(赵万里)主持所辑的《析津志》要比修辑本完备的多了"③。

六、学术贡献

赵万里先生是我国著名的版本目录学家,在目录学、校勘学、版本学、金石学、词曲学等领域造诣颇深。目录学方面,赵万里将史料整理与目录学的理论研究相结合,重视史料价值,并应用于文献整理实践;校勘学方面,赵万里关注校勘参考材料的意义,且进行了诸多校勘工作;版本学方面,赵万里对于中国版本学的发展历

---

① 孛兰肹等撰,赵万里校辑:《元一统志》,中华书局,1966年,第4页。
② 参见熊梦祥著、北京图书馆善本组辑《析津志辑佚》,北京古籍出版社,1983年,"整理说明",第7页。
③ 谢国桢:《怀念版本学家"赵万里先生"》,《文献》1982年第2期。

史有着系统的理论研究,且有着丰富的版本鉴别经验,为古籍保护人才培养、国家图书馆善本书库的建设发展作出了巨大贡献,他所主持编纂的《中国版刻图录》《北平图书馆善本书目》等至今仍是版本学研究的重要参考书目。

第五节　郭伯恭

一、生平

郭伯恭(1905—1952)[①],名习敬,字伯恭,以字行,河南邓县夏集乡田洼村蒋郭寨人。就读于本村私塾、邓县高级小学,学习成绩优秀。毕业以后,先后在邓县王集、鲁家寨和南阳宛南、镇平县贾宋镇、马庄等学校教书。后弃教返乡,任严北乡长近一年。1933年春,到开封河南大学旁听学习,翌年春,又去北京大学继续旁听深造。1935年,经友人介绍到北平研究院工作,与文化界知名人士郭沫若、顾颉刚、柳亚子、徐旭生、冯友兰、荆三林等,

---

① 注:陈松峰所说"郭伯恭卒于1951年春"(见陈松峰《中州著名的文史学家郭伯恭》,《文史杂志》1989年第4期)恐有误,一则因为他未提及郭伯恭的死因,再则因为《邓州市志》中有关于郭伯恭在1952年5月20日被当地法院判处死刑的记载。

有着广泛的交往。① 1937 年，郭伯恭由北平探亲回邓，因七七事变，遂常待在家乡。1938 年春，在邓县商会任文书。业余从明、清《邓州志》中搜集并整理邓县古今历史资料。1941 年，被聘为主编，编纂《重修邓县志》。1943 年春，河南通志馆主任王幼乔聘郭伯恭为编辑员，参与编修《河南通志》。翌年 6 月，日军南犯，他随省通志馆撤到内乡县，冬季返回邓县。1945 年春，去开封继续修省志，同年夏，省志定稿后回邓。

1949 年，邓县进行土地改革，郭伯恭拒绝参加，去开封、西安寄居。1950 年，在西安被捕押回邓县。1952 年 5 月 20 日，邓县人民法院判处其死刑。

二、学术论著

郭伯恭勤奋自修、潜心学术，完成《四库全书》《永乐大典》两部历史巨著的考证工作（即《四库全书纂修考》《永乐大典考》），早在 20 世纪 30 年代就被史学界公认为"当代著名的国史专家"②。

《四库全书纂修考》，1937 年由国立北平研究院史学研究会出版，上海商务印书馆印行。1992 年上海书店将其作为《民国丛书》中的一种影印。全书共 16 万字，对纂修《四库全书》的各个方面

---

① 注：马蕚声所说"民国二十二年，我与郭相见，他说在北京住了四年，翻阅北京图书馆大量图书，写了一部《四库纂修考》，史学家顾颉刚审阅后写了叙"，恐有误，首先，根据其余两文的记述，民国二十二年（1933），郭伯恭尚未到北京，其次，顾颉刚为《四库全书纂修考》作序是在民国二十六年（1937）二月，因此，马斐声与郭伯恭不可能在民国二十二年就谈及此事。

② 陈松峰：《中州著名的文史学家郭伯恭》，《文史杂志》1989 年第 4 期。

第三章 民国文献学学者（三）

进行了评价，所涉内容丰富，将史实与现实问题相结合，具有一定的现实意义。历史学家顾颉刚称该书是第一本系统介绍《四库全书》的著作，并在序言中说："郭君伯恭治文学史有年，比复读书北平，著《四库全书纂修考》，都十六万言，于其访求编纂之始末，储藏存佚之实状，阐述详赡，诚有补于方闻；即近若续修影印之孰议孰行，言之亦复靡遗。颉刚读而好之，爰为介于北平研究院而印行焉。素嗜中秘消息者，其必以先睹为快又可卜也。今距《四库》之成已越一纪有半，而力为系统之介绍者尚阒无其人，则兹编之公诸当世，谁曰不宜。"①

《永乐大典考》，全书共10章，总计8万字。1938年商务印书馆将其作为《国学小丛书》中的一种出版。2005年北京图书馆出版社出版的《〈永乐大典〉研究资料辑刊》将《永乐大典考》作为该研究领域的首要著作收录。此书的出版，缘于2002年4月中国国家图书馆主持召开的"《永乐大典》编纂六百年国际研讨会暨《永乐大典》仿真影印出版首映式"，会上北京大学白化文先生对郭伯恭《永乐大典考》一书作了中肯的评价和极力推介，会后复旦大学吴格先生更是热情地向北京图书馆出版社社长力荐影印出版此书，以嘉惠学人。该书主编张昇认为"郭伯恭《永乐大典考》是第一部严格意义的《大典》研究专著，在《大典》研究中具有奠基性的地位"②。

---

① 郭伯恭：《四库全书纂修考》，上海书店，1992年，"顾颉刚序"第1页。
② 张昇编：《〈永乐大典〉研究资料辑刊》，北京图书馆出版社，2005年，"前言"第5页。

三、文献编纂思想

郭伯恭在文献编纂和考证方面有着自己的特色,即从编纂者和文献两方面入手考证文献。就编纂者层面,其考证重点放在编纂意图、编纂组织机构及人员情况等方面;就文献层面看,考证重点则在收录范围、编排体例和抄写方式等方面。他考证的依据多为第一手资料,举凡档案、实录、奏折、笔记、文集、墓志铭、史书、地方志、报刊文章等无所不包。其考证结果并不求全责备,而是尽力而为。他的这些做法为文献考证奠定了研究范式,并为后人遵循和效法,这集中体现在他的《四库全书纂修考》《永乐大典考》《宋四大书考》上。

在《四库全书纂修考》成书之前,仅有陈垣检阅文津阁《四库全书》所撰的《四库书目考异》40卷,"卷册页数一一注明,又关于敕修《四库》之记载,亦摘录甚详"。[①] 由于前人研究成果不多,郭伯恭的研究几乎全从第一手资料入手,他翻阅了《四库全书》档案、《东华实录》、大臣奏折、清人笔记以及时人的报刊文章等,并进行了许多实地考察,使其考证和论述显得更加真实可信。譬如他引用了大量的乾隆关于《四库全书》纂修的谕旨,一步步揭开了高宗标榜的所谓"予搜四库之书,非徒博右文之名……'为天地立心,为生民立道,为往圣继绝学,为万世开太平'"[②] 背后的真相,指出:"高宗诏访遗书,编纂四库,其政治作用,一言以蔽之,即寓禁于征也。禁书一是为了消除清初史实之记载,一是为了遏制汉

---

① 郭伯恭:《四库全书纂修考》,上海书店,1992年,"自序"第2页。
② 郭伯恭:《四库全书纂修考》,上海书店,1992年,第1页。

人之反清观念。因而高宗于文献保护上，虽不无功绩，而于摧残文化之罪，固亦难逭也。"①

在《四库全书》之前，作为规模宏大的官修类书，《永乐大典》成书已有300多年，共计22937卷（内含目录60卷）11095册，其间朝代更迭，学者对《永乐大典》的历史已不乏记载，如光绪年间缪荃孙最早撰有《永乐大典考》，记述比较详细，但是字数仅仅过千，还有很多缺漏。后来袁同礼、李正奋分别撰有《永乐大典考》，对缪文有所增补，但是关于《永乐大典》的纂修、职官、录副和散佚情况，仍涉及不多，因此，郭伯恭在撰写了《四库全书考》之后，接着撰写《永乐大典考》，对《永乐大典》的纂定、纂修者、体制、录副、厄运、辑佚、散亡等内容——进行了考证。

《永乐大典考》再次体现了郭伯恭对史料的发掘能力，他花了很大篇幅，从明史、地方志、文集，尤其是墓志铭等文献中考证《永乐大典》纂修人的史料，其考证的结果纠正了当时许多错误的认识。永乐大典馆的最高领导是监修官，其次是总裁、纂修和编写。正副监修共4人，其中正监修官是姚广孝、郑赐，郑赐死后，由梁潜代替。副监修官是刘季篪和杨士奇。而谢缙是一位正总裁，从来不曾做过监修官。关于姚广孝、郑赐、刘季篪和梁潜监修《永乐大典》的详细情况，官书没有记载，但实际上，他们对《大典》之督促，功不可没。按照杨士奇和孙承泽所说，《永乐大典》的编修者有正总裁5人、副总裁25人，而据郭伯恭考证，正总裁应为9人，副总裁应为25人。对于多出来的4个人，郭伯恭也找出了原因："盖当初定制如斯……其增多之四人，殆纂修期间或因死亡

---

① 郭伯恭：《四库全书纂修考》，上海书店，1992年，第2—5页。

出缺，陆续递补欤。"① 此外他还考证了编纂 135 人、誊录 20 人以及圈点生 1 人的史料，尽管这只是当时参与者人数中的极少部分。以上所列 194 人中，除实录所载 28 人外，其余 166 人均由郭伯恭自己新考证出来，他对自己的考证之功也颇感欣慰："《永乐大典》为典籍中空前之巨制，宋元两代文献，赖以保存者至夥，而纂修诸人，名字翳如，文章行事，不得少见梗概，岂不惜哉！今得识与斯役者百九十余人之爵里行事，虽不及原数十之一，亦可稍补此憾矣。"②

《永乐大典》的另一个特点是寓论断于征文考献之中，令人产生强烈的共鸣。明人素有学风空疏之名，但是《永乐大典》的编纂和录副，却显示了其学风严谨的一面。郭伯恭从灵石杨氏刊《永乐大典目录》中发现了《永乐大典》的凡例，使后人得窥《大典》编纂之精审。又从徐阶的《答重录大典谕疏》中推断出《永乐大典》的副本与原本册式完全相同，徐阶上疏陈重录式应悉照原书册式云："昨蒙皇上以重录《大典》，命臣处理。该臣回奏：此书节帙甚多，而旧书缮写甚精，今要此等缮书者，殊难多得。等因。兹奉谕：典帙万计，非岁月可完，今不必若式，只以经书册大，便于匵置，书法亦不必拘止，要副其旧册，体皇祖之制焉。臣恭捧读，仰知圣意：一则欲便于匵置，一则欲俯就书写，今书者其势自不能若昔，惟是册式一件，臣昨岁尝恭阅《大典》，有大字，有小字，有篆隶草等字，又画有山川、宫室、草木等项形象，若册式一动，则其行数、字数与凡款格皆须更改，从新布置，恐不若仍从旧式对本

---

① 郭伯恭：《永乐大典考》，商务印书馆，1938 年，第 36 页。
② 郭伯恭：《永乐大典考》，商务印书馆，1938 年，第 81 页。

钞写之便宜也。"① 然后列举徐阶另外三疏,证实大典录副之不苟:"如遇差错,发与另写,不拘一次二次","其郑重为何如耶?据今存残本观之,其间绝无涂改挖补之迹,知当时校雠之认真矣"。②

从关注《永乐大典》一书之厄运,转而悲悯历代典籍之命运,似乎是文献学家们普遍的历史责任感,郭伯恭也不例外。他将《永乐大典》之亡佚,由此带来的宋元文献之不存视为秘府书籍之第十五厄,观点可谓独到。

此外,郭伯恭还对宋朝编纂四大类书《太平御览》《太平广记》《文苑英华》和《册府元龟》进行详细考证,这集中体现在他的文献学著述《宋四大书考》中。《宋四大书考》共计6万字,分论《太平御览》《太平广记》《文苑英华》《册府元龟》的编纂经过、体制概况、引书源流、版本校勘、辑佚经过、散亡情况等,详为论列,广加考证。商务印书馆于1940年2月将该书作为《国学小丛书》的一种出版发行。1967年中国台湾商务印书馆将其作为《人人文库》中的一种出版。

昔人将类书讥讽为"兔园册子",但是类书中保存了很多散佚著作,可以通过辑佚来重现古书之面目,因此类书的价值愈来愈受到后人的重视。然而宋初编纂的《太平御览》《太平广记》《文苑英华》和《册府元龟》四大类书,距郭伯恭所处的时代已逾900年了,关于其流行经过,零篇断简,虽间有记载,但缺乏有系统的叙述。鉴于此,郭伯恭在完成《四库全书纂修考》和《永乐大典考》之后,继而开始考证宋四大书的相关内容。

《宋四大书考》成就之一是纠正误说,关于宋太宗敕纂诸书的

---

① 郭伯恭:《永乐大典考》,商务印书馆,1938年,第105页。
② 郭伯恭:《永乐大典考》,商务印书馆,1938年,第110页。

用意，许多人都认为是政治原因，郭伯恭对此不以为意，他认为这种说法来自于王明清引用朱敦儒的话："太平兴国中，诸降王死，其旧臣或宣怨言，太宗尽收用之，置之馆阁，使修群书，如《册府元龟》《文苑英华》《太平广记》之类。广其卷帙，厚其廪禄赡给，以役其心，多卒老于文字之间。"后经乾隆皇帝推波助澜，几乎已成定论："宋太宗身有惭德，因集文人为《太平御览》《太平广记》《文苑英华》三大书，以弭草野之私议。"郭伯恭对这一观点的驳斥丝丝入扣，令人信服，他指出：第一，《册府元龟》并非宋太宗时所修，如果说是《太平御览》之误，犹可说也。第二，《太平御览》及《太平广记》同时纂修，当时吴越钱俶、北汉刘继元尚未归降，所谓的降王仅有后蜀孟昶、南汉刘铱、南唐李煜等三人，孟昶卒于太祖朝，与太宗无关。刘铱卒于下诏修书之后，而且他的遗臣并没有事于馆阁者。李煜死于太平兴国三年（978），在《太平广记》将成之际，并不在修书之前，他的故吏有参与修书者，但这些人归顺宋朝是在太祖朝，因此不必等到太宗朝再笼络他们，并且这些故吏如张洎之流，自从归顺宋朝之后，对李煜非但没有故主之情，且背信弃义，鲜廉寡耻，能有爵有禄，即不思其他，何必因翰墨之任以安其心？最后他得出结论："宋太宗敕之修群书，不过为点缀升平，欲获右文令主之名，其用南唐遗臣，亦仅以其文学优赡，初不必有若何深意。"[①]他的观点目前已为众人所接受，笔者在有关文章中看到，有依据他的观点来反驳鲁迅《中国小说史略》中的类似观点的："宋既平一宇内，收诸国图籍，而降王臣佐多海内名士，或宣怨言，遂尽招之馆阁，厚其廪饩，使修书，成《太平御览》《文苑

[①] 郭伯恭：《宋四大书考》，商务印书馆，1940年，第2—4页。

英华》各一千卷；又以野史传记小说诸家成书五百卷，目录十卷，是为《太平广记》。"①

《宋四大书考》成就之二是考证四大书之编纂、体制、引书和版本。

《太平御览》，新考证编修11人。体制55部，4558类。郭伯恭认为引书数并非如《太平御览》卷首《经史图书纲目》所述数目，到底有多少种，由于书名的差异，很难统计。版本12种，宋本之外，通行诸本中，《四部丛刊》本最佳。

《太平广记》与《太平御览》同时奉命编修，而先《太平御览》4年进呈。体制55部，92大类。引书475种。版本10种。宋本之外，谈刻、许刻最佳。

《文苑英华》，新考证编修12人。体制37类，收诗19102首。版本5种。

《册府元龟》，新考证编修16人。体制总分31部，部有总序，1102门，门有小序。版本4种。

四、《四库全书》研究

作为中国古代官修规模最大的丛书，乾隆年间编纂的《四库全书》收集了清代乾隆以前的重要文化典籍，汇聚了中华民族数千年的文明精华，对当时和后世产生了重大影响。为方便检索，编者特意编写《四库全书总目》，著录图书的作者、年代、要旨、版本信息等。《四库全书总目》篇幅巨大、内容丰富、体例多样，是我国

---

① 张杰：《鲁迅与〈太平广记〉》，《鲁迅研究月刊》2001年第12期。

古代文献学发展的集大成之作。从问世以来,《四库全书总目提要》就成为诸多文献学学者研究的重点对象。具体来讲,学者针对《四库全书总目》所编撰的著述主要有:补充性质的著作,如《四库抽毁书提要》、孙殿起《清代禁书知见录》、邵懿辰、劭章《增订四库简明目录标注》等;考证性质的著作,如余嘉锡《四库提要辨证》、胡玉缙《四库全书总目提要补正》等。但是,自清代以来至民国初期,关于《四库全书》的纂修问题,学者未有系统的研究,郭伯恭的《四库全书纂修考》较好地弥补了这一不足。

郭伯恭称赞《四库全书》"萃四千余年之文化,以成历代典籍之大观,甚盛事也",他也为古代典籍的散佚感到惋惜。据郭伯恭统计,《四库全书》被全毁的图书有2453种、抽毁书目402种、销毁书版目50种、销毁石刻目24种,共计2929种,销毁总数在10万部左右。[①]《四库全书纂修考》从编纂缘起、组织、编辑、增改、校勘、《四库全书总目提要》等角度全面考证《四库全书》的内容与编纂过程,是《四库全书》编纂研究领域的奠基之作。

郭伯恭指出,《四库全书》的编纂受到当时学风、康乾雍三朝的政治防范等多方面因素的影响。学风的因素主要有:一是汉学的勃兴,汉学家由批评经术原文转向字音研究,因而校勘之学愈加精进;二是儒藏说的提倡,明代曹学佺的儒藏说在清代得到发展,邱琼山、陆桴亭、周永年等学者将儒藏说发扬光大,尤其是周永年提倡儒藏与释藏、道藏三足鼎立,当时士大夫深受儒藏学术思潮的影响。《四库全书》编纂的工作内容有:选择、辑佚、校补、重抄,其中辑佚和校补工作取得了相当的成绩,但存在选择书籍偏而不

---

① 参见郭伯恭《四库全书纂修考》,上海书店,1992年,第54—55页。

全、大典辑本未能尽善、校补工作虚应故事、重抄库本讹夺满纸、清代禁忌随时而不同、改篡之烈与故留误字、著作排置亦多未当、古书之亡等问题。《四库全书》的优点有：参考便利、目录完备、分类正确、集散为整、化私为公，在辑佚、分类、考证等方面有着深远的影响。辑佚方面，受《四库全书》从《永乐大典》辑佚的影响，当时学者辑佚之风盛行，有效地保存恢复了部分古籍的原本面目；分类方面，《四库全书》的分类法体制完整，为后世图书的著录和分次排第提供了基本模式；考证方面，《四库全书》的编纂促进了乾嘉时期考证学的兴盛，《四库全书》的编纂者纪昀、戴震、邵晋涵、周永年、王念孙等皆为考证学的主要代表学者，清代考证对象由群经扩展至涵盖诸子和列史等典籍的更为宽广的范围。

同时，他也分析了《四库全书》及其提要的不足之处。他认为，《四库全书》存在征引范围狭窄的问题，选择方面存在不公允的问题，照抄方面存在缺文错字、讹误错谬的问题，如宋、元、明旧本因传写而致误。文津阁提要之失在于：文津阁提要虽然经过数次校勘，但其不免有勘误之处，例如子部《密斋笔记》应为谢采伯撰，误作为谢伯采撰。总目提要之失在于：《宋名臣言行录》五集提要遗漏刘安世，然而集卷十二实曾记载，这是搜索不精确而造成的勘误。此外，总目提要有与原本不合之处，而简明目录又依据原本提要不从于总目，如原本提要尊称朱子，简目提要则直接称呼朱熹；《横渠易说》原本提要称张载，总目提要称为张子。因此，总目提要表面上有尊崇"宋学"之意，但从内容上看，实则为"标榜汉学，排除宋学"。[①]

[①] 参见郭伯恭《四库全书纂修考》，上海书店，1982年，第222—223页。

当然，郭伯恭对《四库全书》的考证也不尽完美，有因袭前人的说法从而造成失察之处，譬如他因袭《四库全书总目》的说法，认为《永乐大典》曾有原本、正本、和副本三部。① 而当他撰写《永乐大典考》时，经过缜密的论证，认为《永乐大典》只有正本和副本两部，正本即原本、副本即重录本。他因此懊悔自己不及细查，真是误人不浅。② 正如黄爱平所说："郭伯恭的《四库全书纂修考》，对《全书》的编纂作了比较详细的考述。但是由于受历史条件的限制，特别是大量的与修书直接有关的档案当时还无法看到，因此，这些著述难免存在种种不足和问题。"这种见解无疑是相当公允的。

五、学术贡献

郭伯恭的文献学贡献集中体现在他对清朝《四库全书》的编纂、明朝《永乐大典》的编纂以及宋朝四大类书《太平御览》《太平广记》《文苑英华》和《册府元龟》的编纂的详细考证上。白化文先生对这三种书有一个总体的评价："凡是研究宋代四种大型类书和研究《永乐大典》《四库全书》的，此后均需参考郭先生这三部书，以之为贯通前后的中继站，或说是起点站。"③ 郭伯恭的考证之功不仅体现在他的文献学著作中，还体现在他所热爱的诗歌研究方面。他曾撰有《歌咏自然之两大诗豪》《魏晋诗歌概论》，以及反映农民贫苦生活的三本诗集《奔流》《急湍》和《饥饿》，这些著作

---

① 参见郭伯恭《四库全书纂修考》，上海书店，1992年，第9页。
② 参见郭伯恭《永乐大典考》，商务印书馆，1938年，第115页。
③ 白化文：《退士副墨》，上海科学技术文献出版社，2017年，第63页。

奠定了他在文史学界的地位。

第六节　张舜徽

一、生平

张舜徽（1911—1992），湖南沅江人。自幼喜治文字、训诂，在父亲的影响下，亦常涉览近人著作，如严复、梁启超、蔡元培、胡适诸家，尤喜梁氏《清代学术概论》，生平服膺乾嘉诸儒之学，盖自此始。1928年底，其父去世。他负笈出游，寻师访友，初到长沙，后到北京自修访学。在长沙期间，他与湖南大学教授孙文昱、席启駉、李白华、徐桢立、罗焌、杨树达、王啸苏诸位，相从请益。在北京期间，张舜徽住在姑父余嘉锡家。余嘉锡是著名的目录学家，当时在辅仁大学任教，张先生因此得以多识通人。几年之中，张舜徽每天都到北平图书馆读书。加之有名师指点，他左右采获，受益良多。1932年秋，张舜徽回到长沙，在文艺中学任文史教师，并兼雅礼、兑泽等中学课。1941年，任国立师范学院国文系讲师。1944年，在北平民国学院文学系任文学讲席，讲授毛诗、礼记、校雠学、传记研究四课。1946年，任兰州大学文学院教授兼中文系主任，讲授校雠学、国学概论、中国近三百年学术史等课，同时在西北师范学院授课，讲授校勘学。1949年，在武汉中原大学教育学院任教，后随学校并入华中大学。1951年起，任武汉华中师范学院（1985年更名为华中师范大学）历史系教授，讲授中国历史要籍介绍及选读、中国古代史籍校读法、中国校雠学等课。1979年，参与创建中国历史文献研究会，任会长10年。1982年起开始招收博士生，是中国首位历史文献学博士生导师。1992年11月27日，先生逝世。

二、学术论著

张舜徽精通四部之学，在版本学、目录学、校勘学、文字学等领域造诣颇深，著述丰富，有《广校雠略》《中国文献学》《中国古代史籍校读法》《中国古代史籍举要》《中华人民通史》《说文解字约注》等，在文献学领域尤以《广校雠略》《中国文献学》两部著作最具代表性。

《广校雠略》。1945年自刊，1963年由中华书局出版，共五卷。卷一讨论校雠学及相关名称。卷二讨论古代书籍流传问题，主要包括著述体例、著述标题、作者、称引体例、序书体例和注书流别。卷三讨论古代书籍流传问题，包括简纸与书籍的篇卷以及书籍之散亡。卷四讨论校雠学的各种方法，如目录、分类、校勘、辨伪、辑佚。卷五讨论汉、唐、宋、清学术成就，重点放在校雠学方面，如辨章学术始于太史公、郑玄注群经。该书对校雠学定义、著述标题、著述体例、作者姓字、书籍散亡、部类分合等方面进行了详细的论述，是对传统校雠学理论的全面总结与提升。

《中国文献学》。1982年由中州书画社出版，后由华中师范大学出版社于2004年出版。全书共12编，第1—2编讨论文献学的范围与任务、古代文献的散亡和编述体例等；第3—5编依次阐述古代文献整理的三项主要工作，即版本、校勘和目录；第6—10编阐述前人整理文献的具体工作、丰硕成果和贡献等；第11编指明今后整理文献的重要工作；第12编重申整理文献的主要目的和重大任务。该书全面系统地阐述了文献学的范围、任务、古代文献的流传、类别等，梳理了历代文献学家的成就，此外还对版本学、校勘学、目录学有着专门的论述。该书构建了中国文献学的基本理论体系，是中国文献学领域的奠基性著作。

三、文献学思想

张舜徽早年治学，推崇郑玄、郑樵，并将书房命名为"仪二郑斋"。关于郑玄，张舜徽曾写有《郑学丛著》一书，以彰其学说，认为郑氏遍注群经，是"中国历史上最著名的经籍文献学家"[①]。张舜徽晚年在回忆与余嘉锡交往时说：

> 舜徽治学蹊径，与先生（指余嘉锡）不能尽同。小子狂简，好弄柔翰。年甫三十，即属草为《广校雠略》一百篇，评骘古今，畅抒己见。与先生平日论学之旨，时有不合。先生论及校雠，不甚喜郑樵、章学诚，谓其考证粗疏，殊不足取。舜徽服膺两家，独推其识见之卓。[②]

[①] 张舜徽：《郑学丛著》，华中师范大学出版社，2005年，第3页。
[②] 张舜徽：《旧学辑存》，齐鲁书社，1988年，第1925页。

可见其对郑樵的喜爱。1943 年，张先生仿效郑樵《通志·校雠略》之体例，写成《广校雠略》，其后在 1952 年又写成《通志总序平议》（注：《通志总序平议》与《史通平议》《文史通义平议》三种合编成《史学三书平议》，1983 年由中华书局出版），在其《小序》中，张舜徽说道：

> 二千年间，论史才之雄伟，继司马迁而起者，则有郑樵，虽其所修《通志》，未能臻于预期之完善，要不可以成败论得失也。郑氏论史要义，多在《通志总序》。读其文，可以想见其为人，固卓荦不群，千古振奇士也。虽持论不免失之偏激，然而志量弘远矣。固非一曲之士所能测其浅深也。①

张先生推崇郑樵，由此可见。

《广校雠略》一书，是张先生执教于湖南宁乡之民国大学中文系时所写，为"读书指导"课的教本，1945 年有壮议轩自刊本。自刊本流布甚稀，1962 年，作者将其交中华书局，并于次年出版。新版于原书之后增加了三种附录：《汉书艺文志释例》《毛诗故训传释例》《世说新语注释例》。《广校雠略》共五卷，主要讨论了以下几个问题：1. 讨论校雠学及相关名称。2. 讨论古代书籍著述的相关问题，主要包括：著述体例，强调著作、编述、钞纂三者之区别；著述标题；关于作者；称引体例；序书体例；著述流别。3. 讨论古代书籍流传问题，先阐发简纸与书籍的篇卷，再谈书籍之散亡。4. 讨论校雠学的各种方法，如目录、分类、校勘、辨伪、辑佚等。5. 讨论汉唐宋清学术成就，其重点是放在校雠学方面的，如辨章学

---

① 张舜徽：《周秦道论发微 史学三书平议》，华中师范大学出版社，2005 年，第 485 页。

术始于太史公、郑玄注群经、宋代私门校书、群经新疏未必尽善等。《广校雠略》之后，1946年，张先生将历年所写的文献学论作五种合刊，在兰州出版排印本《积石丛稿》，这五种中的前三种都是关于古籍释例方面的：《汉书艺文志释例》《毛诗故训传释例》《世纪新语释例》，旨在讨论刘歆、班固著录图书的原则，以及注经、注史的变化，可以与《广校雠略》互为表里。

虽然"文献学"的名称在20世纪初期就已被使用，但不普遍。比较普遍被人们接受的名称是"校雠学"。自刘向以后，郑樵有《通志·校雠略》，章学诚有《校雠通义》，到了20世纪前期，校雠学著作已是相当丰富了。从校雠学所讨论的范围来看，有狭义广义之分。狭义的校雠学，即今日所说的校勘学；广义的校雠学，即今日所说的文献学。20世纪出版的校雠学著作，几乎都是广义的校雠学。张舜徽在《广校雠略》一书中，主张的也是广义的校雠学。他说：

> 近世学者于审定书籍，约分三途：奉正史艺文、经籍志及私家簿录数部，号为目录之学；强记宋、元行格，断断于刻印早晚，号为板本之学；罗致副本，汲汲于考订文字异同，号为校勘之学。然揆之古初，实不然也。盖三者俱校雠之事，必相辅为用，其效始著。[①]

张舜徽本郑樵、章学诚的观点，强调目录、版本、校勘皆校雠之事，校雠学之外，不应另有目录学的存在。他在《中国文献学》中进一步总结章学诚的见解："古人只有校雠之学，别无所谓目录

---

① 张舜徽：《广校雠略》，中华书局，1963年，第1页。

之学。"① 关于目录学的名实争论由来已久，张舜徽继郑樵、章学诚二人之后再次重申这一观点时，引发学界激烈的争论。比如，柯平在质疑张舜徽否定目录学的观点时，进一步总结校雠学与目录学之争的三派观点：一是否定目录学的存在，用校雠学包举目录学；二是认为校雠学即目录学，用校雠目录学之名替换；三是目录学与校雠学是两个独立学科。②

自清以来，学术研究日益专门与深入，至 20 世纪三四十年代，目录、版本、校勘及相关联的辨伪、辑佚等研究，逐步形成专门之学，正如蒋伯潜所说："目录学已与狭义的校雠学分道扬镳，以附庸蔚成大国了。"③ 目录学之外的其他专门研究情形也大致如此，版本学、校勘学、辨伪学、辑佚学逐步形成。到了 20 世纪后期，"校雠学"的名称不常用了，被"文献学"所取代。结合张舜徽所处环境、人生经历以及为学风格，可以进一步理解张舜徽的文献学思想，从而理解他的目录之学。如李勤合指出："张舜徽于 1945 年提出用校雠学包举目录、板本、校勘，而否定目录学的意见。这是由他通人之学、反对狭隘、由博返约的学术风格决定的"，"对于学者之观点论说，不能简单地仅从逻辑上去判断，还须从学者所处之环境、人生之经历、为学之风格考量，这是从孟夫子'知人论世'说到近代陈寅恪'了解之同情'说传下来的我国优秀的文化传统。可惜，学界在批评张舜徽先生有关目录学的观点时，少有从此入手者"。④

---

① 张舜徽：《中国文献学》，华中师范大学出版社，2004 年，第 102 页。
② 参见柯平《目录学札记——校雠学与目录学》，《赣图通讯》1986 年第 1 期。
③ 蒋伯潜：《校雠目录学纂要》，正中书局，1946 年，第 4 页。
④ 李勤合：《张舜徽目录观发微》，《九江学院学报》2007 年第 5 期。

作为一名传统学者，张舜徽有关文献学的见解与观点主要散见于他的文献学著作中。在《中国文献学》一书中，张舜徽对他的文献学理论进行了系统总结，构建了文献学研究的基本框架，包括文献学理论探讨、文献研究、文献整理研究、文献学史等，具体如下。

1.文献学理论的探讨，主要集中在文献学承担的时代使命方面。20世纪初，梁启超提出文献学，即广义的史学，即文献学是史学研究的基础。张先生秉承这一学术观点，进而讨论文献学的任务，他提出两个阶段，第一阶段是文献整理：

> 我国古代，无所谓文献学，而有从事于研究、整理历史文献的学者，在过去称之为校雠学家。所以校雠学无异成了文献学的别名。凡是有关整理、编纂、注释古典文献的工作，都由校雠学家担负了起来。①

在这里，张舜徽认为，校雠学与文献学，实同而名异。20世纪40年代，《广校雠略》已讨论了校雠学的基本内容，20世纪40年代以后，张舜徽著《中国文献学》本于《广校雠略》，其内容相较于《广校雠略》有较大的拓展，这或许正是时代之需而使其然也。至于文献学的任务，张舜徽说：

> 我们今天，自然要很好地继承过去校雠学家们的方法和经验，对那些保存下来了的和已经发现了的图书资料（包括甲骨、金石、竹简、帛书），进行整理、编纂、注释工作，使杂乱的资料条理化、系统化，

---

① 张舜徽：《中国文献学》，中州书画社，1982年，第4页。

古奥的文字通俗化、明朗化；并且进一步去粗取精，去伪存真，条别源流、甄论得失，替研究工作者们提供方便，节省时间，在研究、整理历史文献方面，作出有益的贡献，这是文献学的基本要求和任务。①

文献整理是文献学基本任务。在张舜徽看来，文献学的主要任务是在文献整理的基础上，"去粗取精，删繁就简，创立新的体例，运用新的观点，编述为有系统、有剪裁的总结性的较全面、完整的《中华通史》"②，以使人们了解中国悠久的文化，油然而生爱国之心。从现在来看，这个任务已超越了文献学家的职责，应当由历史学家来承担。在过去，文献学与史学密不可分，因此可以说，这一观点正是"文献学是广义的史学"的一个重要解说。

2. 文献研究。《中国文献学》详细讨论了古代文献的材料（甲骨、金石、缣帛和纸），古代文献的散亡，古代文献的著述方式与体例，写作的模仿、伪托、类辑等。在《广校雠略》中，作者也涉及到这些问题，但《中国文献学》在这方面更加系统而全面。

3. 文献整理。《中国文献学》首先讨论了版本、校勘、目录，这三者是过去校雠学的核心内容。校雠学之所以改称文献学，这不仅是时代变化而带来名称的更变，同时也是内容的拓展。在版本、校勘、目录三者之外，张舜徽又提出文献整理的六种方法：抄写、注解、翻译、考证、辨伪、辑佚。张舜徽还指出今后整理文献的主要任务，他提出了几个方面：一是甄录古代遗文；二是改造二十四史，三是整理地方志书；四是融贯诸子百家。

4. 文献学史的总结。在《中国文献学》中，作者以较多的篇幅

---

① 张舜徽：《中国文献学》，中州书画社，1982年，第4页。
② 张舜徽：《中国文献学》，中州书画社，1982年，第5页。

总结了前人整理文献的成果和历代文献学家在整理文献方面的成就。《中国文献学》的出版，对文献学教育、研究和文献整理工作都具有相当重要的意义。首先，在文献学教育方面，这部书作为教材，被很多大学广泛采用。其次，20世纪80年代，文献整理工作有较快的发展，大批古籍被整理出版。当时，古籍整理的人才比较缺乏，特别是一些中青年古籍工作者，没有经过系统训练，这部书成为他们工作中的重要参考读物。最后，在文献学研究上，这部书的出版起到了标志性的作用，它标志中国文献学的最后确立，其文献学理论，文献本体，文献整理方法及文献学史四个方面的构成，对今后文献学的发展起到了规范性的作用。在此后的时间里，文献学著作不断出版，这些书或多或少地都受到《中国文献学》的影响。

四、文献研究的方法与实践

张舜徽治学讲求"辨章学术，考镜源流"，因此极其重视提要、别录的文献研究方法，亦重视注释实践工作，撰写的文献学著作有《说文解字约注》《汉书艺文志通释》《清人文集别录》《清人笔记条辨》等。

张舜徽早年就随父读文字学著作，有较高的文字学素养。清人强调读书以识字为先，对张舜徽影响很大。张舜徽就是循着这条路往下走的，他在早年的教学中也提倡这一方法。1947年张舜徽在兰州任教期间，曾给学生开列了《初学求书简目》。张先生认为："读书以识字为先，学文以多读为本。必于二者深造有得，而后可以理解群书。"① 意即通识古文字是读书的基础，通而不读始终会立于学术之门外，因此，识字必须与读书相联系，并以读书为归宿。他在《初学求书简目》中首列"识字""读文"两类，其中"识字"类下细分为字形、字音、字义三小类，字形类开列的书目包括《文字蒙求》《说文解字》《说文解字注》等 8 种，字音类开列的书目包括《广韵》《说音》《切韵考》等 8 种，字义类开列的书目包括《尔雅义疏》《广雅疏证》《释大》等 6 种。凡此 20 余种，作为识字的入门书和阅读旧籍的基础。从这个书目可以看到张舜徽有很好的文字学基础。1948 年，张舜徽在王筠《文字蒙求》的基础上，写成《广文字蒙求》一书。在这部书的前言里，张舜徽对这部书的主题即写作目的作了说明，他说："二十岁后，又博涉金文、甲骨文，所获益多。认为《文字蒙求》有待充实推广，俾能成为比较适用的古文字学入门之书。频年任教各大学，兼授文、史两系课，尝以文字学设教，即在此书基础上，补列了许多字，并谈到文字原流、六书义例、字书流别。又尝以为文字可以考史，举凡远古人类生活活动图影，悉保存在文字中。加以近岁涉览译本新书，对于有关人类起源、阶级分析学说，略有窥悟，用来就古文字证说远古史迹，颇有贯通之益，因就事物立题，作了浅明概略的叙述，藉以发凡起例，示初学以从入之途。"② 这部书后来收入张舜徽晚年出版的《旧学辑存》之中。

在《广文字蒙求》的基础上，张舜徽先生从 1961 年起开始为《说文解字》作注。《说文解字》问世以来，注家甚多，尤以清人成就为大，其中桂馥、段玉裁、王筠、朱骏声四家可为代表。张舜徽

---

① 张舜徽：《旧学辑存》，齐鲁书社，1988 年，第 859 页。
② 张舜徽：《旧学辑存》，齐鲁书社，1988 年，第 1—5 页。

吸取前人的研究成果，结合近世出土的甲骨文、金文等新材料，前后花了十年时间，写成《说文解字约注》一书。全书二百余万字，主要特点有三，一是广泛吸取前人研究成果，前人注文、各种典籍相关者、新出土的文献等，均广收博采，存其精义。二是阐明字义，遵循双声相衍之理，张先生认为："声在文之先，意在声之先，有是意而后有是声，有是声而后为文以象之。故凡发音部位相同之字，其义多相同或相近。"① 三是每字之下都有注者的按语，以抒发注者的见解，或补申《说文》中的疑义、阙义，或订正前人的附会和错误。

张舜徽晚年在文献整理上的又一重要工作，是为《汉书·艺文志》所作的通释。《汉书·艺文志》为其治学的纲领。张舜徽自少好读是书，常置案头，时加笺记。直到晚年，重温是书，复有笺记，以成《汉书艺文志通释》（以下简称《通释》）一书。

《汉书·艺文志》为班固《汉书》十志之一，是班固根据刘歆的《七略》删拾其要而成的。由于《七略》一书早佚，所以该目更受学者所重。它是我国现存最早最完整的一部图书目录，也是第一部史志目录，对后世图书的分类、目录的编制及文献学研究，均具有深远的影响。这部目录将东汉前中国人的知识和学问作了一次系统的总结，为后人辨章学术源流、考镜图书嬗变，提供了可靠的依据。

自唐代始，学者们就十分重视对《汉书·艺文志》的整理和研究。唐颜师古注《汉书》，于《艺文志》的注释简括可靠，为后人研读提供了基础。宋王应麟的《汉书艺文志考证》为最早的《汉

---

① 张舜徽：《说文解字约注》，中州书画社，1983年，"自序"第2页。

书·艺文志》研究性专著。其后有王仁俊《汉书艺文志校补》，姚振宗《汉书艺文志条理》《汉书艺文志拾补》，刘光蕡《前汉艺文志注》，以上为清人的研究成果。近人研究《汉书·艺文志》的成果有瞿润缙《汉书艺文志疏证》、姚明煇《汉书艺文志注解》、顾实《汉书艺文志讲疏》、李笠《汉书艺文志汇注笺释》、李赓芸《汉书艺文志考误》、余嘉锡《汉书艺文志索引》、许本裕《汉书艺文志笺》、孙德谦《汉书艺文志举例》、叶长青《汉书艺文志问答》等。1983年中华书局出版的陈国庆《汉书艺文志注释汇编》，是近年《汉书·艺文志》最新的研究成果。至于在学术刊物中论及《汉书·艺文志》的及报刊上的有关论文，更是不胜枚举。

在《通释》之前，张舜徽早年曾作有《汉书艺文志释例》，从甄审、著录、叙次、标题、注记五个方面，分析《七略》与《汉书·艺文志》的异同，总结出了《汉书·艺文志》的某些义例。《通释》则全面疏证《汉书·艺文志》，旁征博引而建树颇多，是张舜徽晚年的又一力作。

张舜徽在《通释》一书的《自序》中就其内容作了说明，他说："凡前人之说有可取者，悉甄采之，句读之有误者正之，史证之偶疏者补之，亦间附论说以评断之。"①

第一，《通释》对前人的研究成果加以甄采。如《汉书·艺文志》诸子略儒家类著录的《周史六弢》一书之下，就采录了颜师古、沈涛、姚振宗三家之说；《王孙子》书下采录了严可均、马国翰二家之说。这一方法即传统的"集注"，广采前人之说，保存并集中了丰富的材料，颇便读者。

---

① 张舜徽：《广校雠略　汉书艺文志通释》，华中师范大学出版社，2004年，第165—166页。

第二，《通释》对句读有误者加以订正。句读和标点是对原文理解的第一步，不同的句读和标点往往会形成对原文的不同的理解，不正确的句读和标点可能会造成对原文理解的错误。《通释》对《汉书·艺文志》的句读和标点极为审慎，有些地方纠正了目前一些通行本的错误。如《汉书·艺文志》六艺略春秋类"春秋古经十二篇"。有书标点为"《春秋古经》十二篇"。《通释》标点为"《春秋》古经十二篇"。后者标点比较符合实际情况。

第三，史证之偶疏者补之。如《国语》与《左传》二书，司马迁、班固都认为是左丘明所作。张舜徽认为："两书断限不齐，详略又异；所载史实，多有不合；甚至同记一事，而互有抵牾。从文体看，复不相类。其非出自一手，昭然易辨"①。又，《孙子兵法》十三篇传世，后人多认为此书为曹操所重编。张舜徽以新出土的材料证明，曹操重编之说是没有根据的。

第四，间附论说以评断之。《通释》一书评断的内容非常广泛，多出作者己见。有对一书作者的确定，如《世本》，张先生认为此书是战国史官所辑，经秦汉时人整理成编。有对前说的评论，如《汉书·艺文志》孝经类有《尔雅》《古今字》二书，章学诚认为此二书不当入孝经类。张舜徽认为："汉人恒以《孝经》为五经之总会，故凡涉及诸经通训、经字异同之书，悉附列于此。章说失之。"② 图书的归类，不能不受时人学术的制约，后人不当以己见论之。张舜徽从民族的角度看《尔雅》等书的归类，这是一种解释古书的重要原则，即客观地历史地看问题。评断还涉及一书的注本或版本，如《尔雅》，前人注疏有郭璞、邢昺、邵晋涵、郝懿行四家，

---

① 张舜徽：《广校雠略 汉书艺文志通释》，华中师范大学出版社，2004年，第228页。
② 张舜徽：《广校雠略 汉书艺文志通释》，华中师范大学出版社，2004年，第244页。

张先生认为后两家注本较好。这些评断对后学有裨益。

采、正、补、评断，构成了《通释》一书的基本内容，张先生以此四步骤向我们展示了解释古书的重要方法：要占有丰富的材料，广泛吸收前人可取的研究成果，以广见闻，为立论提供基础。只有这样，后学才能超越前人，才能有新建树，这是第一步。解释古书必须要有正确的断句与标点，才能对文章有正确的理解，这是第二步。对前人的疏漏与错误加以订正，以正视听，这是第三步。在以上三步的基础上，再作自己的评断，这种评断不应武断和臆测，而应持一客观的历史的原则，只有这样才能公允评断而不曲古人之义，这是第四步。这一方法不仅对解释古书适用，对研究古代文化的其他领域，也给我们很多启发。

提要、别录这一体裁是历代文献学家、藏书家研究文献的重要方式。张舜徽在阅读了1100余家清人文集的基础上撰成《清人文集别录》一书，于1963年出版。该书录存600家，正如作者自己所说："每集读毕，辄好考作者行事、记书中要旨，究其论证之得失，核其学识之浅深……虽未足以概有清一代文集之全，然而三百年间儒林文苑之选，多在其中矣"，"其有家学、师承或友朋讲习之益者，务令比叙，以见授受濡渐之迹"。①

首先是考作者行事。《清人文集别录》每篇之前均有关于作者生平的内容。考辨作者行事是传统叙录或提要的常规，从刘向的《别录》到《四库全书总目提要》，一脉相承。张先生在所撰作者行事中，注重其家学、师承或交友，注重反映作者学术成长发展的脉络。如《解春集》作者冯景，张先生写道：

---

① 张舜徽：《清人文集别录》，中华书局，1963年，"自序"第1、4页。

> 景一生好读书，所与游多当世名士，若万斯同、朱彝尊、阎若璩、毛奇龄之流，咸与往还。交阎、毛为尤密，集中与两家论学之文，质疑难，析奇义，不失为诤友。始若璩力攻伪《古文尚书》，景与桴鼓相应。集中卷八、卷九所题为《淮南子洪保》者，皆与若璩讨论伪《古文尚书》之作也。①

知人论事，对了解作者与认识作品皆大有裨益。

其次是记书中要旨，摘引了文集中的重要观点，举一二例：

> 李集《愿学斋文钞》："尝言以经证经，汉儒家法，无不如是。自宋以后，都以臆说解经，而经亡矣。""又尝教学者力行师张履祥，经学师顾炎武，吏治师陆陇其。"② 又方苞《望溪先生文集》"言及《古文尚书》，则疑其文明畅晓，必秦汉间儒者得古文原本，若其奥涩，而稍以显易之辞更之，其大体则固经之本文。"③

张先生在每篇别录中，几乎都有相关摘要，以见文集作者的重要观点。

最后是评论文集得失，既有对文集作者学风、学术水平高下的评论，也有对文集自身的考辨。如惠栋《松崖文钞》之别录，在谈到惠栋学术的成就时，张先生说：

> 自其以一门为天地，以汉儒为宗师，笃信谨守，不知其他。耳目

---

① 张舜徽：《清人文集别录》，中华书局，1963年，第93页。
② 张舜徽：《清人文集别录》，中华书局，1963年，第182页。
③ 张舜徽：《清人文集别录》，中华书局，1963年，第105页。

局隘已甚。不复广采兼收，以会通经说之全。则其学之流于胶固，亦势所必然耳。惠氏学术，所以不及戴氏沾溉之广，亦即如此。①

清代吴、皖两派是朴学的代表，吴派代表人物惠栋与皖派代表人物戴震相较，有其局限。

《清人文集别录》出版后曾多次重印，流传颇广，其学术价值得到学者的高度赞誉。文学史家刘永济曾说："不意吾家中垒（指刘向）遗风，复见今日，为之狂喜。"又说："非有渊博之学，弘通之识，不足以成此书。观其评骘学术，论而能断，即足见其有学有识也。况其文笔雅健，又非常人所能逮；今人具此根柢者甚罕，能读此书者已不多矣。"② 史学家顾颉刚在给张舜徽的信中也称赞说："先生所作诸书，示学者以途径。启牖之功，实在张香涛《輶轩语》《书目答问》之上。然彼二书，对我辈之效用已极巨。先生别白是非，指明优劣，上绍向、歆之业，下则藐视纪昀之书，其发生影响之大，固不待言也。"③

《清人文集别录》出版之后，张舜徽先生就清人笔记计划写三本书，以综论之。他说：

清人笔记中，复多经术湛深、考证邃密者，若李惇《群经识小》、邵晋涵《南江札记》、陈鱣《简庄疏记》、严元照《娱亲雅言》、郑献甫《愚一录》、邹汉勋《读书偶识》之类，其书甚广，余将为《群经汇解》以总会之。亦有博涉子史、校勘精审者，若卢文弨《群书拾补》、王念

---

① 张舜徽：《清人文集别录》，中华书局，1963年，第143页。
② 张舜徽：《旧学辑存》，齐鲁书社，1988年，第1946页。
③ 张舜徽：《讱庵学术讲论集》，岳麓书社，1992年，第406页。

孙《读书杂志》、姚范《援鹑堂笔记》、何焯《义门读书记》、张文虎《舒艺室随笔》、孙诒让《札迻》之类，述造亦繁，余将为《群书集校》以综录之。①

以上所说的《群经汇解》与《群书集校》二书未见施行，张舜徽就所寓目的三百余种清人笔记，别择去取，选定百余种，加以考辨与综述，成《清人笔记条辨》一书。这本书以考辨笔记内容得失为主，间评作者学术水平的高下。

《清人文集别录》与《清人笔记条辨》二书是清代文献研究的重要著作，也是清代学术史研究的基础性成果。张舜徽另一个重要领域是清代学术史研究。20世纪40年代，他在兰州执教时曾开设这方面的课程，并写有《中国近三百年学术史》初稿，其中《扬州学记》的叙论部分刊入《积石丛稿》一书。20世纪五六十年代先后出版《顾亭林学记》与《清代扬州学记》二书，此后《清人文集别录》与《清人笔记条辨》相继问世。在此基础上，张舜徽于晚年对清代学术史作了一次系统的梳理与总结，出版《清儒学记》。因此可以说，清人文集与笔记的研究，是张先生清代学术史研究的重要一环。

20世纪50年代，张舜徽先生出版《中国历史要籍介绍》与《中国史论文集》二书。前者是作者在华中师范学院历史系讲授"中国历史要籍介绍及选读"一课的讲稿，注重对基本史料与重要史籍的介绍；后者重点讨论史料运用与处理的方法。《中国历史要籍介绍》出版后，正如作者后来所说："那时正值建国之初，诸事草创，编写这一类的书，没有可以依据的本子，只得运用新的观

---

① 张舜徽：《清人笔记条辨》，中华书局，1986年，"自序"第2页。

点，自创新例，务求简明扼要，浅近易懂。"① 书出版后，为不少大学所采用，流布较广，影响很大。随着中国教育事业的恢复与发展，大学生与社会读者对"历史书籍介绍"这一类书籍的需求大为增加，此时，张舜徽将《中国历史要籍介绍》进行修订，更名为《中国古代史籍举要》出版。修订本在原书的基础上，增加了五章：实录、学术史、史辨书籍、史论书籍、史考书籍，与原来相比，修订本介绍史籍的范围扩大了。几年之后，张先生主编的《中国史学名著题解》出版，这本书有两个特点：一是从"辨章学术，考镜源流"的角度，辩证地处理史籍归类问题，对传统类目有所突破；二是又一次扩大了史籍范围，除传统各类外，又收有金石甲骨考证类、笔记类、类书丛书类、文编类等。

五、学术贡献

在治学上，张舜徽博览群书，走通博之路，于考据学、史学、文献学等均有精深研究，他一生笔耕不辍，著述颇丰。在张舜徽的学术生涯中，贯穿始终的一个研究领域，即是文献学研究。在近50年间，出版了一系列文献学著作。这些著作对20世纪后半期中国文献学的发展产生了深远的影响。特别是在古典文献学领域，他的著作构建了学科思想、方法与研究规模，构成了古典文献学研究的基本范式。

---

① 张舜徽主编：《中国史学名著题解》，中国青年出版社，1984年，"前言"第1页。

第七节 杨家骆

一、生平

杨家骆（(1912—1991），出生于上海，其曾祖父杨新甫、祖父杨星桥、父亲杨紫极均是著名学者，精于治学，博通经史。杨家骆16岁毕业于东南大学附中高中部，后入国学专修馆肄业，经年跟随吴士鉴（䋄斋）、吴廷燮（向之）二位先生治"史注"之学，为他的治学奠定了根基。1927年蔡元培任南京国民政府大学院院长时，杨家骆就上万言书，陈述其整合中国典籍的计划，与蔡元培结为忘年之交。1928年杨家骆进教育部图书馆工作，从事图书分类与目录学的系统研究。为实现其典籍整合计划，杨家骆埋头苦干，以三年时间手编《四库大辞典》，成稿200余万字。1930年春，杨家骆与其兄杨家聪、弟杨家驹和杨家骃及友人一起，创办中国辞典馆和中国学术百科全书编辑馆并任馆长。1937年秋，因战火危急，杨家骆率中国辞典馆迁至重庆北碚继续编纂工作。1945年秋，中国辞典馆易名为世界学院中国学典馆，迁往上海。因业务关系，继续保留了重庆北碚馆舍，取名北泉分馆。上海馆务由杨家骆亲自主持。抗战胜利后，世界书局董事长张人杰（静江）聘请杨家骆出任总编辑，后兼任总经理，将其个人历年所整理加工的古籍刊印为《中国学术名著》精装 800 册，《中国学术类编》750 册，① 这项工作一直延续到他去台之后的十余年。

1949 年，杨家骆经澳门、香港转去台湾，先后在世界书局和鼎文书局任职，并在台湾大学、台湾师范大学、中国文化学院等院校任教。1991 年 9 月 11 日，病逝于中国台湾。杨家骆生前的最大心愿，就是编一部《中华大辞典》，这一想法始于 1927 年，后有日本"写真植字株式会社"排印发稿约 4000 万字，只出了试印本两册，余稿犹待补订，成为杨家骆临终之遗憾。其子女为贯彻父亲整理、保存文献之心志，将其手稿及藏书约 2 万册都赠予中国台湾的"中央"研究院中国文哲研究所。② 遗稿有《中华大辞典》《中国图书大辞典》《国史系年》《各省著述志汇编》，这是杨家骆留给学界的一笔大财富。

二、学术论著

杨家骆毕生从事中国古籍文献资料的整理与保存，并致力于目录学的研究，主持编纂的著作有《四库大辞典》《丛书大辞典》《世界学典》《古今图书集成学典》《民国名人图鉴》等，其中《四库大辞典》《丛书大辞典》为其代表性著作。

《四库大辞典》。1932 年由中国图书大辞典编辑馆、中国学术百科全书编辑馆联合出版。本书词条按照四角号码检字法排列，以

---

① 参见关国煊《杨家骆（1912—1991）》，《传记文学》（台湾）1992 年第 1 期。
② 参见林庆彰、杨晋龙《专访杨思成教授、杨思明教授谈杨家骆先生》，《中国文哲研究通讯》1992 年第 6 期。

《四库全书总目》和《续修四库全书总目提要》的内容为依据,精选图书提要 1 万余条、著作家传记 7000 余条,另附《四库全书概述》《助检表》《笔划索引》《拼音索引》,是近代大型解题式古籍书目。蔡元培先生特题词表彰,手书"仰风楼"以赠,称:"十大巨著,乃成于杨家骆先生一人之手,其毅力可佩也!且此种工作至为烦琐,而书成以后,嘉惠学者甚大,其牺己为群之精神,尤足为学者模范矣。"①

《丛书大辞典》。1936 年由中国辞典馆出版。本书收录丛书约 6000 种,子目 17 万余条,共计 120 余万卷,书前附有序例,详细阐述了丛书历史、丛书目录史、《丛书大辞典》的编刊经过。该书所收丛书范围主要为 1935 年 5 月以前编辑刊行的各种丛书,所收条目涵盖四个种类:丛书总目条、丛书撰编校刊者人名条、丛书子目人名条、丛书子目各书撰注者人名条,是查阅民国时期所出版丛书的参考工具书。

三、目录学思想

杨家骆重视目录学研究,据杨先生门人回忆:"先生曾自述,童稚时每侍祖父曝书,每搬一书,祖父即为他解说该书之作者、成书经过、内容宗旨及版本流传等,先生皆默而识之,日积月累几于无书不知。"② 杨家骆治学以《四库》为经、目录为纬,为自己奠定了广博深厚的治学基础,在目录学理论和实务方面,都有具体的论述和著作。

---

① 徐苏:《杨家骆及其编辑出版特色评述》,载《出版史研究》编辑部编《出版史研究》(第一辑),中国书籍出版社,1993 年,第 232 页。
② 关国煊:《杨家骆(1912—1991)》,《传记文学》(台湾)1992 年第 1 期。

在教育部图书馆工作期间，杨家骆系统地研究图书分类、目录学，并颇有造诣。他"依学术之源流，破四库之成见"，将馆藏10万余册书编成各类专题书目逾百种，遍访大江南北公私典藏，其所经眼的有记录的书籍达7万余种。[①] 1931年，《四库全书概述》由中国辞典馆出版，这是杨家骆编撰《四库大辞典》时他对《四库全书》的认识和看法，至"《四库大辞典》成，乃掇其中关于《四库全书》者为此编"，内容分为文献、表计、类叙和书目四部分，都是讨论记述与《四库全书》有关的著述，杨家骆在书中提及了续修《四库全书》的建议。[②] 这部书在1975年于中国台湾地区已出到第八版，为后人继续研究四库分类体系、书目方法和文献揭示等方面作了基础准备工作。

1946年，杨家骆再撰《四库全书通论》一书，书中他详细评述了四库分类体系的得失，指出《四库全书总目》的分类体系较为完善，类目分部、类、属三级层层开展，有着较强的兼容性，比历史上任何一部四分法更细化，能保证"众多的书籍在放置与检查上，皆有轨可循，不致茫然无绪，或遍寻不得"[③]。四分法"能达到要表示知识体系的责任"，是"作为表示其时知识世界的一宗重要文献"[④]。同时他指出了该体系受历史约束和主观因素影响而存在的不足之处。

在剖析四部分类法内部结构时，他引进西方的分类法与之进行比较，以传统的史部、子部、集部，与西方学科分类法中的历史、哲学、诗文类别相比：经部为文化根源，"有如中世纪欧洲文化，

[①] 参见林庆彰、杨晋龙《专访杨思成教授、杨思明教授谈杨家骆先生》，《中国文哲研究通讯》1992年第6期。
[②] 参见杨家骆《四库全书概述》，中国学典馆复馆筹备处，1937年，"原序"第1页。
[③] 杨家骆：《四库全书通论》，世界书局，1946年，第12—19页。
[④] 杨家骆：《四库全书通论》，世界书局，1946年，第12—19页。

以《新旧约全书》为其根源,而看成特别尊崇的书一样";史部为记载性的,相当于亚里士多德、培根所说的历史类;子部为思想性的,相当于哲学类;集部为文学,相当于诗文类。①

杨家骆认为,随着西方新哲学、新科学思潮的引进,以及书籍种类与数量的增加,人们迫切需要采用全新的知识体系,编制全新的分类法。"目录学家的分类法,本系适应当时的知识体系与记录当时的知识与记录此知识之书籍而设"②。他主张既要继承古代分类法的优良传统,也要敢于破四库之成见,引进西方分类法,需考虑以下四个条件:一是"要能使读者从此得到一个整个学术论理的系统概念";二是"要能使读者从此一瞥二十余年来中国学术发展的全景";三是"各类题的涵量应求有相当的均衡,使读者于此可测出各科专籍的数量比例";四是"一般人应用分类的习惯和学术未来情形的推测亦不可忽略"。③

由此,杨家骆结合中西分类,创立了一个新的分类体系,即以"理想中的论理的学术分科系统"为纲的分类法,将人类知识归纳成总类、哲学、语文学、文学论著、创作文学、翻译文学、艺术论著、教育、自然科学、应用技术、社会科学、经济、政治法律、历史地理等14大类,大类下分702个子类,子类下细分397个子目,采用总论在前、分述在后、合集在前、别集在后的顺序,以在最大程度上符合读者的检索习惯。尽管杨家骆的分类法在今天来看也有其自身的缺陷,但他敢于打破成见、超越"仿杜改杜"的桎梏、创立新法的举动,促进了民国时期分类法的研究与编制。

---

① 参见杨家骆《四库全书通论》,世界书局,1946年,第12—19页。
② 参见杨家骆《四库全书通论》,世界书局,1946年,第12—19页。
③ 杨家骆:《图书年鉴》,中国图书大辞典编辑馆,1935年,"提要"第4页。

以上分类目录学思想多由杨家骆所主编的诸多丛书、辞典、百科全书、年鉴等工具书体现出来。至 1977 年，杨家骆编辑《校雠学系编》，"才真正属于史目录之学的书籍，这部大书，也最能代表杨教授对于传统目录之学的观点和评价"。① 该书将古今重要的"目录学"理论方面的著述，辑成一编，分为三个系统，分别以刘向、刘歆、郑樵和章学诚为代表，除三家代表之作外，但凡与这三家有直接关联的著述，都依类而列。这一部目录学理论的辑结著作，体系清晰，资料充实，对建构传统目录学理论作出了贡献。

杨家骆重视丛书目录的作用，他认为，丛书的查检依赖于丛书目录。然而，自清代至民国时期，丛书目录存在"著录虽多，而编制未善"的问题，具体表现为漏收图书、兼容性不足、缺少索引、检索手段单一等。② 因此，他在 1936 年编制了《丛书大辞典》。该书体例与《四库大辞典》相似，内容包括"丛书总目书名""丛书总目人名""丛书子目书名"及"丛书子目人名"，1991 年在中国台湾地区出到第五版。这是一部辞典式的丛书书目兼索引，条目有释义，编撰时底稿卡片"凡总目书名条六千余张，总目人名条一万余张，子目书名条十七万余张，子目人名条二十万余张，计得三十八万六千张，约为五百万言，储之充栋，载之专车"。③ 姚名达在《中国目录学史》中称赞《丛书大辞典》："杨家骆纂《丛书大辞典》，则参采丛书名、各书名、撰书人名为纲，互注其关系名目于下，混合编制，依四角号码检字法为顺序，读者无论从何方面联

---

① 参见胡楚生《杨家骆教授对目录学之贡献》，载《杨家骆教授九十冥诞纪念论文集》编委会《杨家骆教授九十冥诞纪念论文集》，万卷楼图书有限公司，2001 年，第 59—72 页。
② 参见杨家骆《四库全书通论》，世界书局，1946 年，第 73—76 页。
③ 杨家骆：《丛书大辞典》，中国学典馆复馆筹备处，1991 年，第 76 页。

想,以分秒之光阴即可找得其所欲得之资料,便利极矣。"① 姚名达将该辞典总结为两个特色:一是读者查询利用便利,二是收录丛书全面,可见其内容之富、价值之大。

1935年至1937年,杨家骆编成《中国文学百科全书》八册,凡例中仅条目性质就定为8种,包括书名、题名、人名、事典、概论、专题、术语、参见,条目达6万余。依条目的重要性划分为"重要条""普通条""备考条"3种,并就3种条目的范围、字数及在全书中各占比例的多少作了明确规定,确保全书体例详明,提高了编书质量。在当时,国人"百科全书"观念尚未普及,此书可谓开了风气之先。

四、文献编纂思想

杨家骆一生编纂的书籍可谓浩繁,尤以丛书和各种参考工具书为最,少年时代即随祖父杨星桥编纂《国史通纂》,辑录了很多资料卡片。这为杨家骆以后从事文献整理、编撰工作奠定了良好的基础,从此他坚定不移地为自己的终身事业努力不懈,并且拟定了一个宏伟的典籍整理、编纂、出版规划。

1931年,年仅19岁的杨家骆编撰的第一部巨著《四库大辞典》,由他所主持的辞典馆出版发行,当时就引起社会极大反响,好评如潮。这是一部集辞典、索引与书目为一体的工具书,收录《四库全书总目》200卷所载图书,包括"著录"和"存目",其将各书及其著者编成检索条目,书名下有卷数、附录及其著者或编注

---

① 姚名达:《中国目录学史》,商务印书馆,2014年,第335页。

者姓名、类次、解题、版本各项；著者下有所著或编注各书名称、著者时代、籍贯、小传、四库失收之著作名称、著者详传、参考书各项；全书词条按字典式编制，采用四角号码检字法排列，条目间还有"参见"关系，今日观之仍是一部体例严谨、合乎潮流的参考工具书。出版家王云五称杨家骆《四库大辞典》"是我国第一部最适用最便检查的图书大辞典，对于我国读书界向来所感'从何读起'的困苦可以一举解除"①。该书在 1931 至 1946 年先后重印五次，中国台湾地区 1991 年已出到第八版。

杨家骆在 60 多年的工作生涯里，都与文献打交道，除上述书籍，他还编了很多具有相当分量的书，如《群经大辞典》《历代经籍志》《图书年鉴》《十通分类总纂》等。他整理、编纂书籍，同时为古籍辑佚、校勘，如他在 20 世纪 60 年代主编出版的《永乐大典》803 卷，就是他 30 年间通过各种途径搜集来的残本集结。在这套书中，杨家骆就该书编制原委进行了探究，考证了书体，并编制了多重索引，其最终目的在于辑佚，整理古籍。他多方面研究，不仅尽发《永乐大典》的价值，而且对后人从事古籍整理、善用学术资源多所启迪，堪称近世以来对《永乐大典》的学术研究最具贡献的学者。②

收集、整理、编纂、保存古籍和原始资料是杨家骆先生的毕生使命，他认为"知识需要整理，使用起来才有头绪"③，他整理书籍、编纂书目，就是为了更好地保存我国古代的知识文化遗产。如

---

① 杨家骆：《四库大辞典》，中国学典馆复馆筹备处，1991 年，"王云五先生序"。
② 参见《杨家骆教授九十冥诞纪念论文集》编委会编《杨家骆教授九十冥诞纪念论文集》，万卷楼图书有限公司，2001 年，第 29—36 页。
③ 林庆彰、杨晋龙：《专访杨思成教授、杨思明教授谈杨家骆先生》，《中国文哲研究通讯》1992 年第 6 期。

《四库大辞典》《新书总目提要》等，是为了提供给人们一种更好利用书籍的途径；他认为《永乐大典》是为了把散佚的珍贵书籍资料找回来，集于一处，补充完整。而对于编纂新方志，杨家骆从各地方志中找出资料汇集在一起，无论大小之事，都可从此结集中找到详尽材料，此举更有助于建构地方历史全貌，对地方文献的保存功不可没。

抗战时期，鉴于战争中文献典籍屡遭劫难，杨家骆以网罗散佚、辑拾残存为当务之急。1938年秋，他在《国民公报》重庆版发表了请国民政府设立文献馆的建议书，旨在于战火中保存文献史料。

1944年，杨家骆建议以科学论文方式创修《北碚志》，依照辞典馆新订的编志体例，建立起"新方志"的典范。如今《北碚志》虽无法得见其全貌，但透过剩下的《北碚九志》，我们可以看出当年杨家骆的独特构想与创意，其所保存的北碚气候、地质、地形、土壤、动物、人口、聚落、农业、土地利用等相关文献，仍弥足珍贵。

在四川期间，致力收集整理古籍和原始资料的杨家骆有一个意外收获，即1945年春，他应四川大足县参议会议长陈习删、县长郭卓吾之邀，与顾颉刚、马衡等组建"大足石刻考察团"前往北山、宝顶进行为期一周的科学考察，编制其窟号，测量其部位，摩绘其像饰，椎拓其图文，鉴定其年代，考论其价值，以为可继云冈、龙门鼎足而三，使湮没千载的大足石刻名扬于世。后去台湾，撰有《大足唐宋石刻之发现》《中国石刻史上大足崖雕之地位及其贡献》等论著，并将前文讲演于马来西亚及东南亚各国，以为此发见较吴哥窟更有价值。①

---

① 参见任育才《杨家骆教授对唐史之贡献》，载杨家骆教授九十冥诞纪念论文集编委会《杨家骆教授九十冥诞纪念论文集》，万卷楼图书有限公司，2001年，第11—16页。

抗战后期，他倡议国民政府设立机构，效仿《四库全书》义例，编纂《中华全书》，继续进行中国典籍的整理工作，以利于文化建设。虽然该计划后来未能顺利展开。但是杨家骆一直没有忘记他网罗群籍、整合学术的使命，一生都在为这个理想努力着。

五、学术贡献

综观杨家骆的一生，他幼承家学，从治目录学入手，破"四库之成见"，结合中西分类创立了一个新的分类体系，并将建立丛书学为其整合中国学术的第一里程。作为一位文献学家，杨家骆治学精勤浩博，识见卓越，他对学术界的贡献是多方面的，学术成就可谓辉煌。

杨家骆治学严谨，学问渊博，通贯古今，长期从事图书分类学、目录学研究以及编辑出版工作，个人著作数十种，主编之书达1500余册，[1] 涉猎经、史、子、集，可谓近现代之博学鸿儒。他不仅在目录学、史学上成就卓著，对我国的图书馆学、编辑出版学、文学、哲学等也有重大贡献。尤其在民国时期，他对我国古代文化典籍的整编传世和一些大型辞书、百科全书的编纂出版，起了积极的推动作用，对中国学术的整合贡献良多，影响深远。

---

[1] 参见黄秀政《杨家骆教授对方志学的贡献——以〈北碚九志〉为例》，载杨家骆教授九十冥诞纪念论文集编委会《杨家骆教授九十冥诞纪念论文集》，万卷楼图书有限公司，2001年，第73—84页。

第八节 程千帆

一、生平

程千帆（1913—2000），原名逢会，改名会昌，字伯昊，40岁以后，别号闲堂。千帆是程先生曾用过的诸多笔名之一，后通用此名。程千帆是湖南宁乡人，出身于富有文学传统的家庭，幼承庭训，曾系统学习经、史，广泛阅读古代典籍。1936年毕业于金陵大学中文系，曾受业于黄季刚（侃）、胡小石（光炜）、刘衡如（国钧）、刘确杲（继宣）、胡翔冬（俊）、吴瞿安（梅）、汪辟疆（国垣）、商锡永（承祚）诸先生，为其日后的研究工作打下了坚实基础。程千帆毕业后，工作单位屡经变迁。20世纪40年代初，曾先后任教于当时在四川乐山的中央技艺专科学校、武汉大学，当时在成都的金陵大学、四川大学。1945年抗战胜利后，他回到武汉大学，并任中文系系主任。1978年受聘于南京大学，先后担任江苏省政协委员、江苏省文史研究馆馆长、南京市文联主席、国家古籍整理出版规划小组顾问、《中华大典》编撰工作委员会副主任委员、中国唐代文学学会会长、中国山水旅游文学研究会会长等职务。

二、学术论著

程千帆是中国古代文学专家、著名教育家、诗人,主要论著有《校雠广义》《目录学丛考》《史通笺记》《闲堂文薮》《古诗考索》《文论十笺》等。其中《校雠广义》一书奠定了其文献学家的地位。

早在20世纪40年代,程千帆从内迁的金陵大学到武汉大学主讲"校雠学"这门课程时,就开始编撰《校雠广义》,后来书稿不幸遭到焚毁,几乎化为乌有。到了1978年,程千帆在南京大学重新开始指导研究生并讲授"校雠学"课程。鉴于当时没有适用的教材,程先生便以残存的旧稿为基础,一面整理、补写,一面讲授。程千帆当时的研究生徐有富、张三夕、莫砺锋边听课边记录。后来,程千帆又到山东大学重讲了一次课程,山东大学的研究生朱广祁、吴庆峰、徐超也作了记录。这两个记录稿就成为1981年山东大学的誊印本《校雠略说》,这个本子后来还曾被山东大学古籍整理研究所翻印。1985年起,徐有富秉承程千帆的指导,师徒合作,将《校雠略说》扩充,历经十余年,终于在1996年完成了约120万字的《校雠广义》四编,分别是目录编、版本编、校勘编、典藏编,1988年至1998年间由齐鲁书社陆续出版。2000年,《校雠广义》被收录在《程千帆全集》中,后由河北教育出版社出版。

《校雠广义》由版本、校勘、目录、典藏共四编组成,版本编叙述版本学的名称功用、雕版印刷等内容,校勘编叙述校勘学的含义功用、校勘方法、校勘资料等,目录编叙述目录学的基本知识、目录功用、各种目录的编制、目录分类沿革等,典藏编叙述典藏学的含义功用、图书的收集保管等,由此建立了校雠学的完整体系,是校雠学领域的重要奠基之作。

三、重建校雠学学科体系

程千帆重视文献学研究及文献整理，他曾说："王鸣盛说：'目录之学，学中第一紧要事。学者必须从此问途，方能得其门而入。'这句话今天看起来还是正确的。研究古典文学的人，连《师石山房丛书》《四库提要》都不读，是不知道怎么'开步走'的。"① 程千帆曾师从刘国钧学习过目录学，兼及版本和校雠，向汪辟疆请教过目录学的相关问题，并长期讲授校雠学课程。程千帆的文献学思想集中体现在《校雠广义》一书中。

校雠学有着悠久的历史，汉代目录学家刘向就曾经校勘旧籍《荀子》322篇，留下了"一人读书，校其上下，得谬误，为'校'；一人持本，一人读书，若怨家相对，故曰'雠'"② 的工作方式。刘氏"校雠"，志在是正文字。但流风所被，校雠之义引申渐广，至于众说纷纭。近代以来，更多达数说。范希曾将校雠归纳为三个方面：校书、叙录、分类。姚名达认为，狭义校雠学为校勘学。蒋元卿认为凡是治书事业均在广义的校雠范围之内。胡朴安指出校雠学为治书之学，把版本、目录、校勘、辨伪等都纳入校雠学的范围。

程千帆指出，"校雠学的研究对象是书籍，前人称之为'治书之学'，即治理书籍的学问。任何一种学问，研究起来都离不开书籍。不过，别的学科研究的是书籍的内容，而校雠学则是研究书籍

---

① 程千帆：《治学小言》，齐鲁书社，1986年，第41页。
② 程千帆、徐有富：《校雠广义（版本编）》，齐鲁书社，1991年，"叙录"第1页。

本身。"① 广义的校雠学指"研究书籍的版本、校勘、目录、典藏等方面",如宋郑樵《校雠略》、清章学诚《校雠通义》。狭义的校雠学指"改正书面材料上的文字错误",其中,狭义的校雠通常被称为校勘。② 校勘学是"研究和总结校勘规律的一门科学"③,版本学"是研究书的物质形态的科学,是校雠学的起点"④,目录学是"研究目录的产生和发展规律的科学"⑤,典藏学是"研究我国古代书籍保管与利用规律的一门学问"⑥。可以看出,程千帆关于校雠学的论述,综合了前人的观点,并对校雠学展开了更为详细的论述。

在《校雠广义》中,程千帆对"校雠"和"校雠学"的概念进行了一番正本清源的解释。《校雠广义》的叙录详细考察了校雠学、版本学、目录学、典藏学在名称、范畴上的异同和相互关系。在此基础上,作者总结道:"若乃文字肇端,书契即著,金石可镂,竹素代兴,则版本之学宜首及者一也。流布既广,异本滋多,不正脱讹,何由籀读?则校勘之学宜次及者二也。篇目旨意,既条既撮,爰定部类,以见源流,则目录之学宜又次及者三也。收藏不谨,斯易散亡,流通不周,又伤锢蔽,则典藏之学宜再次者四也。盖由版本而校勘,由校勘而目录,由目录而典藏,条理始终,囊括珠贯,斯乃向、歆以来治书之通例,足为吾辈今兹研讨之准绳。而名义纷纭,当加厘定,则'校雠'二字,历祀最久,无妨即以为治书诸学之共名,而别以专事是正文字者,为校勘之学。其余版本、目录、

---

① 程千帆讲授:《校雠学略说》,浙江大学出版社,2022年,第1页。
② 程千帆、徐有富:《校雠广义(校勘编)》,齐鲁书社,1998年,第4页。
③ 程千帆、徐有富:《校雠广义(校勘编)》,齐鲁书社,1998年,第4页。
④ 程千帆、徐有富:《校雠广义(版本编)》,齐鲁书社,1991年,第9页。
⑤ 程千帆、徐有富:《校雠广义(目录编)》,齐鲁书社,1998年,第8页。
⑥ 程千帆、徐有富:《校雠广义(典藏编)》,齐鲁书社,1998年,第2—3页。

典藏之称，各从其职，要皆校雠之支与流裔。"① 程千帆将版本、校勘、目录、典藏划归于校雠学的范围，原因在于它们都属于治书之学。

因此，程千帆将《校雠广义》一书分为版本、校勘、目录、典藏四个部分，分别对其进行全面系统的论述，涵盖了图书校订、编辑使用、流传和保存的全过程及其主要环节。对于各编次序，程千帆则根据校雠学发展的顺序来安排，使得四个部分既成为相互联系的有机整体，同时又相对独立、各自成编。这样就使得校雠学的内涵和外延变得十分清晰，为这门歧义颇多的传统学科重建了一个清晰而完整的体系，实可称为该学科体系的基础工程。

章学诚在《校雠通义·序》中说："校雠之义，盖自刘向父子部次条别，将以辨章学术，考镜源流。非深明于道术精微、群言得失之故者，不足与此。"

程千帆认为，"章学诚《校雠通义》把校雠学的作用归纳为'辨章学术，考镜源流，即类求书，因书究学'。这四句话中，'辨章学术'是从横断面说的，即辨别各门学问之间的不同；'考镜源流'，是从纵剖面说的，即研究学术发展的历史。校雠学的作用之一，就是解决这两方面的问题。校雠学要把各种书籍分类，这种分类如果准确合理，通过书籍的排列就可以看出各门学问之间的异同。校雠学又要研究书籍的流传情况，通过这种研究，可以看出学术的兴衰，源流的变迁等"。② 这个观点表明了校雠学在考究学术发展中的重要作用，是对章学诚学术主张的深度解读。

在《校雠广义》中，程千帆有意避开了"史"的一般描述，而

---

① 程千帆、徐有富：《校雠广义（版本编）》，齐鲁书社，1991年，"叙录"第6页。
② 程千帆讲授：《校雠学略说》，浙江大学出版社，2022年，第13—14页。

将重点放在了"学"的理论阐述上，由历史源流转向实际应用。关于这一点，程千帆在叙录中便已指明："我们将重点放在这门学科的实际应用的论述方面，而省略其历史发展的记载"①。这种做法突破了过去学者所习惯的"史"的思路，对"学"的建设作出了新贡献。

《校雠广义》在继承并发扬校雠学"辨章学术，考镜源流"这一优良学术传统方面，功力深厚，成绩突出，尤以《目录编》在这方面最为突出。如书中第四章第二节"四部分类法形成以后的内部调整"，程千帆对有着复杂内蕴、经过许多变化逐渐形成的杂家作了仔细的辨析。在《汉书·艺文志》中，杂家兼儒、墨，合名、法，"百家所从入，期于为治最切，盖秦学也"。这是杂家的本来面貌。程千帆将《隋书·经籍志》与《汉书·艺文志》所著录的图书作比较，发现两者名同实异。从而指出："诸子杂家之义，汉后已亡。《隋志》已开始将杂家作为容纳不好分类的书籍的渊薮。同名异实，这是杂家的第一大变化"。他将《旧唐书·经籍志》杂家所著录的内容同《隋书·经籍志》相比，指出："杂家在新的范畴中，做到了名实相符，这是它的第二大变化"。到了明朝，杂家又发展为兼容诸子，"这是它的第三大变化"。总之，从《汉书·艺文志》到《四库全书总目提要》，"它由诸子中的杂家逐步变成了容纳许多不好单独分类的著作的杂类"。②程千帆花了很大篇幅，经过具体的实证研究，清晰展现了杂家的类目调整及渊源流别。再如，第三章第二节论述"目录记录篇卷数还有一个重要意义是可以从中看出历代学术的盛衰"时，以汉代两部最杰出的史书《史记》《汉书》为

---

① 程千帆、徐有富：《校雠广义（版本编）》，齐鲁书社，1991年，"叙录"第9页。
② 程千帆、徐有富：《校雠广义（目录编）》，齐鲁书社，1988年，第125—142页。

例，指出两者"文体有所不同，《史记》偏于用单笔，《汉书》偏于用复笔。因为从汉以来文章由单笔走向复笔，所以在汉魏六朝时，研究《汉书》的人多于研究《史记》的人。据《隋书·经籍志》，注《汉书》者二十一家，共六百二十卷，而注《史记》的只三家，共九十五卷，可以为证。那个时候，《汉书》研究得好，可以称为'汉圣'——研究《汉书》的圣人。可是没有那个被称为'史圣'的。所以把各种书的卷数统计一下，就可以看出某个历史时期，孰为显学"。①

《校雠广义》的其他各编也都注意到了"辨章学术，考镜源流"。如《版本编》第五章第二节谈刻工，作者追溯到"后晋开运四年（947）曹元忠雕造的观世音菩萨像及愿文，末有'匠人雷延美'字样，这雷姓刻工是现今所知最早在自己刻的雕版上留名的人"。②在分析刻工留名的原因"主要是便于考核劳动成果，计算工钱"时，作者又追溯到《礼记·月令》："物勒工名，以考其诚。"郑氏注曰："勒，刻也。刻工姓名于其器，以察其信，知其不功致。"③再如《典藏编》第五章第一节谈钤印，作者首先追溯了公私藏书钤印情况的历史，接着论述了藏书印的内容由强调对藏书的所有权，转变为表达藏书、读书、校书感受的过程，最后还介绍了钤印的方法。总之，程千帆是站在"辨章学术，考镜源流"的高度来阐述校雠学的具体问题的，这类例证在《校雠广义》中俯拾即是。

---

① 程千帆、徐有富：《校雠广义（目录编）》，齐鲁书社，1988年，第74页。
② 程千帆、徐有富：《校雠广义（版本编）》，齐鲁书社，1991年，第302页。
③ 程千帆、徐有富：《校雠广义（版本编）》，齐鲁书社，1991年，第305页。

四、注重实证研究

程千帆认为,学术研究的目的是提出问题并解决问题,他所作的研究都带有实证的性质,从来不发凿空高论,这是程千帆最主要的治学特点,这一点同样很好地体现在《校雠广义》之中。

《校雠广义》的实用价值体现在:首先,各编首章分别论述了版本、校勘、目录、典藏的功用。其次,作者还单列许多章节专门介绍图书收集、鉴别、整理、保存的实际操作方法。如《版本编》中"雕印本的鉴定""非雕印本的区分与鉴定""对版本的记录和研究"(此章是以前的版本学著作很少涉及的);《校勘编》中"校勘的方法""校勘成果的处理形式";《目录编》中"目录的编制";《典藏编》中"图书收集""图书保管""图书流通"等;都具有很强的可操作性。再次,《版本编》在介绍古籍版本知识时,尽可能采用直观的形式,或用图解,或用表格。如第四章"古今书刻刻书统计表"、第五章"宋至清历代帝王讳字简表",详尽具体,一目了然。这种做法大大提高了该书的参考价值和实用性。此外,在具体内容的论述方面,处处体现出该书的实用价值。如《版本编》中讲到牌记,作者指出牌记的名称及其由来、形状、位置后,列举实例分析牌记的内容以及如何利用牌记鉴定版本,并指出在利用牌记时应注意的几个问题。又如《校勘编》第二章和第三章,作者对书面材料错误的类型分门别类、条分缕析,详细论述了书面材料致讹、致脱、致衍、致倒的种种原因,其水平达到了空前的高度。

程千帆在论述具体问题时,从不作空泛的议论,而是借其深厚的文史功底,注意选择典型事例进行透彻分析。如《校勘编》

第一章第二节，在论述校勘对读书治学的作用时，作者举例，"《古文尚书》者，出孔子壁中……孔安国者，孔子后也，悉得其书，以考二十九篇，得多十六篇。安国献之。遭巫蛊事，未列于学官"。但《史记·孔子世家》的末尾说："安国为今皇帝博士，至临淮太守，蚤卒"。既然司马迁在写《史记》时已称孔安国早死，那么他怎么能在死后献《古文尚书》并遭巫蛊事呢？对此，阎若璩、朱彝尊通过校勘，根据荀悦《汉记》，于《汉志》"安国献之"的"安国"之下，补上脱去的"家"字，从而解决了这一问题。①再如，《目录编》第四章第二节，以《孟子》及其注释等书在目录中由子部上升到经部为例，来论述"一些类目的学术地位变化了，在分类上也不能不作出相应的调整"②。此类精彩实例，在全书中随处可见。

程千帆对资料勤于搜寻、精心选择，并详细注明引文出处，从而极大地提高了该书的史料价值。这一点在全书中处处可以体现出来。《校雠广义》这部皇皇巨著，是程千帆"十年磨一剑"而成，它"不但使40年代的《校雠广义》得到了复活，而且为我国治书之学从理论到方法，作了创造性的总结和阐发。这是对章学诚《校雠通义》的重大发展"③。读者不仅能从该书中了解校雠学这门传统学问的历史形态，而且能获得如何运用它来进行学术研究的实际指导，这正是该书最重要的价值所在。

程千帆的实证研究还体现在他的文献整理工作中。文献学理论研究往往离不开文献整理实践工作。文献注释、校勘等整理工作可

---

① 程千帆、徐有富：《校雠广义（校勘编）》，齐鲁书社，1998年，第26—27页。
② 程千帆、徐有富：《校雠广义（目录编）》，齐鲁书社，1988年，第129页。
③ 王绍曾：《〈校雠广义〉感评》，《中国文化》2001年第C1期。

以为文献学理论研究提供基础。程千帆虽以高水准的学术研究而知名，但他绝不是埋首于故纸堆而不闻窗外事的学究。他非常重视文献整理工作，他在这方面的主要贡献是撰写《史通笺记》，主编《全清词》《中华大典》以及晚年对沈祖棻、黄季刚、汪辟疆诸先生遗著的整理。其中，《史通笺记》以浦起龙的《史通通释》作底本，增补其不完整之处，改正其错误之处，以"笺记"的形式总结前人的研究成果，并提出许多独到的见解，发前人所未发。《史通笺记》较《史通通释》更为完备，特别是收入了近代学人的研究资料，为近代《史通》研究中最重要的著作之一，程千帆因此被著名史学家周一良先生誉为"子玄之功臣"①。

五、学术贡献

从目录学出发，程千帆在文献学、史学、古代文学、文学批评史等领域都有深入研究。他的《校雠广义》系统总结了前人关于校雠学的理论，对文献学理论进行相对完整的阐述，将校雠学转向实际应用，关注校雠学在考证学术源流方面的价值，致力于校雠学的学科现代化建设，从而完善了文献学学科体系。

程千帆也是著名的文史学者，在古代文学尤其是在唐宋文学领域方面著作颇多，有着突出的成就。程千帆在学术研究中有着强烈的理论意识和方法自觉，他将考证和批评密切地结合，尝试建立古代文学研究的新方式，并应用于研究实践，为古典文学研究和古籍整理作出了重要贡献。

---

① 莫砺锋：《批评与考证相结合的学术创获——〈程千帆文集〉总序》，《学术界》2000年第3期。

在西学东渐的冲击下，西方学科分类思想引入中国，中国传统学术该何去何从？民国文献学学者给出了自己的答案，即建立中国文献学，从科学的视角出发，总结归纳传统校雠学的学术成果，吸纳西方文献学的精华。

民国文献学学者传承于"辨章学术，考镜源流"的学术传统，扩展了古代校雠学的研究范围，以中华传统文化为本位，融汇中西，建构起独具中国特色的文献学学科体系。叶德辉开创书话体裁的写作范本，梳理了中国自古以来的图书发展史；王国维结合中国考据传统和西方实证主义，创新学术研究方法；伦明致力于续修《四库全书》，厘定版本目录学研究对象与范围；胡朴安对校雠学进行总结，扩展了文献学研究的深度和广度；陈垣提出著名的"校勘四法"，系统研究校勘学理论；郑鹤声明确文献学的基本体系，并著有第一部以"文献学"命名的专著；郭伯恭致力于文献编纂领域的研究；王欣夫总结了目录学、版本学、校雠学的源流与发展历史；余嘉锡、程千帆、钱基博分别构建了目录学、校雠学、版本学的基本学科体系；王重民、赵万里在目录学、版本学、校勘学等方面均有深入研究；陈登原总结了古今藏书聚散规律；张舜徽全面总结古代校雠学理论，构建了文献学研究的基本理论框架；张心澂在辨伪学领域颇有见地；汪辟疆概括目录和目录学的含义，梳理丛书目录的系统体系和目录学历史演变；蒋伯潜在校雠学和目录学的历史、内容和方法上甚有见地，明确了校雠目录学的内容；孙殿起侧重于清代著作资料的搜集与清代版本目录学的研究；王献唐对目录学的定义、范围、功用、历史进行了阐述，提倡文献流通的意义；陈乃乾关注版本的对比分析与源流考证，重视目录与索引的相互作用；谢国桢解决了晚明野史在分类、目录、版本上的问题，并对版本目录学有所研究；姚名达对中国古代目录学进行系统总结，提出要建立符合时代发展和具有地域文化特色的目录学理论体系，尝试将西洋目录学与中国目录学相融合；杨家骆对建构传统目录学理论作出了诸多贡献。

怀着强烈的民族文化责任感，民国文献学学者们全面梳理中国古代校雠学的经典理论，并在此基础上开展了更加细致深入的研究，不断探求文献学发展规律，努力传承发展中华优秀传统文化，丰富了中华文明的内涵。

主要参考文献

北京大学信息管理系、中国台北胡适纪念馆.胡适王重民先生往来书信集.北京：国家图书馆出版社，合肥：安徽教育出版社，2009.

北京图书馆.中国版刻图录：第1册.北京：文物出版社，1990.

本社.图书馆学目录学资料汇编.北京：书目文献出版社，1984.

李兰肹等著，赵万里校辑.元一统志.北京：中华书局，1966.

陈伯瀛.中国田制丛考.上海：商务印书馆，1935.

陈登原.薛氏《旧五代史》之冥求.东方杂志，1930（14）.

陈登原.天一阁藏书考.南京：金陵大学中国文化研究所，1932.

陈登原.古今典籍聚散考.上海：商务印书馆，1936.

陈登原.历史之重演.上海：商务印书馆，1937.

陈登原.国史旧闻.沈阳：辽宁教育出版社，2000.

陈登原.陈登原全集.杭州：浙江古籍出版社，2014.

陈登原.中国文化史.北京：商务印书馆，2017.

陈洪.南开学人自述：第1卷.天津：南开大学出版社，2016.

陈乃乾.陈乃乾文集.北京：国家图书馆出版社，2009.

陈乃乾.南洋中学图书馆珍本书录.南洋中学校友会会刊，1930（11）.

陈乃乾.室名别号索引.北京：中华书局，1957.

陈乃乾校阅.四库全书总目索引.上海：大东书局，1926.

陈松.中州著名的文史学家郭伯恭.文史杂志，1989（4）.

陈燮君、盛巽昌.二十世纪图书馆与文化名人.上海：上海社会科学院出版社，2004.

陈耀盛.中国目录学学术思想史论纲.图书馆杂志，2002（5）.

陈垣.陈垣史学论著选.上海：上海人民出版社，1981.

陈垣.陈垣四库学论著.北京：商务印书馆，2012.

陈智超.陈垣往来书信集.北京：生活·读书·新知三联书店，2010.

程千帆.桑榆忆往.上海：上海古籍出版社，2000.

程千帆.治学小言.济南：齐鲁书社，1986.

程千帆、徐有富.校雠广义：版本编.济南：齐鲁书社，1991.

程千帆、徐有富.校雠广义：校勘编.济南：齐鲁书社，1998.

程千帆、徐有富.校雠广义：目录编.济南：齐鲁书社，1998.

程千帆、徐有富.校雠广义：典藏编.济南：齐鲁书社，1998.

程千帆.校雠学略说.杭州：浙江大学出版社，2022.

出版史研究编辑部编.出版史研究：第1辑.北京：中国书籍出版社，1993.

戴南海.版本学概论.成都：巴蜀书社，1989.

邓咏秋、李天英.中外推荐书目一百种.西安：陕西师范大学出版社，2001.

伦明著，东莞图书馆整理.伦明全集.广州：广东人民出版社，2017.

范希曾.校雠学杂述.史学杂志，1929（1）.

冯陈祖怡.上海各图书馆概览.上海：世界书局，1934.

傅宏星.钱基博年谱.武汉：华中师范大学出版社，2007.

傅振伦.王重民《校雠通义通解》评介.图书情报工作，1988（6）.

耿云志.胡适年谱.福州：福建教育出版社，2012.

顾颉刚.古史辨：第1册.上海：上海书店出版社，1992.

顾颉刚.古史辨自序.北京：商务印书馆，2017.

郭伯恭.永乐大典考.上海：商务印书馆，1938.

郭伯恭.宋四大书考.上海：商务印书馆，1940.

郭伯恭.四库全书纂修考.上海：上海书店出版社，1992.

国家文物局编.王冶秋文博文集.北京：文物出版社，1997.

郭沫若.十批判书.北京：科学出版社，1965.

胡朴安、胡道静.校雠学.上海：商务印书馆，1931.

胡朴安.中国文字学史.上海：商务印书馆，1937.

胡朴安.古书校读法.南京：江苏古籍出版社，1985.

胡应麟.少室山房笔丛.上海：上海书店出版社，2009.

黄永年.古籍整理概论.西安：陕西人民出版社，1985.

黄镇伟.谢国桢事辑.文教资料，1988（1）.

黄永年.文史存稿.西安：三秦出版社，2004.

蒋伯潜.诸子通考.杭州：浙江古籍出版社，1985.

蒋伯潜.校雠目录学纂要.北京：北京大学出版社，1990.

蒋伯潜，蒋绍愚导读.十三经概论.上海：上海古籍出版社，2010.

蒋元卿.校雠学史.上海：商务印书馆，1935.

江翰编集，高福生释笺.片玉碎金：近代名人手书诗札释笺.北京：中华书局，2009.

姜亮夫.敦煌学概论.北京：北京出版社，2004.

冀淑英等主编.赵万里文集.北京：国家图书馆出版社，2011.

冀淑英.忆念赵万里先生.文献，1982（2）.

冀淑英.冀淑英文集.北京：北京图书馆出版社，2004.

金梁.四库全书纂修考跋.东方杂志，1924（9）.

柯平.王重民与姚名达的目录学思想比较研究.图书与情报，2003（4）.

雷梦水.书林琐记.北京：人民日报出版社，1988.

李常庆.《四库全书》出版研究.郑州：中州古籍出版社，2008.

李国庆.金梁《四库全书纂修考跋》及相关内容考释.图书馆工作与研究，2001（1）.

李万健、赖茂生.目录学论文选.北京：书目文献出版社，1985.

李伟超.20世纪中国文献学回顾.情报资料工作，2002（5）.

李勇慧.王献唐先生年谱.山东图书馆季刊，1994（2）.

李致忠.肩朴集.北京：北京图书馆出版社，1998.

梁启超.佛家经录在中国目录学之位置（附表）.图书馆学季刊，1926（1）.

梁启超.梁启超论清学史二种.上海：复旦大学出版社，1985.

梁启超.梁启超全集.北京：北京出版社，1999.

林庆彰、林晋龙.专访杨思成教授、杨思明教授谈杨家骆先生.中国文哲研究通讯，1992（6）.

刘纪泽.目录学概论.上海：中华书局，1931.

刘乃和.陈垣对研究《四库全书》的贡献.中国典籍与文化，1994（2）.

刘乃和.中国现代学术经典：陈垣卷.石家庄：河北教育出版社，1996.

刘修业.王重民教授生平及学术活动年表.图书馆学研究，1985（5）.

刘玉廷、刘晓博.山东省图书馆馆史述略.山东图书馆季刊，2004（4）.

伦明著，雷梦水校补.辛亥以来藏书纪事诗.上海：上海古籍出版社，1990.伦明.目录学讲义.讲坛月刊，1937（5）.

骆兆平.天一阁藏书史志.上海：上海古籍出版社，2005.

罗志欢.伦明评传.广州：广东人民出版社，2014.

孟勐.王国维学术研究方法类型初探.中州大学学报，2018，35（5）.

莫砺锋.批评与考证相结合的学术创获.学术界，2000（3）.

牛建强.广域的史料观念：谢国桢对明清笔记小说价值之认识.史

学集刊，2003（4）.

彭斐章.目录学教程.北京：高等教育出版社，2004.

漆永祥.王欣夫先生《松崖读书记》蠡测.图书与情报，2004（6）.

钱基博.古文辞类纂解题及其读法.弘毅月刊，1925（2）.

钱基博.版本通义.上海：商务印书馆，1933.

钱建中.钱基博方志翰墨拾零.江苏地方志，2003（2）.

钱基博.经史子集入门：钱基博谈治国学.合肥：黄山书社，2009.

清华大学国学研究院.姚名达文存.南京：江苏人民出版社，2012.

清华大学国学研究院.王国维文存.南京：江苏人民出版社，2014.

清华大学国学研究院主编，付佳选编.赵万里文存.南京：江苏人民出版社，2016.

全根先.中国近现代目录学家传略.北京：国家图书馆出版社，2011.

（日）三浦理一郎.王欣夫先生和他的古代文献学.复旦学报（社会科学版），1999（2）.

孙从添.藏书纪要.扫叶山房石印本，1914.

孙殿起.清代禁书知见录.北京：商务印书馆，1957.

孙殿起.贩书偶记.北京：中华书局，1959.

孙殿起.琉璃厂小志.上海：上海书店出版社，2010.

台静农.龙坡杂文.北京：生活·读书·新知三联书店，2002.

汪辟疆校录.唐人小说.上海：上海古籍出版社，1978.

汪辟疆.汪辟疆文集.上海：上海古籍出版社，1988年.

汪辟疆.目录学研究.上海：华东师范大学出版社，2000.

王国维.海宁王静安先生遗书.长沙：商务印书馆，1940.

王国维.古史新证——王国维最后的讲义.北京：清华大学出版社，1994.

王国强."辨章学术考镜源流"之再评判.图书与情报，1994（1）.

王国强.20世纪30年代中国目录学的历史地位.图书与情报,2000(1).

王国维.观堂集林(外二种).石家庄:河北教育出版社,2001.

《山东文献集成》编纂委员会.山东文献集成:第4辑.济南:山东大学出版社,2011.

王献唐.公孙龙子悬解.北京:中华书局,1992.

王欣夫.文献学讲义.上海:上海古籍出版社,1986.

王欣夫.王欣夫说文献学.上海:上海古籍出版社,2000.

王欣夫,鲍正鹄、徐鹏标点整理.蛾术轩箧存善本书录.上海:上海古籍出版社,2002.

王逸明主编.叶德辉集.北京:学苑出版社,2007.

王余光、徐雁.中国读书大辞典.南京:南京大学出版社,1993.

王余光.中国文献史:第1卷.武汉:武汉大学出版社,1993.

王玉德.张舜徽先生的学术成就与贡献.文献.1997(4).

王余光、汪涛、陈幼华.中国文献学理论研究百年概述.图书与情报,1999(3).

王余光.20世纪中国文献学研究综论.图书情报工作,2002(11).

王重民.海外希见录.图书季刊,1935(1).

王重民.中国善本书提要.上海:上海古籍出版社,1983.

王重民.中国目录学史论丛.北京:中华书局,1984.

王重民.敦煌遗书论文集.北京:中华书局,1984.

王重民.冷庐文薮.上海:上海古籍出版社,1992.

王卓华.浅谈20世纪初的目录学研究与汪辟疆的目录学思想.安阳师范学院学报,2004(3).

吴泽主编.王国维学术研究论集:第2卷.上海:华东师范大学出版社,1987.

吴则虞.续藏书纪事诗:下册.北京:国家图书馆出版社,2016.

肖希明.论余嘉锡目录学发微.四川图书馆学报，1998（1）.

谢刚主.丛书刊刻源流考.中和月刊，1942（12）.

谢国桢.明清史谈丛.上海：上海古籍出版社，1981.

谢国桢.明清时代版本目录学概述.齐鲁学刊，1981（4）.

谢国桢.增订晚明史籍考.上海：上海古籍出版社，1981.

谢国桢.怀念版本学家赵万里先生.文献，1982（2）.

谢国桢.明清之际党社运动考.北京：中华书局，1982.

谢国桢.《中国善本书提要》序.中国图书馆学报，1984（2）.

谢国桢.《自庄严堪善本书目》序.文献，1984（3）.

谢国桢.史料学概论.福州：福建人民出版社，1985.

谢国桢.江浙访书记.北京：生活·读书·新知三联书店，1985.

谢国桢.瓜蒂庵文集.沈阳：辽宁教育出版社，1996.

谢国桢著，姜纬堂选编.瓜蒂庵小品.北京：北京出版社，1998.

谢国桢著，谢小彬、杨璐主编.谢国桢全集.北京：北京出版社，2013.

谢国桢，谢小彬、杨璐.谢国桢全集：第2册.北京：北京出版社，2013.

谢维扬、房鑫亮主编.王国维全集：第15卷.杭州：浙江教育出版社，2010.

谢灼华、朱宁.20年来我国文献学理论研究综述（1978—1998）.晋图学刊，1999（3）.

熊静.伦明先生文献学著述考.大学图书馆学报，2014，32（1）.

徐雁平、武晓峰.现代书商和中国典籍的聚散.图书馆，1997（5）.

雪克编.胡朴安学术论著.杭州：浙江人民出版社，1998.

杨家骆.图书年鉴.中国图书大辞典编辑馆，1935.

杨家骆.四库全书概述.中国学典馆复馆筹备处，1937.

杨家骆.四库全书通论.上海：世界书局，1946.

《杨家骆教授九十冥诞纪念论文集》编委会.杨家骆教授九十冥诞纪念论文集.中国台湾：万卷楼图书有限公司，2001.

杨树达.积微翁回忆录.北京：北京大学出版社，2007.

杨绪敏.中国辨伪学史.天津：天津人民出版社，1999.

姚名达.目录学.上海：商务印书馆，1933.

姚名达.中国目录学年表.上海：商务印书馆，1940.

姚名达.中国目录学史.北京：商务印书馆，2014.

叶德辉.观古堂藏书目.长沙：长沙叶氏观古堂，1916.

叶德辉.书林清话 外二种.北京：北京燕山出版社，2008.

叶德辉.郋园读书志.上海：上海古籍出版社，2010.

叶德辉.书林清话.上海：上海古籍出版社，2012.

余嘉锡.余嘉锡文史论集.长沙：岳麓书社，1997.

余嘉锡.目录学发微 古书通例.上海：上海古籍出版社，2013.

虞坤林整理.张元济致陈乃乾书信十七通.文献季刊，2003（4）.

虞坤林.赵万里先生活动简表.出版史料，2006（1）.

张大可、俞樟华.中国文献学.福州：福建人民出版社，2005.

张静庐.中国近现代出版史料：现代甲编.上海：上海书店出版社，2003.

张舜徽.广校雠略.北京：中华书局，1963.

张舜徽.清人文集别录.北京：中华书局，1963.

张舜徽.中国文献学.郑州：中州书画社，1982.

张舜徽.说文解字约注.郑州：中州书画社，1983.

张舜徽.中国史学名著题解.北京：中国青年出版社，1984.

张舜徽.清人笔记条辨.北京：中华书局，1986.

张舜徽.旧学辑存.济南：齐鲁书社，1988.

张舜徽. 訒庵学术讲论集. 长沙：岳麓书社，1992.

张舜徽. 广校雠略 汉书艺文志通释. 武汉：华中师范大学出版社，2004.

张舜徽. 中国古代史籍校读法. 昆明：云南人民出版社，2004.

张心澂. 伪书通考. 北京：商务印书馆，1957.

章学诚. 文史通义. 上海：商务印书馆，1948.

赵国璋、潘树广. 文献学辞典. 南昌：江西教育出版社，1991.

赵守俨. 赵守俨文存. 北京：中华书局，1998.

赵万里. 从简牍文化说到雕版文化——记载文字的工具发展简史. 文物参考资料，1951（2）.

赵万里. 古刻名钞待访记. 文物，1959（3）.

赵万里. 南行日记. 文物，1962（9）.

郑炳纯. 赵万里谈古籍版本. 中国典籍与文化，1994（1）.

郑鹤声. 史汉研究. 上海：商务印书馆，1930.

郑鹤声. 中国史部目录学. 上海：商务印书馆，1933.

郑鹤声. 司马迁年谱. 上海：商务印书馆，1933.

郑鹤声、郑鹤春. 中国文献学概要. 上海：上海书店，1983.

周退密、宋路霞. 上海近代藏书纪事诗. 上海：华东师范大学出版社，1993.

左玉河. 王国维. 昆明：云南教育出版社，2008.

索　引

【人　名】

C

陈登原 166—168，170—172，174—180

陈乃乾 138，155—157，159—166

陈垣 27，33，54—58，60—67，79，132，137，143，206，211，222，273，280

程千帆 116，120，317—326

G

顾颉刚 24，82，84，89，91，277，279，304，315

郭伯恭 63，277—286，288

H

胡朴安 43—53，124，125，164，319

J

蒋伯潜 121—129，294

蒋元卿 48，49，124，319

L

梁启超 17，27，31—33，71，84—86，116—118，127，157，182，185，208，209，213，219，245，289，295

刘纪泽 72，109

刘咸炘 49，71，124

柳诒徵 166，180，185

伦明 26—43，130，133，137—139，143

罗振玉 16，21，22，110，163

M

缪荃孙 10，15，71，138，142，

160，168，269，276，281

Q

钱基博 93—103

S

孙殿起 31，130—134，136—143，163，276，286

W

汪辟疆 71，104—120，148，317，319，326

王国维 16—26，31，196，197，209，261，264

王献唐 144—154

王欣夫 199—206

王重民 64，132，137，151，221—230，232—244，250

X

谢国桢 208—221，269，276

Y

杨家骆 307—316

姚名达 48，71，72，109，117，126，159，245—260，312，313，319

叶德辉 1—15，59，60，94，98，99，138，142，239

余嘉锡 3，42，43，48，63，64，66—79，211，253，286，289，291，300

Z

张舜徽 53，175，184，201，289—302，304—306

张心澂 80—82，84—92

赵万里 214，217，261—276

郑鹤声 180—199

【文献名】

B

《版本通义》 94—96，98，99，103
《版本源流》 38，39，41，42
《北平图书馆善本书目》 262，269，270，277

C

《藏书十约》 2，4，9
《丛书大辞典》 308，309，312
《丛书刊刻源流考》 219
《丛书目录拾遗》 131，137—139，143

D

《读书举要》 106，113，117，118，120

F

《贩书偶记》 131—139，141，143

G

《古籍举要》 94，100

《古今典籍聚散考》 167—172，174，179，180
《古史新证》 17
《古书通例》 67—69，78，79
《古书校读法》 44，46
《古越藏书楼书目》 157，158
《观古堂藏书目》 2，13
《广校雠略》 201，290—293，295，296
《国史旧闻》 167，178
《国学论文索引》 224，237，238

H

《汉书艺文志通释》 297，299

J

《校雠学》 44，48，50，124，125
《校雠目录学纂要》 121，122，126，129
《校雠广义》 318—326
《校雠通义通解》 224，232
《校辑宋金元人词》 262，273
《校勘学释例》 55

L

《两浙古刊本考》 17，18，21，26
《琉璃厂小志》 131，142，143

M

《明清笔记谈丛》 213，214
《目录学》 72，109，246—249，255，259
《目录学发微》 3，67，68，69，77，253
《目录学概论》 72，109，226
《目录学讲义》 35，38，42
《目录学讲义纲要》 145，147
《目录学研究》 106，113，120
《目录学引论》 226，227

N

《南洋中学藏书目》 155—159

P

《普通目录学》 223，226，227

Q

《清代碑传文通检》 156，162，164，165
《清人文集别录》 297，302，304，305

S

《史料学概论》 209，210，221
《史料学讲义》 195，199
《室名别号索引》 156，162，163
《书林清话》 2，3，9，14—16，94，98，99，142，144
《书目答问》 10，37，72，116，141，193，213，237，304
《四库大辞典》 307，308，310，312—314
《四库全书概述》 309，310
《四库全书通论》 310
《四库全书纂修考》 63，278—280，283，286，288
《四库书目考异》 58，64，280
《四库提要辨证》 67—69，79，286
《宋四大书考》 280，283，285
《索引式的禁书总录》 138，162，163

T

《天一阁藏书考》 167，168，170，171，179，180

W

《晚明史籍考》 209，210，213，214，220，221

《伪书通考》 81，82，84—86，88，91，92

《文献学讲义》 200，202，203，206

X

《析津志》 273，276

《辛亥以来藏书纪事诗》 28，29，41，143

《续修四库全书总目提要》 27—30，33，34，41，42，133，215，309

Y

《永乐大典考》 278—281，283，288

《元一统志》 273，275

Z

《中国版刻图录》 262，264，267，277

《中国佛教史籍概论》 55，58，64，65

《中国目录学年表》 246，247，251—253，259

《中国目录学史》 126，224，227，229，246，247，249—251，255，259，312

《中国目录学史论丛》 223，224，227，228

《中国善本书提要》 224，238，239，242

《中国史部目录学》 181，182，192—194，199

《中国文献学》 181，187，290，293，295—297

《中国文献学概要》 181—183，185—189，191，192，198

【专有名词】

B

北平图书馆 32,33,58,209,210,213,215,219,222,223,236—238,261—263,269,289

G

观古堂 2,4,5,7—9,13

N

南洋中学 155—158

S

商务印书馆 9—11,44,62,81,94,106,138,168—170,181,182,186,192,197,240,246,247,249,250,278,279,283

T

天一阁 167,168,171,172,263

通学斋 28,31,130—132,137,276

X

续书楼 28,31,32

Z

中国辞典馆 307,309,310

后 记

本书在体例结构上，尽量保持各个章节的相对统一，对民国时期文献学学者的学术思想进行全面系统的深入研究。特别感谢导师王余光教授、师姐熊静教授、师兄吴永贵教授给予我极大的信任，让我来作为课题组成员负责撰写本卷图书，并给予我无私的帮助和指导；感谢北京大学信息管理系博雅博士后赵元斌的支持和帮助，赵师兄对前期的人物选取、全书体例、组稿撰写提出了诸多有效的建议；此外还要感谢课题组的诸位师长和同门。自"中国图书馆学史"课题立项以来，课题组召开的每次会议都是学术思维的碰撞，使我获益匪浅。正是在一次次与各位师长的交流探讨中，我对书稿进行不断的修正和改进，才有了最终版的成稿。本书部分章节内容由课题组成员作为项目前期成果发表在《图书情报工作》《图书馆论坛》《山东图书学刊》等学术期刊上，收入本书时，由我按照统一体例补充修改，具体执笔情况如下：陈晨：第一章第二节；钱昆：第一章第三节；赵晓：第一章第五节；李雅：第二章第一节；余训培：第二章第二节；范凡：第二章第六节，第三章第五节；郑碧敏：第二章第七节；陈幼华：第二章第八节；战晓雷：第三章第一节；赵元斌：第三章第三节；李歆：第一章第八节，第三章第七节；张慧丽：第三章第八节。

本书在编校期间，得到了安徽教育出版社编辑老师和审稿专家的用心校对和大力协助，在此一并谢过。本书难免存在疏漏之处，敬请各位专家学者指正为盼。最后，再次向所有关心、支持和帮助我的至亲、良师和益友表示最诚挚的感谢！

李诗苗
2024 年 3 月于天津